湖南科技智库系列研究报告

U0642330

湖南省高新区
创新发展绩效评价研究报告

2021

Hunansheng Gaoxinqu Chuangxin Fazhan Jixiao Pingjia Yanjiu Baogao

湖南省科学技术信息研究所 编著

中南大学出版社
www.csupress.com.cn

· 长 沙 ·

图书在版编目（CIP）数据

湖南省高新区创新发展绩效评价研究报告. 2021 /
湖南省科学技术信息研究所编著. —长沙：中南大学出
版社，2022.6

ISBN 978-7-5487-4858-8

Ⅰ. ①湖… Ⅱ. ①湖… Ⅲ. ①区域经济发展－研究报
告－湖南－2021 Ⅳ. ①F127.64

中国版本图书馆 CIP 数据核字（2022）第 052565 号

湖南省高新区创新发展绩效评价研究报告 2021

HUNANSHENG GAOXINQU CHUANGXIN FAZHAN JIXIAO PINGJIA YANJIU BAOGAO 2021

湖南省科学技术信息研究所　编著

□出 版 人　吴湘华
□责任编辑　刘锦伟
□责任印制　唐　曦
□出版发行　中南大学出版社
　　　　　　社址：长沙市麓山南路　　　　邮编：410083
　　　　　　发行科电话：0731-88876770　　传真：0731-88710482
□印　　装　长沙印通印刷有限公司

□开　　本　889 mm×1194 mm 1/16　□印张 9.5　□字数 277 千字
□版　　次　2022 年 6 月第 1 版　　　□印次 2022 年 6 月第 1 次印刷
□书　　号　ISBN 978-7-5487-4858-8
□定　　价　138.00 元

湖南省高新区创新发展绩效评价研究报告 2021

编委会

主　　　任：　朱　皖

副　主　任：　张小菁　李征宇

委　　　员：　李维思　吴志明

编著组组长：　廖　婷

编著组副组长：　谭力铭

编著组成员：　文晓芬　严安平　姚　婷　倪家栖

李　滢　李润洁　张　越　雷筱娱

杨彩凤　符　洋　郭　坤　邬亭玉

周　晓　茹　华

　　为全面落实"三高四新"战略定位和使命任务,大力推动高质量发展,加速推动创新型省份建设,加强对湖南省高新技术产业开发区(以下简称"高新区")分类指导、绩效评价和动态管理,根据《国务院关于促进国家高新技术产业开发区高质量发展的若干意见》(国发〔2020〕7号)、《湖南省人民政府办公厅关于创建"五好"园区 推动新发展阶段园区高质量发展的指导意见》(湘政办发〔2021〕19号)等文件精神,湖南省科学技术厅持续对全省高新区开展了创新发展绩效评价工作。《湖南省高新区创新发展绩效评价研究报告2021》是基于2020年度湖南省高新区创新发展绩效评价工作的研究成果。

　　本书的评价对象为2020年底以前批复的44家国家和省级高新区,包括8家国家高新区和36家省级高新区。本书所采用的评价指标体系为印发于《湖南省科学技术厅关于落实省政府真抓实干激励措施实施科技投入产出和高新区考评办法的通知》(湘科发〔2021〕50号)的新指标体系(以下简称"新指标体系")。新指标体系在新发展理念的指导下,参考科技部《国家高新技术产业开发区综合评价指标体系》(国科发火〔2021〕106号),结合我省实际情况修订,由创新能力和创业活跃度、结构优化和产业价值链、绿色发展和宜居包容性、开放创新和国际影响力、综合质效和持续创新力5项一级指标组成,下设28项定量指标、6项定性指标,共34项二级指标。

　　新指标体系在指标采用和评价权重设计方面契合了省政府关于创建"五好"园区的要求,融合了"五好"园区评价指标体系中的亩均税收、亩均生产总值、园区土地节约集约利用指数、研发经费占生产总值比重、高新技术产业主营业务收入占比、全员劳动生产率、单位规模工业增加值能耗降低率等指标,突出了创新投入、科技型企业、亩均效益等内容。

　　基于新指标体系,本书一方面总结了"十三五"期间全省高新区创新发展成效,阐述了新形势下我省高新区高质量发展的新机遇,提出了推动高新区高质量发展的工作建议;另一方面重点围绕34个二级定性定量指标对全省高新区进行分模块、全方位的剖析,对参评的44家高新区的具体创新能力绩效表现进行了个体剖析，分析优劣势、提出发展建议，利于各高新区寻找发展差距，树立科学的发展目标导向。综上所述，本书从不同层面对全省高新区的创新发展情况进行客观地监测和评价，试图为各级党委政府加强对高新区的分类指导、动态管理和服务等提供决策支撑，为各高新区管委会加强高新区建设、提升创新能力等提出发展建议，为关注和研究高新区的研究人员提供参考，为社会各界了解和认识湖南高新区提供了一个开放的窗口。

立足新发展阶段，贯彻新发展理念，《湖南省高新区创新发展绩效评价研究报告2021》将按照国家、科技部和省委省政府对高新区高质量发展要求，不断优化评价指标体系，不断完善监测和评价研究工作，持续跟踪、监测和评价全省高新区创新驱动发展成效，为全省高新区全面落实"三高四新"战略定位和使命任务提供更为有效的决策支撑，为推动社会主义现代化新湖南建设做出更大的贡献。

目 录

第一篇　总结篇

一、"十三五"期间高新区创新驱动发展取得的成就

(一)经济规模不断壮大，成为我省国民经济重要战略支撑

截至 2020 年底，湖南省共有 44 家高新区，其中国家级高新区 8 家，省级高新区 36 家。2020 年，全省高新区技工贸总收入达到 22574.3 亿元，"十三五"期间年均增长 16.05%；高新区技工贸总收入占全省省级及以上产业园区的 43.89%，"十三五"期间提高了 13.4 个百分点，如图 1-1 所示。2020 年，全省共有 6 家高新区技工贸总收入增速在 20% 以上，有 13 家高新区技工贸总收入超过 500 亿元，其中 6 家高新区技工贸易总收入超过 1000 亿元，高新区成为我省经济创新发展的重要支撑和增长极。

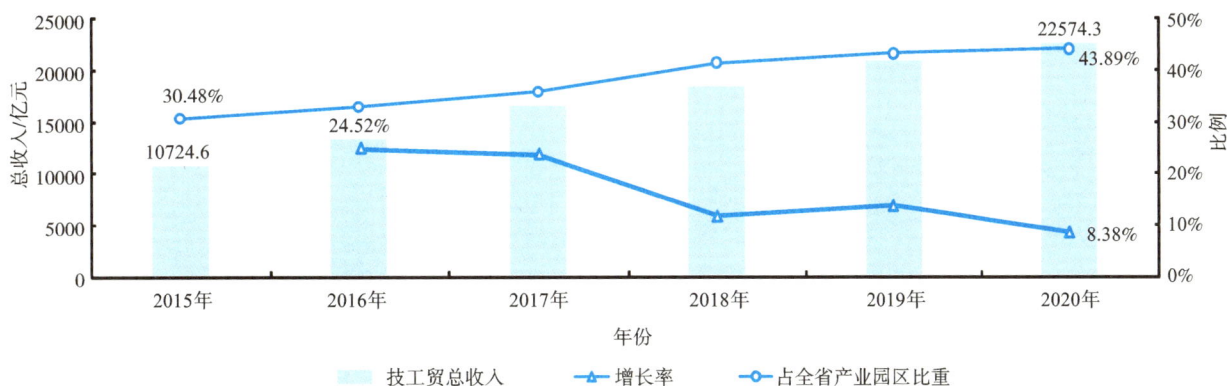

图 1-1　"十三五"期间湖南省高新区技工贸总收入、增速及占全省省级及以上产业园区比重

全省高新区贯彻落实创新驱动发展战略，加强科技创新，促进产业转型升级。2020 年，全省高新区实现高新技术产业主营业务收入 12172.4 亿元，"十三五"期间年均增长 20.8%；高新区高新技术产业主营业务收入占技工贸总收入的 53.92%，"十三五"期间提高了 9.8 个百分点，如图 1-2 所示。全省高新区实现生产总值 5850.7 亿元、利润总额 907.4 亿元、上缴税金总额 683.6 亿元、出口总额 1051.9 亿元，近三年上述四项的复合年均增长率分别为 12.7%、13.0%、28.7% 和 31.6%。

图1-2 "十三五"期间湖南省高新区高新技术产业主营业务收入、增速及占技工贸收入比重

(二)创新环境持续优化,形成促进科技企业成长的双创体系

"十三五"期间,"大众创业、万众创新"在高新区持续深入推进,全省高新区通过聚集创新资源、建设创新平台、完善孵化模式,培育了一批具有竞争力的创新主体。截至2020年底,全省高新区共建有165家省级及以上科技企业孵化器和众创空间,占全省省级及以上众创空间、科技企业孵化器总数的45.45%;其中,全省高新区共建有国家级科技企业孵化器16家、科技部备案的众创空间29家,分别占全省的61.54%、49.15%,如图1-3所示。

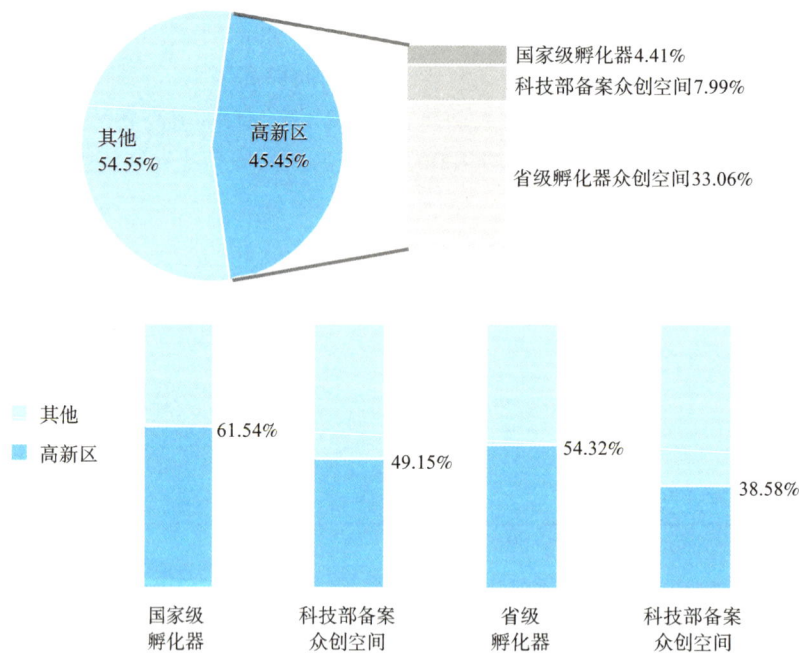

图1-3 湖南省孵化器/众创空间分布及其构成

高新区不断完善的孵化体系,带动科技型企业呈现高速增长态势。2020年高新区当年新增企业数3960家,新增企业数占企业总数的比重达13.7%;2020年高新区登记入库的科技型中小企业3007家,是2019年的2.0倍,占全省科技型中小企业的40.8%。

高新区已经成为我省创新体系的重要组成部分。截至2020年底,全省高新区拥有省级及以上研发平台1230家,占全省产业园区拥有省级及以上研发平台数的64.98%。其中包括190家国家级研发平台,省级及以上企业技术中心、工程技术研究中心、工程研究中心、重点实验室,分别占高新区省级及以上研发平台的 20.6%,16.0%,6.4%,5.2%,如图 1-4 所示。

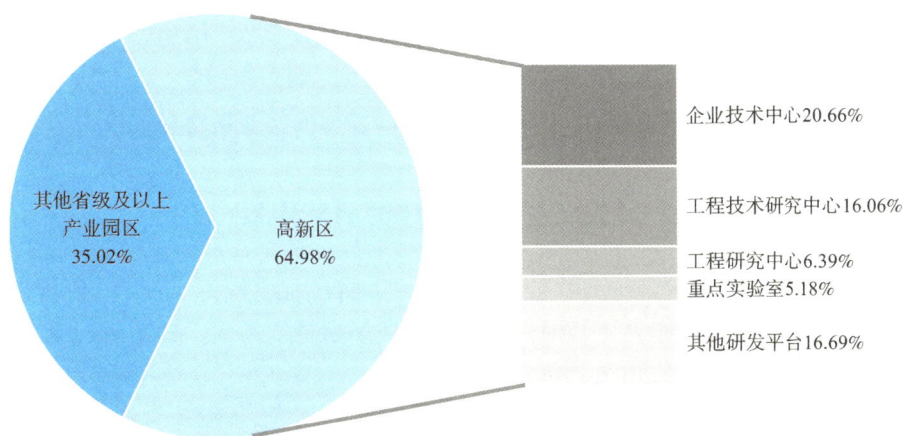

图 1-4 湖南省省级及以上产业园区研发平台分布及高新区研发平台构成

(三) 创新效益明显提升,形成具有竞争力的创新型产业格局

高新区创新引领地位和引擎作用愈加凸显。从创新投入看,2020 年全省高新区规上工业企业 R&D 经费内部支出 414.7 亿元,占其营业收入的 2.27%,远高于《中国制造 2025》提出的目标值(1.68%[①])。从创新产出看,2020 年,全省高新区企业新增发明专利授权数 3143 件,占全省新增发明专利授权数(11537 件)的 27.2%;完成技术合同成交额 284.1 亿元,占全省技术合同成交额(735.9 亿元)的 38.6%,人均技术合同交易额达到 1.8 万元/人。

高新区高新技术企业群体蓬勃发展,经济实力和创新能力不断提升。截至 2020 年底,全省高新区拥有主板上市企业 64 家、科创板上市企业 6 家;拥有高新技术企业 3734 家,较 2019 年增长了 20.7%(如图 1-5 所示),占全省高新技术企业总数(8621 家)的 43.3%。高新区的产业结构持续优化,实现高技术产业增加值 3015.5 亿元,占高新区工业增加值的 73.4%。

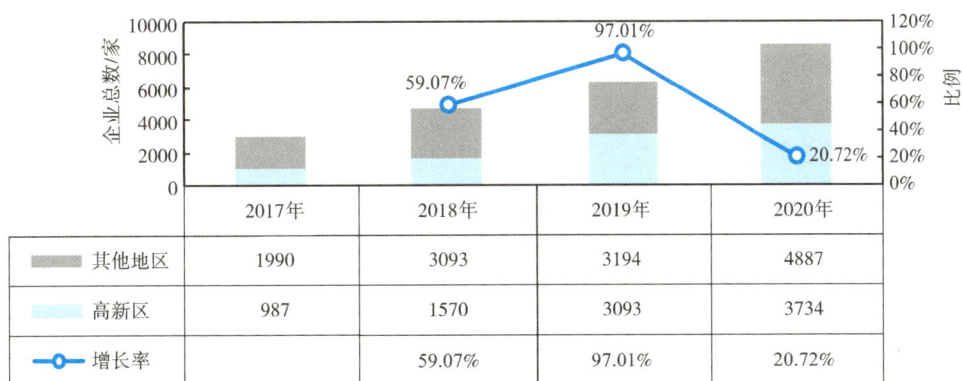

	2017年	2018年	2019年	2020年
其他地区	1990	3093	3194	4887
高新区	987	1570	3093	3734
增长率		59.07%	97.01%	20.72%

图 1-5 全省高新区高新技术企业数及增速

---

① 《中国制造 2025》提出到 2020 年和 2025 年,规模以上制造业研发经费内部支出占主营业务收入比重目标分别为 1.26% 和 1.68%。

关键领域创新型产业集群蓄势崛起,长沙高新区的工程机械、株洲高新区的轨道交通装备、航空发动机等三大世界级产业集群基本成形;湘潭高新区智能制造产业集群、长沙高新区智能制造装备产业集群、娄底高新区先进结构材料产业集群、岳阳高新区的新型功能材料等四大产业集群成功入选国家首批战略性新兴产业集群;长沙、益阳和株洲等高新区纳入"中国先进制造业百强园区";岳阳临港高新区获批国家先进装备制造高新技术产业化基地、浏阳高新区获批国家再制造高新技术产业化基地。各地逐步形成了因地制宜、特色发展、创新发展的产业新格局。

(四)开放创新力度加大,形成深度融入全球的创新体系

"十三五"期间,全省高新区坚持开放创新协同发展,持续提升国际竞争力,深度融入"一带一路",集聚辐射全球创新资源的能力显著提升、国际贸易规模持续扩大。2020年,全省高新区企业出口总额为1051.9亿元,占全省出口总额(3306.4亿元)的31.8%;企业实际使用外资金额达到328.8亿元,占全省实际使用外资金额(1448.9亿元)的22.7%。国际创新合作不断深入,2020年,全省高新区企业拥有海外留学归国人员和境外常驻人员4147人。此外,企业通过加强国际知识产权布局,进一步开拓国际市场,提升国际竞争力。2020年,全省高新区企业当年新增PCT国际专利授权35件,新增国际标准25项、境外注册商标12项。

(五)产城融合深入推进,形成宜居宜业宜创的绿色新城区

"十三五"期间,全省高新区持续推进产业与城市协同发展,产业与生态协调发展,产城融合绿色发展成效显著。

深入实施绿色制造工程,加快构建绿色制造体系,布局5G、AI、新材料、新能源等与碳达峰、碳中和息息相关的高新技术产业,打造绿色制造先进典型,浏阳、湘潭等高新区入选国家绿色制造示范名单中的绿色园区。

持续推进宜居生态建设。2020年,全省高新区工业企业万元增加值综合能耗为0.44吨标准煤,低于全省万元GDP能耗(0.49吨标准煤);高新区$PM_{2.5}$低于50的平均天数达到296天,平均绿化覆盖率达到37.4%,平均森林覆盖率为33.0%,远高于国家生态工业示范园区大于15%的要求。

园区城市生活配套日趋完善。"十三五"期间,全省高新区将园区公共基础配套纳入城市统一规划,积极打造集基础教育、医疗卫生、文化体育、商业服务、金融邮电、社区服务、行政管理、市政公用为一体的现代化产业新城,推动名校、名医院进园区,园区基础设施配套水平和承载能力不断提升。截至2020年底,高新区派出所与巡察、环卫管理站、公交站配套率达到100%;社区卫生站、综合文化活动中心、社区服务中心配套率达到97.7%;托儿所、居住区门诊、综合便民店、运营商营业厅配套率达到93.2%;医院、公园配套率达86.4%。

(六)创新活力不断释放,成为我省体制机制改革的先行区

"十三五"期间,全省高新区贯彻新发展理念,全面落实"三高四新"战略定位和使命任务,在人才引育、支持科技创新、财政税收优惠、金融扶持等方面率先进行了改革和探索,出台了一系列政策措施,为全省产业园区管理体制改革提供了先行示范。

湖南省第十届人民代表大会常务委员会修订了《湖南省高新技术发展条例》,明确高新区作为本级人民政府的派出机关的法律地位,明确高新区相应的经济管理权限和社会管理权限,要求将高新区的建设纳入土地利用总体规划、城乡规划,并对其必要的建设用地予以优先保障,促进了高新区

规模的不断拓展。湖南省人民政府办公厅印发《湖南省园区赋权指导目录》，助推园区优化营商环境，实现"园区事园区办""一件事一次办"。

全省高新区出台各项政策，激发园区创新创业活力。在人才政策方面，建立了灵活的人才引进政策，设立知识更新教育基金，试行企业科技人员个人所得税返还和培养技术创新支持人才计划等，部分高新区还建立了标志性专项人才计划，如长沙高新区的《长沙高新区承接国防科技大学军民融合项目入园及引进转业人才创新创业的政策意见》，株洲高新区的《关于鼓励引进培育"中国动力谷双创人才"的实施意见》，湘潭高新区的"551"人才计划，宁乡高新区的"5123"计划，衡阳西渡高新区的"蒸阳领头雁"计划等。在支持科技创新政策方面，高新区通过精简前置审批、清理规范涉企收费、对众创空间等新型双创平台开展政府购买服务、无偿资助或提供业务奖励等方面提供支持政策；通过参与承办或推荐企业参与创新创业大赛、创新挑战赛、组织或举办创新发展论坛，开展创新创业活动等方式，提升高新区创新创业水平，激发创新创业活力，营造良好创新创业氛围。在财政税收优惠政策方面，全省高新区根据自身情况为企业提供了不同程度的财政税收优惠，绝大多数高新区设立了科技发展资助资金、高新技术产业专项补助资金、专利申请资助专项经费等支持企业进行自主创新。在金融扶持政策方面，高新区为技术创新项目提供低息贷款或贷款贴息，为企业自主创新贷款提供担保，为种子期项目提供科技发展资金匹配投入，同时设立了科技发展银行，为自主创新企业提供贷款，引进非营利科技企业资信评估机构，帮助中小企业降低科技贷款风险。

二、新形势下高新区高质量发展的新机遇

纵观国内外形势，当今世界正经历百年未有之大变局，不稳定、不确定因素增多，中美经贸摩擦等带来新的挑战。我国经济稳中向好、长期向好的基本趋势没有改变，湖南省全面落实"三高四新"战略定位和使命任务，迎来中部崛起等重大历史机遇，我省高新区发展前景广阔、大有可为。

（一）科技和产业革命带来的新经济发展机遇

当今世界新一轮科技革命和产业变革在全球范围内加速演进，一方面，全球产业链供应链面临深度调整，进入全面重构重组阶段；另一方面，信息、能源、生物、材料、海洋、空间等任何一个领域的重大技术突破和大规模产业化，都将深刻改变科技和经济形态。我国《中华人民共和国国民经济和社会发展第十四个五年规划和2035年远景目标纲要》中提出，要加强产业基础能力建设，提升产业链供应链现代化水平；要着眼于抢占未来产业发展先机，聚焦战略性新兴产业培育壮大产业发展新动能，在前沿科技和产业变革领域前瞻谋划布局一批未来产业；要促进数字技术与实体经济深度融合，打造数字经济新优势。

这些变革为我省高新区转型升级传统产业、发展壮大战略性新兴产业、培育新业态新动能，推动先进制造业高质量发展提供了良好的发展机遇。我省高新区要更加增强科技创新能力，加快数字化和智能化等前沿技术的产业化应用，在新材料、新一代半导体、智能网联汽车、人工智能、生物技术等关键领域发挥创新引领作用，推动园区高质量发展，推动产业迈向更高层级。

（二）"双循环战略"赋予高新区发展新机遇

党的十九大报告强调"推动形成全面开放新格局"，在全球治理上，深入践行人类命运共同体的理念，一方面积极推动和捍卫全球化、提出"一带一路"倡议，另一方面坚持扩大开放，向世界分享

中国市场和发展红利；在国内开放方面，加快推动区域协同和城乡一体化发展，推动形成优势互补高质量发展的区域经济布局。面对经济增速持续潜在下行以及全球经济发展的高度不确定性，我国《第十四个五年规划和2035年远景目标纲要》提出"加快构建以国内大循环为主体、国内国际双循环相互促进的新发展格局"，依托强大国内市场，贯通生产、分配、流通、消费各环节，形成需求牵引供给、供给创造需求的更高水平动态平衡，畅通国内大循环；立足国内大循环，协同推进强大国内市场和贸易强国建设，形成全球资源要素强大引力场，促进内需和外需、进口和出口、引进外资和对外投资协调发展，加快培育参与国际合作和竞争新优势。

新发展格局的构建为我省高新区调整产业结构、推进产业链体系建设、优化空间协同布局等提供了重要机遇。我省高新区要全面对接"一带一路"、长江经济带、中部崛起、粤港澳大湾区等国家战略，主动融入长株潭国家自主创新示范、中国（湖南）自由贸易试验区、长三角一体化等重要战略平台建设，形成更高水平的开放格局。

（三）"三高四新"战略为高新区指引发展新方向

2020年9月，习近平总书记亲临湖南考察，赋予湖南省"三个高地"的战略定位和"四新"使命任务，做出一系列重要指示。湖南省委十一届十二次全会提出大力实施"三高四新"战略、奋力建设现代化新湖南。湖南省第十二次党代会提出要全面落实"三高四新"战略定位和使命任务，并明确提出要"抓好'五好'园区建设"等目标和任务。近年来，湖南省大力推动产业向园区集中、要素向园区倾斜、改革在园区先行，推动产业园区成为全省经济高质量发展的重要支撑。习近平总书记高度重视产业发展和园区建设，强调"高新区是科技的集聚地，也是创新的孵化器""高新区要择优引入企业和项目，不能装进篮子就是'菜'""希望高新区抓好科技、人才、政策等要素配置组合，把推动信息化和工业化深度融合落实到具体行业、具体产业、具体产品上"。湖南省先进制造业、科技创新和外向型企业主要集中在产业园区，每一个高地的打造都离不开产业园区，尤其是高新区的支撑，每一个高地的打造都为高新区指明了努力的方向。

作为全省经济建设的主阵地、主战场，全省高新区必须自觉担当实施"三高四新"战略的重要使命，坚持做实做好"高"和"新"两篇文章，抢抓机遇、真抓实干、乘势而上，将高新区建设为我省国家重要先进制造业高地的引领区、具有核心竞争力的科技创新高地的示范区、内陆地区改革开放高地的先行区。

（四）"五好"园区建设为高新区指明发展新路径

为充分发挥好园区在打造"三个高地"中的主力军作用，充分发挥园区在促进区域协调发展中的主引擎作用，充分发挥园区在激发干事创业活力中的主阵地作用，有力支撑"三高四新"战略的实施，省委、省政府研究提出创建"五好"园区，省政府办公厅出台《关于创建"五好"园区　推动新发展阶段园区高质量发展的指导意见》等"1+3"的政策体系，明确提出要加快推进园区"规划定位好、创新平台好、产业项目好、体制机制好、发展形象好"。

"五好"园区为全省产业园区指明了创新发展路径，我省高新区要认真对照"五好"园区建设目标，面向规划定位好，做到发展目标明确、产业特色鲜明、园区空间清晰；要面向创新平台好，完善产业链、创新链、人才链互动的技术创新体系；要面向产业项目好，谋划好、争取好、推进好、创造好项目；要面向体制机制，加快园区机构简约化、团队专业化、运营市场化；要面向发展形象好，深耕细作园区品牌，以园区品牌奠定区域品牌。

三、推动高新区高质量发展的工作建议

立足新发展阶段，贯彻新发展理念，以推动高质量发展为主题，以创建"五好"园区为目标，以问题和需求为导向，加速推进全省高新区"规划定位好、创新平台好、产业项目好、体制机制好、发展形象好"建设，全面推动高新区提质增效，将高新区建设成为创新驱动发展示范区和高质量发展先行区。

（一）面向规划定位好，强化园区布局与辐射带动

一是加强对全省高新区建设工作的统筹和指导。指导国家级高新区对标国内外先进科技园区、国家级高新区综合评价指标体系，寻找创新短板、差距和路径，补短板、锻长板，实现争先进位；加速推进宁乡、岳阳临港、娄底、湘西、邵阳和张家界等高新区的国家高新区创建工作，进一步壮大我省国家级高新区的规模；在有条件的地区布局建设一批省级高新区，支撑引领县域创新驱动发展。

二是强化地市政府创建高新区的筹划布局。加强各市州政府对建设高新区的主体责任意识，做好园区整合提升工作，着力优化园区空间布局和功能定位，持续提升园区产业层次和发展能级。鼓励国家级高新区和发展水平较高但发展空间受限的省级高新区通过整合或托管区位相邻、产业互补、分布零散的工业园区，打造集中连片、协同互补、联合发展的创新共同体。做实"一区多园"，强化主园区对分园区的统筹协调和政策延伸覆盖，带动分园区提档升级。

（二）面向产业项目好，推进产业高精尖发展

一是增量提质创新型企业。构建科技型企业梯次培育体系，大力实施中小微企业成长计划、科技型中小企业倍增计划、高新技术企业增量提质行动、小巨人企业培育计划等，壮大高新区科技型企业规模。加强高成长性科技企业的培育与引进力度，推动高新技术企业树标提质，培育和发展一批创新型领军企业、瞪羚企业和独角兽企业。

二是做大做强主导特色产业。实施高新区主导产业提质增效专项行动，引导高新区立足自身资源禀赋和产业基础，按照"一区一主一特"明确重点发展的主导特色产业，提升产业集聚度，推进园区产业特色化、差异化协同发展。集聚科技专项资金、科技创新平台、政府性基金项目等资源，优先支持高新区主导特色产业发展。鼓励高新区坚持围绕产业链部署创新链、围绕创新链布局产业链，聚焦特色主导产业，整合省内外创新资源开展关键核心技术攻关，壮大产业链配套和服务业规模，促进产业向价值链中高端发展，打造先进制造业高地上的高峰。

三是积极培育新兴未来产业。高新区要围绕"三超三深三航"等我省基础优势的前沿科技领域，结合自身主导产业基础，积极引进转化一批科技成果、实施一批引领型重大项目、构建新技术应用场景，培育新业态、新模式，推动数字经济同实体经济深度融合，抢先布局赋能主特产业的未来产业。

（三）面向创新平台好，完善创新创业服务

一是健全完善孵化育成体系。各高新区加大创业孵化平台的建设力度，围绕主导特色产业与未来产业建设专业化、多元化的众创空间及科技企业孵化器，加快科技企业加速器发展，完善创业孵

化平台与各类创新创业要素的对接机制，深化创新创业孵化平台与行业龙头领军企业、服务机构的合作，构建完善"众创空间+孵化器+加速器"全孵化链条。

二是加大高水平创新平台布局。高新区要积极引进国内外知名大学、科研机构、跨国公司等创新资源，联合设立新型研发机构、分支机构、研发中心。支持高新区对园区内已建研发机构进行梳理，有选择、有针对性地培育省级重点研发机构，省级重点实验室、工程技术研究中心、新型研发机构等创新平台，优先考虑在高新区布局；鼓励高新区积极争取国家级创新平台落户，对有望创建国家级创新平台的项目，采取"一事一议"方式加大支持力度。

三是打造创新创业人才高地。鼓励高新区及地市政府完善高层次创新人才发现、培养、激励、服务等机制，制定具有吸引力、竞争力的人才政策体系；鼓励高新区加快推进海外高层次人才创新创业基地、海外人才离岸创新创业基地等建设，面向全球引进一批科技顶尖人才与产业领军人才；深化产教融合试点，支持高新区联合骨干企业与高校院所共建共管现代产业学院，培养创新型、应用型技术技能人才。

四是加强科技金融服务。鼓励各高新区创新投融资模式，设立种子基金、产业引导基金、天使投资引导基金等各类投资基金，搭建金融、科技、产业融合发展综合服务平台，加大对初创期科技型企业的扶持力度；引导创业投资、私募股权、并购基金等社会资本支持高成长企业发展。创新国有资本创投管理机制，支持各高新区国有私募机构探索项目跟投、决策容错等市场化运营机制。

(四) 面向体制机制好，破解园区发展制度障碍

一是创新选人用人机制。鼓励有条件的高新区探索实行聘任制、绩效考核制等用人机制，允许按有关政策规定实行兼职兼薪、年薪制、协议工资制等多种分配方式。提升高新区专业化管理程度，选优配强高新区领导班子，培养选拔优秀年轻干部，打造高素质、专业化的高新区管理运营队伍。探索高校院所、科研机构与高新区管委会人员之间的互聘机制，畅通企业、社会组织人员进入高新区管委会及下属企事业单位渠道，促进人才合理流动。

二是深化"放管服"改革。推动《湖南省园区赋权指导目录》(湘政办发〔2020〕49号)全面落实落地。在国家级高新区深化商事制度改革，放宽市场准入，简化审批流程，全面实行"证照分离""照后减证"，加快推进企业注销便利化改革。加快高新区工程建设项目审批制度改革，深化"区域评估+告知承诺制"等。支持高新区依法开展相对集中行政许可权改革试点，全面推行"一件事一次办""园区事园区办"，推动水、电、气等要素保障类国有企业在园区集中设窗办事。

三是推进亩均效益改革。鼓励高新区结合"五好"园区评价体系中有关亩均效益评价指标要求，探索建立园区内企业"亩均论英雄"分类评价机制，并根据评价结果合理制定针对性的产业支持政策，集中资源发展"亩产论英雄"优势产业、企业，合理优化产业布局，培育优势产业集群，转移淘汰落后产能，推动产业转型升级。

(五) 面向发展形象好，优化园区发展环境

一是建设绿色生态园区。鼓励高新区开展生态工业示范园区、绿色园区、零碳园区等试点示范创建。落实"三线一单"、园区生态环境准入清单及园区规划环境评价管控要求，严格执行区域限批制度。推进高新区绿色、低碳、循环、智慧化改造，引导传统重污染行业的绿色技术进步和产业结构优化升级，推进能源梯级利用，降低高新区污染物产生量；推行资源能源环境数字化管理，加强生产制造过程精细化管控，降低高新区化石能源消耗量；推动公共设施共建共享、资源循环利用和污染物集中安全处置等，完善循环产业链条，推动产业循环发展。

二是强化安全生产管理。严控园区项目准入条件，落实园区安全生产责任体系；完善以风险分级管控和隐患排查治理为重点的安全预防控制体系，推进园区安全生产治理体系和治理能力现代化，增强重大安全风险管控能力，有效提升本质安全水平和应急保障能力，坚决杜绝重特大事故、遏制较大事故、控制一般事故，实现园区安全高质发展。

三是加大产城融合发展。鼓励各类社会主体在高新区投资建设信息化基础设施，加强与市政建设接轨，着力提升高新区信息化水平，完善教育、医疗、文化等公共服务设施，推进安全、绿色、智慧科技园区建设，实现区域一体化布局和联动发展。

四是推进土地节约集约利用。鼓励高新区率先探索建立工业用地全周期综合管理和考核机制、新增工业项目"标准地"供应制度、建立"标准地"供后履约监管体系。鼓励园区对存量建设用地进行多功能立体开发和复合利用，集中建设使用多层标准厂房、下沉式厂房，统筹地上地下有序开发，通过创新产业用地分类、鼓励土地混合使用、提高产业用地土地利用效率。

第二篇 分析篇

根据湘科发〔2021〕50号文件中印发的《湖南省高新区绩效评价指标体系》(新版),主要是从创新能力和创业活跃度、结构优化和产业价值链、绿色发展和宜居包容性、开放创新和国际影响力、综合质效和持续创新力等五个方面对我省高新区创新能力进行评价,得出全省高新区创新能力绩效评价综合情况。

一、综合能力情况分析

表2-1所示为2020年度湖南省高新区绩效评价综合排名。

表2-1 湖南省高新区绩效评价综合排名表

高新区名称	得分	排名	高新区名称	得分	排名
长沙国家高新区	92.41	1	宁远高新区	65.46	23
株洲国家高新区	89.07	2	汉寿高新区	65.35	24
衡阳国家高新区	83.83	3	娄底高新区	65.32	25
湘潭国家高新区	80.34	4	开福高新区	65.06	26
益阳国家高新区	77.02	5	桃源高新区	64.97	27
怀化国家高新区	76.96	6	韶山高新区	64.84	28
常德国家高新区	75.21	7	沅江高新区	64.67	29
宁乡高新区	73.43	8	澧县高新区	64.67	29
岳阳临港高新区	73.18	9	岳阳高新区	64.11	31
岳麓高新区	71.79	10	临澧高新区	63.71	32
浏阳高新区	70.58	11	津市高新区	63.58	33
湘西高新区	70.39	12	张家界高新区	63.46	34
郴州国家高新区	69.87	13	攸县高新区	63.24	35
祁阳高新区	69.30	14	临湘高新区	63.14	36
平江高新区	68.81	15	汨罗高新区	63.12	37
望城高新区	67.29	16	道县高新区	63.01	38
岳阳绿色化工高新区	66.95	17	双峰高新区	62.54	39
湘阴高新区	66.42	18	衡阳西渡高新区	61.63	40
隆回高新区	66.35	19	洪江高新区	61.55	41
雨湖高新区	66.03	20	新化高新区	60.81	42
桂阳高新区	65.80	21	泸溪高新区	60.25	43
江华高新区	65.71	22	衡山高新区	60.01	44

如表 2-1 所示，2020 年全省高新区的综合得分 90 分以上的高新区 1 家，80～90 分的高新区 3 家，70～80 分的高新区 8 家，60～70 分的高新区 32 家。排名前三的国家级高新区分别为长沙、株洲和衡阳高新区；排名前三的省级高新区分别为宁乡、岳麓和浏阳高新区，均为长沙市的高新区。

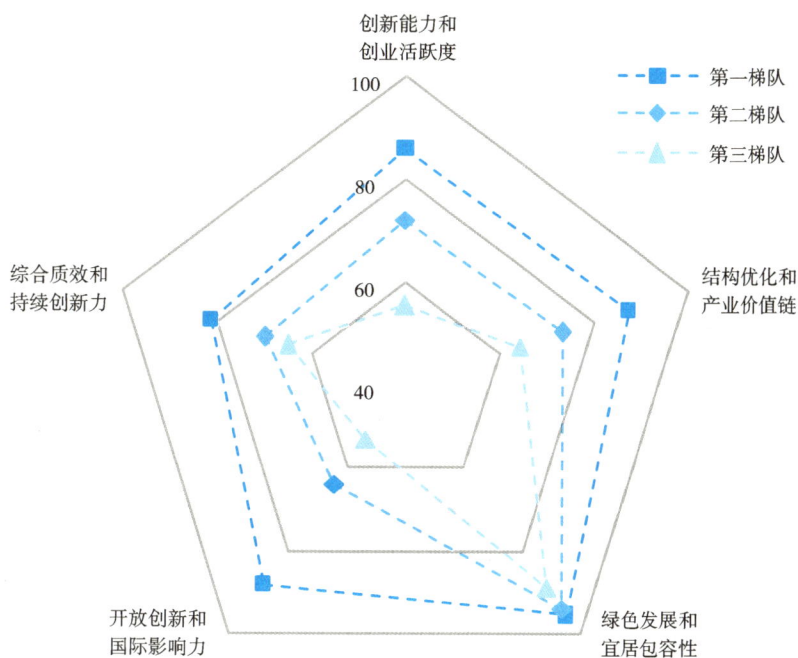

图 2-1　不同梯队高新区五大能力得分分布

第一梯队：得分在 80 分以上的共有 4 家高新区，为长沙、株洲、衡阳和湘潭高新区，均为国家级高新区，是长株潭衡"中国制造 2025"试点示范城市群建设的中坚力量，是我省经济发展的核心增长极。

第二梯队：70～80 分之间共有 8 家高新区，这些高新区的特点为：一是地理位置优越，分布在长株潭城市群内，如宁乡、岳麓和浏阳高新区，有着雄厚的科教资源，存在着巨大的创新潜力；二是位于长株潭"3+5"城市群辐射范围内，如益阳、常德和岳阳临港高新区；三是位于湘南湘西承接产业转移示范区的主阵地、主战场，如怀化和湘西高新区，有着体量虽小但后劲足的特点。

第三梯队：60～70 分之间共有 32 家高新区，主要分布为长株潭区域 5 家、洞庭湖区域 12 家、湘中南区域 11 家、大湘西区域 4 家。

如图 2-1 所示，从不同梯队来看，属于第一梯队的高新区各项能力相对较为均衡。三个梯队分数差异最小的为绿色发展和宜居包容性，其次为综合质效和持续创新力，而差距最大的为开放创新和国际影响力方面。

如图 2-2 所示，从不同区域来看，长株潭区域的高新区在各能力方面表现最佳，其他区域高新区在五大能力各有突出。其中大湘西区域高新区在创新能力和创业活跃度表现较好；湘中南区域高新区在结构优化和产业价值链表现较好；洞庭湖区域高新区在综合质效和持续创新力表现较好；三大区域在开放创新和国际影响力方面能力相当。

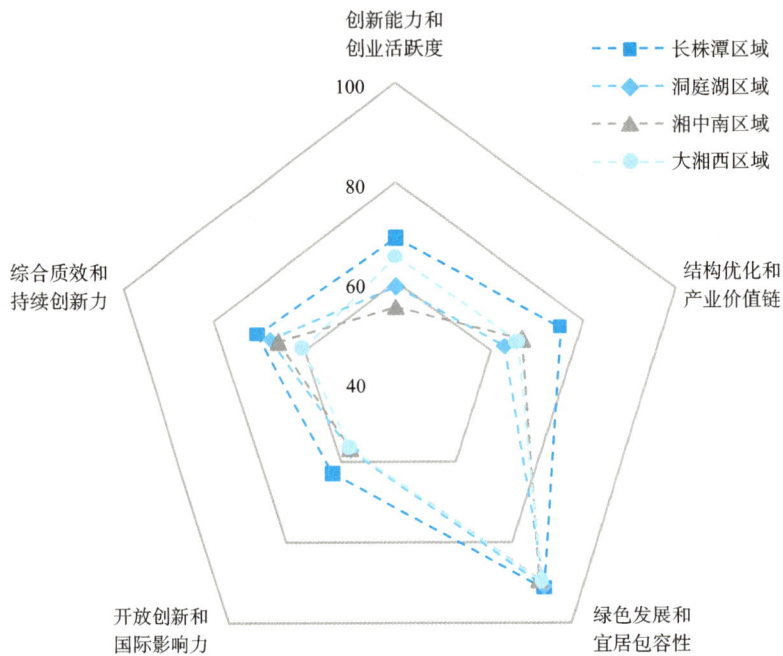

图 2-2　不同区域高新区五大能力得分分布

二、创新能力和创业活跃度发展情况

(一)创新能力和创业活跃度发展情况

全省高新区大力落实创新引领开放崛起战略,围绕创新主体"量质双升"目标,不断完善科技创新体系,科技创新事业快速发展,推动产业链上中下游、大中小企业融通创新,促进各类创新要素向企业集聚,强化企业创新主体地位,奋力打造具有核心竞争力的科技创新高地。

创新能力和创业活跃度指标重点反映高新区创新创业方面的表现和成效,下设7个二级指标,包括6个定量指标和1个定性指标。其中定量指标分别为"研发经费占生产总值比重""省级以上研发机构""规上工业企业研发机构覆盖率""科技企业孵化器和众创空间数""万人新增授权专利数""当年注册企业数及增速";定性指标为"管委会营造创新创业环境及发展导向符合国家总体评价"。

依据7个二级指标,结合相关指标和数据,分别从创新投入、创新产出、创业活力、创新创业环境等4个方面对全省高新区创新能力和创业活跃度发展情况进行分析、阐述与总结。

1.创新平台逐步完善,研发创新氛围愈加浓厚

在全省高新区绩效评价创新能力和创业活跃度指标中,"省级及以上研发机构数""规上工业企业研发机构覆盖率""研发经费占生产总值比重"等3个指标体现创新创业载体的建设与研发经费投入。

省级及以上研发机构当量数是园区当年经认定的国家级和省级工程(技术)研究中心、企业技术中心、重点实验室、工程实验室、院士专家工作站、博士后科研工作站、技术创新中心、外资研发机构、新型产业技术研发机构、各类大学及其他国家级和省级研发机构的当量数,鼓励园区积极引进和培育各类研发载体,夯实园区研发实力。

如图 2-3 所示，2020 年全省高新区平均拥有研发平台当量为 33，较 2019 年提升了 22.2%，其中 7 家超过平均水平的高新区集聚了全省高新区 75.2% 的研发平台，主要集聚在长沙、株洲、衡阳、益阳和湘潭等国家级高新区，以及较好承接科教资源溢出效应的雨湖、宁乡和岳麓高新区。而桂阳和宁远高新区的省级及以上研发平台当量仅为 2 家，衡阳西渡高新区为 1 家，道县高新区暂未报有省级及以上研发平台。

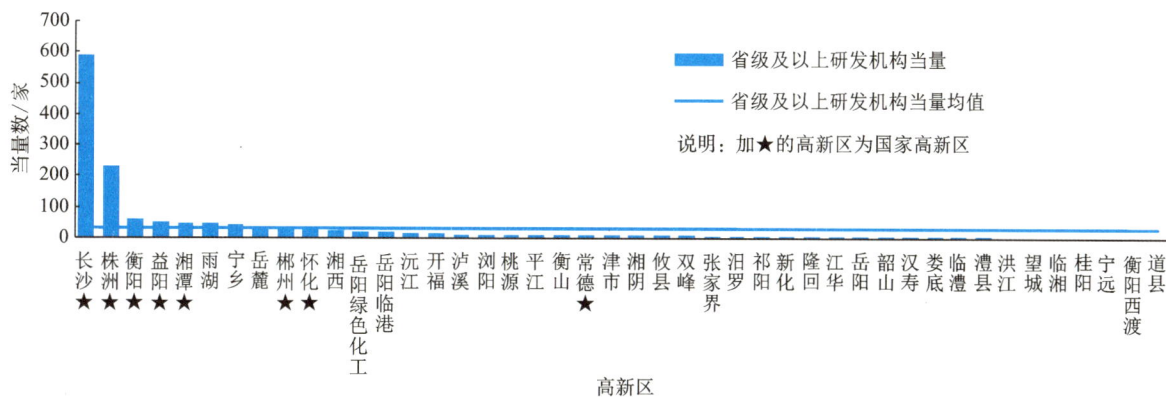

图 2-3 各高新区省级及以上研发平台当量

规上工业企业研发机构覆盖率是衡量园区具有研发实力的规上企业培育成效，鼓励园区自主培育有创新能力的企业。如图 2-4 所示，2020 年全省高新区规上工业企业研发机构覆盖率均值为16.52%，洪江、泸溪高新区因规上工业企业数量较少，其规上工业企业研发机构覆盖率分别高达55.22% 和 39.13%，位列第 1 和第 3，仅 11 家高新区的规上工业企业研发机构覆盖率达到平均水平，与实现规上工业企业研发机构全覆盖的目标存在较大差距。

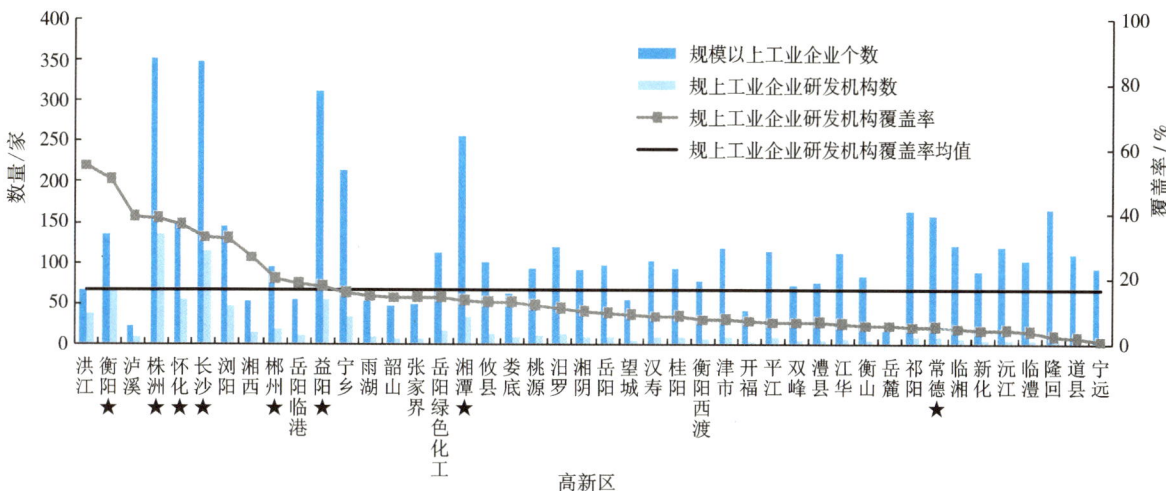

图 2-4 各高新区规上工业企业研发机构覆盖率

研发经费投入占比用于衡量园区企业研发投入强度，旨在鼓励园区企业加大自主创新费用投入。如图 2-5 所示，2020 年全省高新区规上工业企业 R&D 经费内部支出额占主营业务收入的比重平均为 2.27%，远高于《中国制造 2025》提出的目标值(1.68%[①])。其中 25 家高新区高于全省平均

[①] 《中国制造 2025》提出到 2020 年和 2025 年，规模以上制造业研发经费内部支出占主营业务收入比重目标分别为 1.26% 和 1.68%。

水平，岳阳临港、临澧高新区达到5%以上，分别位居第1、第2，而岳阳绿色化工、宁远、衡阳等高新区不足1%。

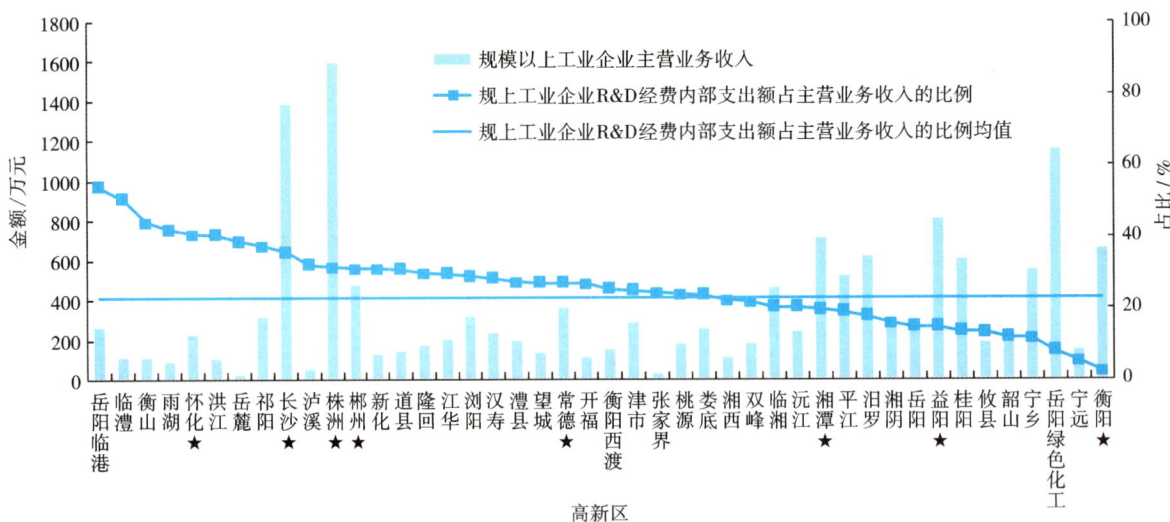

图 2-5　各高新区规上工业企业主营业务收入及 R&D 经费内部支出额占比

2. 重视知识产权保护，提升创新成果能力

在高新区绩效评价创新能力和创业活跃度指标中，通过采用"万人新增授权专利数"表现创新产出效率，以衡量园区企业高质量创新成果的人均产出效率，引导企业开展具有较高原创性的创新活动。

如图 2-6 所示，2020 年，全省高新区每万人新增授权专利当量数平均为 134 件/万人，较 2019 年增长 19.4%。其中超过平均水平的有 14 家高新区，怀化高新区每万人新增授权专利当量数为 422 件/万人，排名第 1；其次为岳麓和望城高新区，分别为 361 和 334；最低的为道县高新区，仅为 3.5 件/万人。可见，各高新区由于所属区域不同，科研人员、研发机构、研发经费等资源方面存在较大差距，导致各高新区的创新产出效率差异较大。

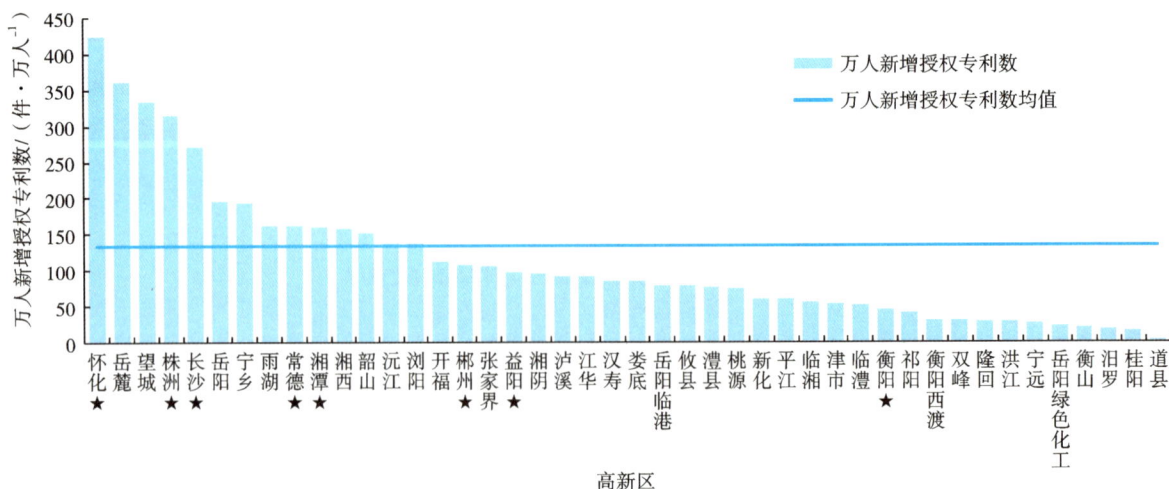

图 2-6　各高新区每万人新增授权专利当量

3.孵化体系逐渐完善，创新创业活力持续激发

在高新区绩效评价创新能力和创业活跃度指标中，体现园区创新创业活力的指标为"科技企业孵化器和众创空间数""当年注册企业数及增速""当年登记入库的科技型中小企业数及增速"。

科技企业孵化器和众创空间，是创新创业活动的重要载体，引导创业孵化载体在园区聚集，能够反映园区整体的创业服务能力。如图2-7所示，全省高新区平均拥有省级及以上科技企业孵化器和众创空间当量为5.7家，排名前三的为长沙、株洲和湘潭高新区，分别为72.5家、36家和23家；建有国家级科技企业孵化器或科技部备案的众创空间的高新区有12家（见图2-8），此外还有8家高新区尚未建有科技企业孵化器或众创空间。

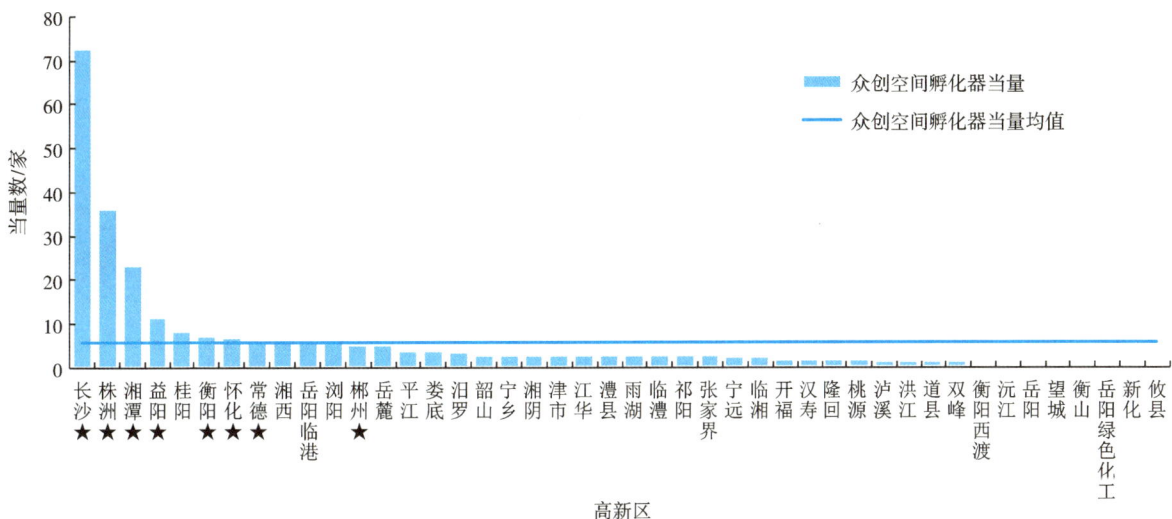

图 2-7 各高新区科技企业孵化器和众创空间当量

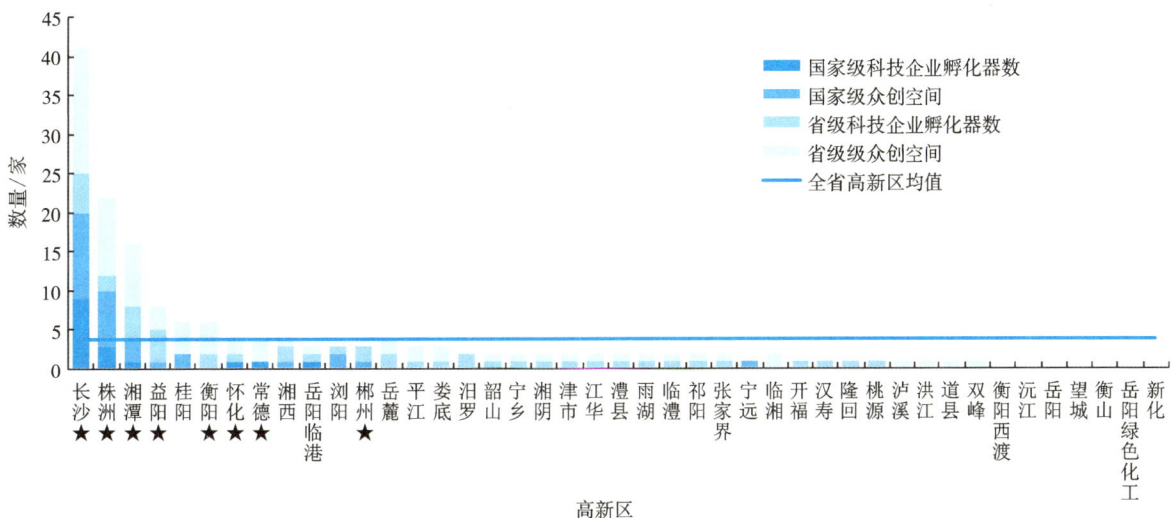

图 2-8 各高新区科技企业孵化器和众创空间的主要构成

当年注册企业数及增速体现园区大众创业活力，反映园区对区域创业的示范和引领情况。如图 2-9 所示，2020 年全省高新区新增注册企业平均为 91 家，排名前三的为开福、湘潭和常德高新区，分别为 1015、822 和 287 家，最少的为津市高新区，仅为 3 家。排名前 12 的高新区占据了全省高新区 80.7% 的新增注册企业，创业活跃度较高，也相对集中。增速方面，全省高新区注册企业平均增速为 17.4%，32 家高新区保持 10% 以上的增长速度，其中增速最大的是常德高新区，高达 134.1%，此外岳阳临港、怀化和湘潭等高新区保持了 50% 以上的增长率。

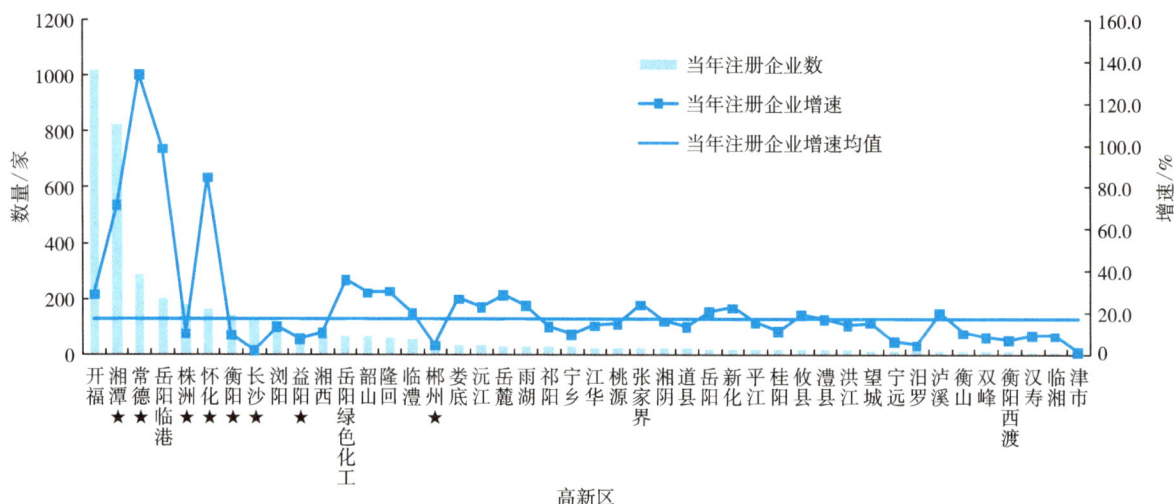

图 2-9　各高新区新增注册企业数及增速

当年登记入库的科技型中小企业数及增速能够反映园区科技型企业的新生力量培育情况。如图 2-10 所示，2020 年全省各高新区登记入库的科技型中小企业平均为 68 家，科技型中小企业入库登记数排名前三的为长沙、株洲和湘潭高新区，分别为 881 家、288 家和 154 家，13 家高新区的科技型中小企业数超过平均水平；增速方面，全省高新区科技型中小企业快速增长，增幅达到 100.2%，其中增长最快的为澧县高新区，高达 1233.3%。

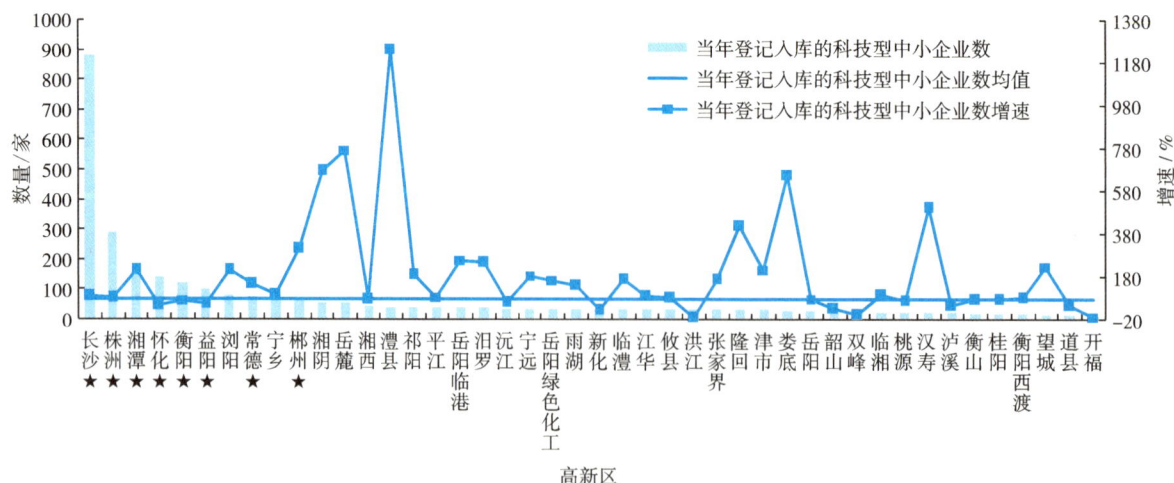

图 2-10　各高新区科技型中小企业数及增速

4.营商环境持续优化,形成创新创业良好生态

良好的营商环境是高新区吸引企业、吸引投资、吸引人才的重要砝码,也是高新区高质量发展的重要支撑。"管委会营造创新创业环境及发展导向符合国家总体要求评价"能够综合衡量园区支撑创新创业的环境建设以及创新驱动示范区和高质量先行区的发展定位。

人才环境方面,全省各市州相继出台人才政策,如长沙市在 2017 年的人才新政 22 条发布之后,各类配套细则不断推出,2020 年出台了长沙市高层次人才分类认定目录,不断扩大人才认定的范围,吸引更多人才,为长沙重点产业发展添砖加瓦。郴州市出台《关于深化人才发展体制机制改革实施"林邑聚才"计划的若干措施》,实施更加积极、开放、有效的人才政策,引导、吸纳各级各类人才集聚郴州。常德市科技局发布了《关于组织申报常德市"沅澧创新人才"的通知》,通过人才培养、技术攻关、产品开发、成果转化等方面的倾斜支持,引导培育产业发展与自主创新相关方面的科技创新人才。

全省各高新区均出台了相关人才政策,包括建立灵活的引进人才政策、设立知识更新教育基金、试行企业科技人员个人所得税返还和培养技术创新支持人才等,如图 2-11 所示,有75%的高新区建立了标志性专项人才计划,如长沙高新区的《长沙高新区承接国防科技大学军民融合项目入园及引进转业人才创新创业的政策意见》,株洲高新区的《关于鼓励引进培育"中国动力谷双创人才"的实施意见》,湘潭高新区的"551"人才计划、高层次人才生活津贴暂行办法,衡阳高新区的《衡阳高新区引进高层次人才五年行动计划(2016—2020 年)》《衡阳高新区人才创新创业奖励实施办法》《衡阳高新区"人才雁阵"行动计划青年人才生活补贴的实施办法(试行)》,常德高新区的《企业人才引进认定和扶持实施细则(试行)》,怀化高新区的《怀化高新区引进高层次创新创业人才管理办法》,宁乡高新区的"5123"计划,衡阳西渡高新区的蒸阳领头雁,岳阳绿色化工高新区的四海揽才计划,汉寿高新区的《关于大力引进优秀人才服务园区高质量发展的实施办法》等。

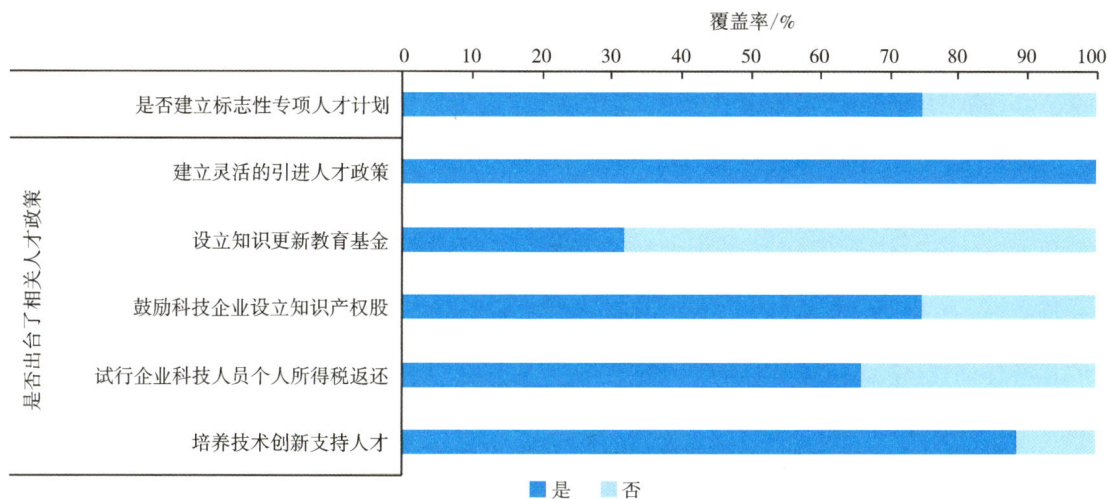

图 2-11　高新区实施人才战略情况

创新创业支持方面,高新区通过参与承办或推荐企业参与创新创业大赛、创新挑战赛和组织举办创新发展论坛,开展创新创业活动等方式,提升高新区创新创业水平,激发创新创业活力,营造良好创新创业氛围。例如长沙高新区 2020 年举办创新创业活动高达 529 场,其中创业教育培训活动达 193 场。

如图 2-12 所示，全省高新区均为支持大众创业提供了相关政策，90%以上的高新区从精简前置审批，清理规范涉企收费，切实减轻企业负担以及对众创空间等新型双创平台开展政府购买服务、无偿资助或提供业务奖励等方面提供支持政策；80%以上的高新区提供了搭建互联网+线上线下联动的创业网络平台、提供创业担保贷款等政策；也有 50%的高新区提供了下放科技成果使用处置和收益权。

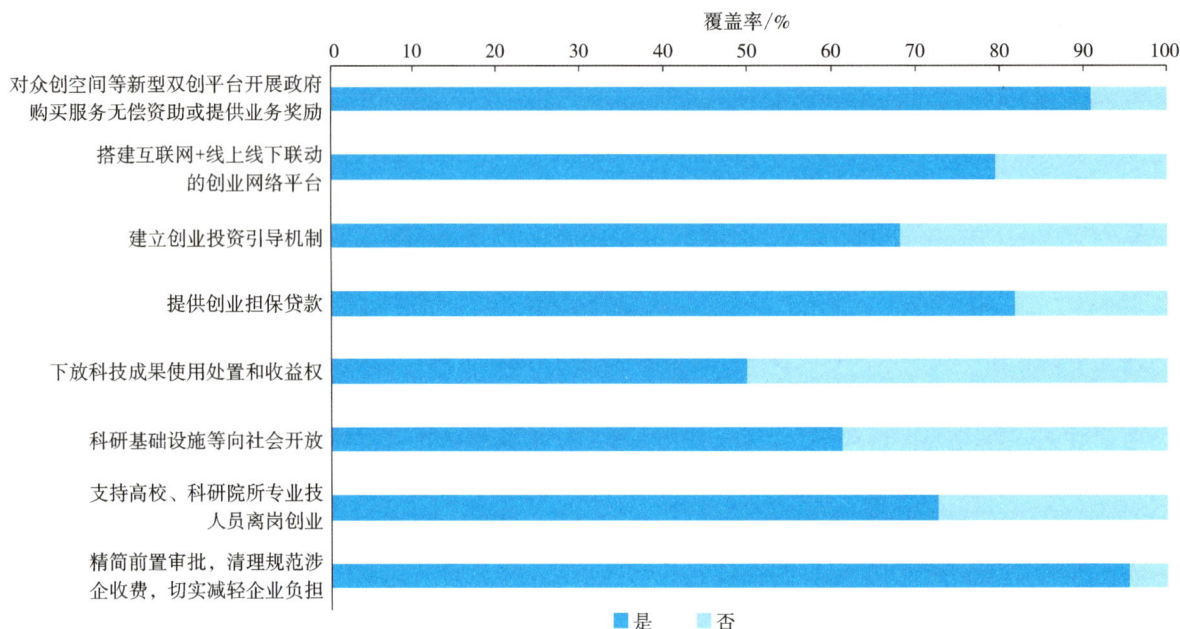

图 2-12　高新区为支持大众创业提供的政策

企业补贴方面，如图 2-13 所示，98%的高新区切实落实和实施企业研发费用 175%加计扣除政策，超 80%的高新区提供高企认定上市企业后补贴，湘潭、宁乡等高新区在企业主板上市后最高给予 1000 万奖励，益阳、衡阳、湘西、祁阳、衡阳西渡和新化等高新区给予 500 万奖励。

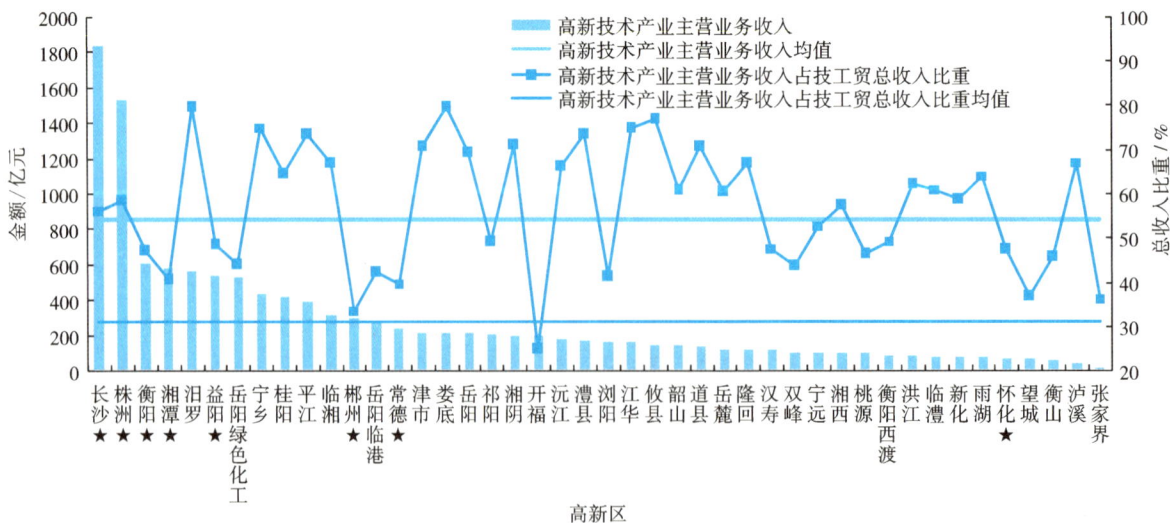

图 2-13　各高新区高新技术产业主营业务收入及其占技工贸总收入比重

(二)创新能力和创业活跃度排名

如表 2-2 所示,2020 年全省高新区的创新能力和创业活跃度指标得分 90 分以上的高新区 3 家,80~90 分的高新区 1 家,70~80 分的高新区 4 家,60~70 分的高新区 8 家。排名前 6 的均为国家级高新区,国家级高新区排名前三分别为长沙、株洲和怀化高新区;省级高新区排名前三分别为岳阳临港、岳麓和浏阳高新区。今后,各高新区应建立财政科技资金稳步增长机制,全面推行企业研发准备金制度,引导企业加大研发投入,提升企业核心竞争力。支持规上工业企业自建或共建研发机构,各级财政在支持企业实施研发与产业化项目时,对建有研发机构的企业予以优先支持。促进创新要素向企业集聚,支持企业牵头组建创新联合体、引进高端创新人才、承担省市级重大科技项目。继续优化营商环境为园区创新创业赋能,融入新发展格局。

表 2-2 高新区创新能力和创业活跃度排名表

高新区名称	得分	排名	高新区名称	得分	排名
长沙国家高新区	93.00	1	望城高新区	57.60	23
株洲国家高新区	93.00	1	韶山高新区	57.40	24
怀化国家高新区	91.85	3	开福高新区	56.85	25
湘潭国家高新区	81.55	4	汉寿高新区	56.35	26
衡阳国家高新区	76.55	5	隆回高新区	55.95	27
益阳国家高新区	73.15	6	汨罗高新区	55.05	28
岳阳临港高新区	72.00	7	平江高新区	55.00	29
常德国家高新区	71.05	8	江华高新区	54.85	30
岳麓高新区	67.90	9	沅江高新区	54.50	31
浏阳高新区	67.45	10	临湘高新区	54.05	32
湘西高新区	67.25	11	岳阳绿色化工高新区	53.75	33
宁乡高新区	65.45	12	祁阳高新区	53.55	34
郴州国家高新区	64.85	13	桂阳高新区	52.95	35
雨湖高新区	62.55	14	岳阳高新区	52.95	35
澧县高新区	60.85	15	道县高新区	52.85	37
洪江高新区	60.00	16	攸县高新区	52.75	38
娄底高新区	59.55	17	津市高新区	52.70	39
泸溪高新区	58.90	18	双峰高新区	50.35	40
湘阴高新区	58.40	19	衡山高新区	50.30	41
临澧高新区	58.30	20	新化高新区	50.10	42
张家界高新区	58.10	21	衡阳西渡高新区	49.65	43
桃源高新区	58.00	22	宁远高新区	46.15	44

三、结构优化和产业价值链

（一）结构优化和产业价值链发展情况

"发展高科技，实现产业化"是高新区的核心使命，而产业是高新区的立区之本，经济结构优化和产业价值链的提升，是推动园区产业迈向全球价值链中高端的重要支撑。

结构优化和产业价值链指标重点反映高新区经济结构调整和产业转型升级方面的表现和成效，下设 6 个二级指标，包括 5 个定量指标和 1 个定性指标。其中定量指标分别为"营业收入利润率""高新技术产业贡献""当年新认定高新技术企业数及增速""万人拥有本科（含）学历以上人数""人均技术合同交易额"；定性指标为"创新型产业集群培育及发展状况评价"。

依据 6 个二级指标，结合相关数据和资料，分别从高新技术产业结构优化、高新技术企业培育及层次提升、产业服务促进机构等 3 个方面，对全省高新区产业升级和结构优化发展情况进行详细分析和阐述。

1. 产业结构不断优化，但主特产业定位仍需进一步明晰

高新区以发展高科技、实现产业化为宗旨，促进高新技术产业持续发展。在高新区结构优化和产业价值链指标中，体现高新技术产业结构优化方面的 3 个指标为"高新技术产业贡献""万人拥有本科（含）学历以上人数""人均技术合同交易额"。

高新技术产业贡献反映园区产业结构调整情况，同时强调和鼓励发展高新技术产业。如图 2-13 所示，2020 年全省高新区高新技术产业主营业务收入平均为 276.6 亿元，同比增长 11.5%，超过 500 亿元的有 7 家，分别为长沙、株洲、衡阳、湘潭、汨罗、益阳和岳阳绿色化工高新区，其中超过 1000 亿元的有 2 家，分别为长沙和株洲高新区。2020 年全省高新区高新技术产业主营业务收入占技工贸总收入比重为 53.9%，同比提升了 1.5 个百分点，其中娄底、汨罗、攸县、宁乡、江华、平江、澧县、湘阴、道县、津市等 10 家高新区总收入占比超 70%，较去年增加 2 家；仅开福高新区的高新技术产业主营业务收入占比低于 30%。

全省高新区都制定了产业规划，主特产业结构比较清晰。调查显示，全省高新区的主特高新技术产业主要有：先进制造与自动化、新材料、生物与新医药、电子信息、航天航空、新能源与节能、资源与环境、高技术服务、（现代）农业九个方面。对全省 44 家高新区的主特产业进行分类统计，如表 2-3 所示。

表 2-3　湖南省高新区主特产业分类统计表

高新区	先进制造与自动化	新材料	生物与新医药	电子信息	航空航天	新能源与节能	资源与环境	高技术服务	现代农业
长沙★	√			√		√			
株洲★	√				√	√			
湘潭★	√	√		√					
益阳★	√	√		√					

续表2-3

高新区	先进制造与自动化	新材料	生物与新医药	电子信息	航空航天	新能源与节能	资源与环境	高技术服务	现代农业
衡阳★	✓		✓	✓				✓	
郴州★	✓	✓		✓					
常德★	✓	✓		✓					
怀化★		✓	✓	✓					
岳阳临港	✓			✓				✓	
韶山	✓		✓			✓			
衡阳西渡	✓		✓				✓		
沅江	✓							✓	✓
汉寿	✓		✓						
岳阳		✓	✓						
平江		✓		✓					✓
宁乡	✓	✓				✓			
浏阳	✓		✓	✓				✓	
湘阴	✓	✓							
津市	✓		✓						✓
娄底	✓		✓						✓
泸溪		✓	✓						
望城	✓	✓	✓	✓					
岳麓				✓				✓	
衡山	✓	✓					✓		
隆回	✓							✓	
岳阳绿色化工		✓					✓		
汨罗		✓		✓			✓		
桃源	✓			✓		✓			
张家界			✓						✓
江华	✓	✓							
新化		✓						✓	
攸县	✓	✓					✓		
澧县			✓	✓				✓	
桂阳	✓		✓	✓			✓		
宁远				✓				✓	
洪江		✓	✓	✓					
湘西		✓		✓					
雨湖	✓	✓					✓	✓	
临湘	✓			✓				✓	

续表2-3

高新区	先进制造与自动化	新材料	生物与新医药	电子信息	航空航天	新能源与节能	资源与环境	高技术服务	现代农业
临澧	√	√							√
祁阳			√	√		√			
道县	√			√					
双峰	√		√						√
开福				√				√	

　　如图2-14所示，先进制造与自动化、电子信息、新材料、生物与新医药等四大产业仍然是全省高新区布局最多的主导产业，其中将先进制造与自动化列为主导产业的高新区有29家，约占全省高新区总量的2/3，符合我省作为先进制造大省的现实情况，此外电子信息、新材料、生物与新医药三大产业也是高新区布局较多的产业，近一半的高新区将该三大产业列为主导或特色产业。

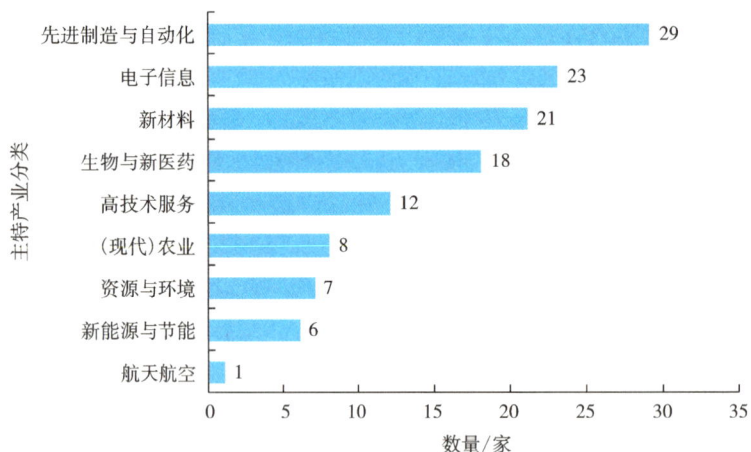

图2-14　各高新主导产业分布情况

　　万人拥有本科（含）学历以上人数是评估园区从业人员的知识结构、引导企业进一步提升从业人员综合素质、衡量产业结构优化的重要指标。如图2-15所示，2020年全省各高新区万人拥有本科（含）学历以上人数平均为1716人/万人，其中14家高新区万人本科人数超过平均水平，岳麓、湘潭、长沙、怀化等高新区超过了4000人/万人，但临澧、双峰、道县等8家高新区不足500人/万人。从分布上看，创新人才队伍建设呈现出明显的地域性差异。其中，长株潭地区在创新人才聚集及人才结构优化上表现突出。

　　人均技术合同交易额旨在衡量园区技术交易活动频度和规模，体现园区科技创新活跃态势。如图2-16所示，2020年高新区人均技术合同交易额平均值为1.8万元/人，同比增长80%，进步显著。其中12家高新区超过平均水平，岳麓、湘潭和道县高新区分别以11.8万元/人、9.9万元/人、5.7万元/人位列前三甲；而祁阳、岳阳绿色化工、湘西等20家高新区不足0.5万元/人。

2.高新企业发展迅速，提质增效仍需进一步加强

　　在高新区产业升级和结构优化能力评价中，体现企业的盈利能力和发展绩效及高企培育的2个指标为"营业收入利润率""当年新认定高新技术企业数及增速"。

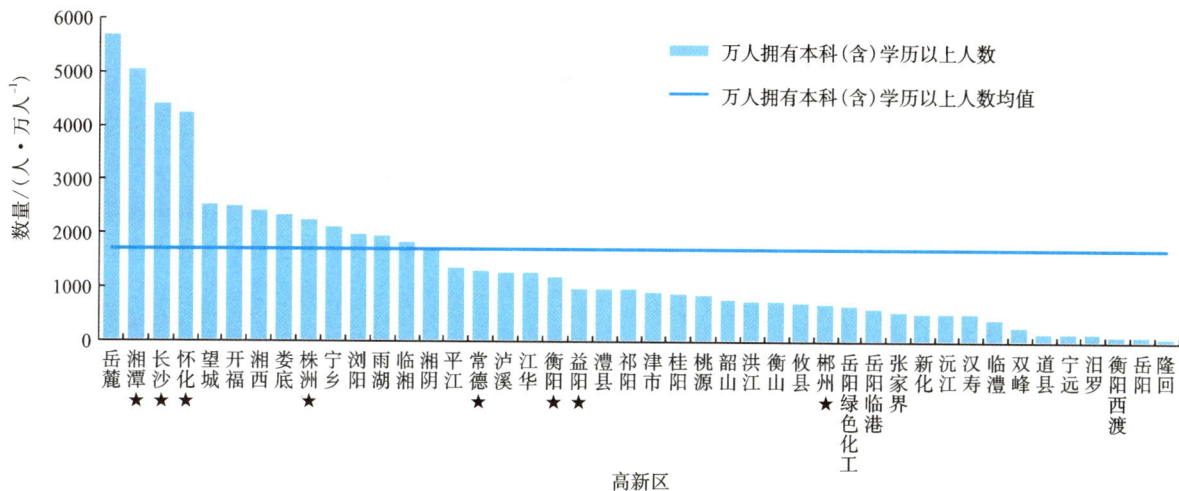

图 2-15 各高新区万人拥有本科(含)学历以上人数

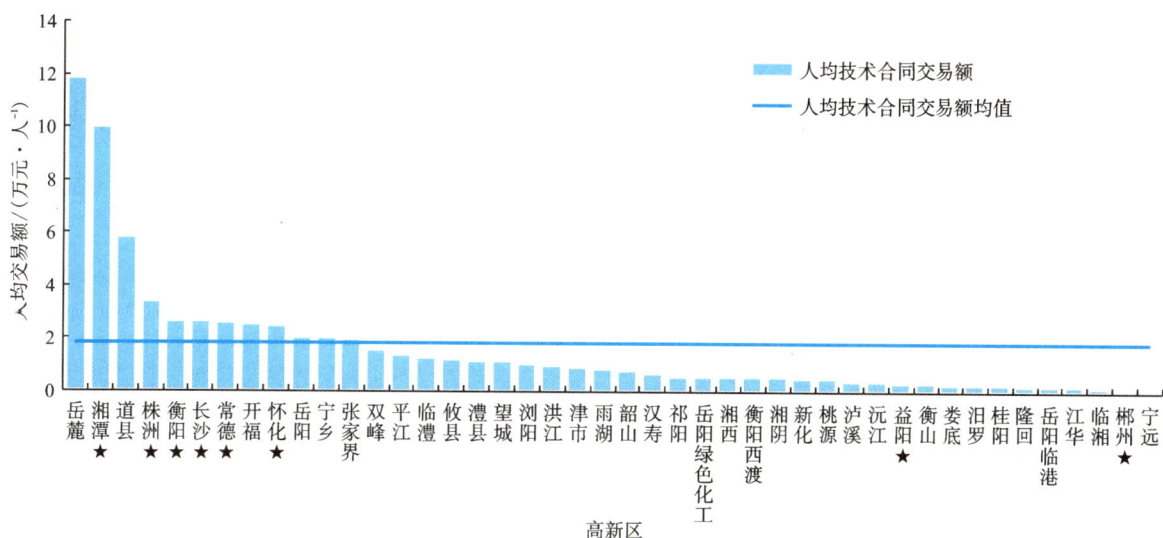

图 2-16 各高新区人均技术合同交易额

　　营业收入利润率是衡量高新区企业的盈利能力和发展绩效。如图 2-17 所示，2020 年全省高新区营业收入利润率平均为 4.02%，其中超过 8% 的高新区有 4 家，分别为娄底、宁远、双峰和衡阳西渡高新区；园区企业营业收入利润率低于 2% 的高新区有 6 家，分别为澧县、岳阳绿色化工、泸溪、韶山、开福和湘潭高新区。

　　如图 2-18 所示，2020 年全省高新区高新技术产业增加值平均为 68.5 亿元，较 2019 年增长 9%。长沙和株洲高新区的高新技术产业增加值超过 300 亿元；高新技术产业增加值增速超过 20% 的有 13 家高新区，其中湘西高新区以 30% 的增速位居第 1，而宁乡、衡阳西渡、浏阳和岳阳绿色化工 4 家高新区呈现负增长，岳阳绿色化工高新区高新技术产业增加值降低 15.9%，排名最末。

　　当年新认定高新技术企业数及增速指标是考量园区高新技术企业的培育情况，引导企业申报高新技术企业，促进产业价值链的提升。如图 2-19 所示，2020 年全省各高新区净增高新技术企业数均值为 19 家，其中净增高企数超过 50 家的有 4 家高新区，分别为长沙、衡阳、株洲和怀化高新区；增速方面，全省高新区高企增速达到 29.2%，其中增速达到 80% 的有 4 家，分别为衡阳、开福、临湘和望城高新区；另外浏阳和益阳高新区高企增速均低于 10%。

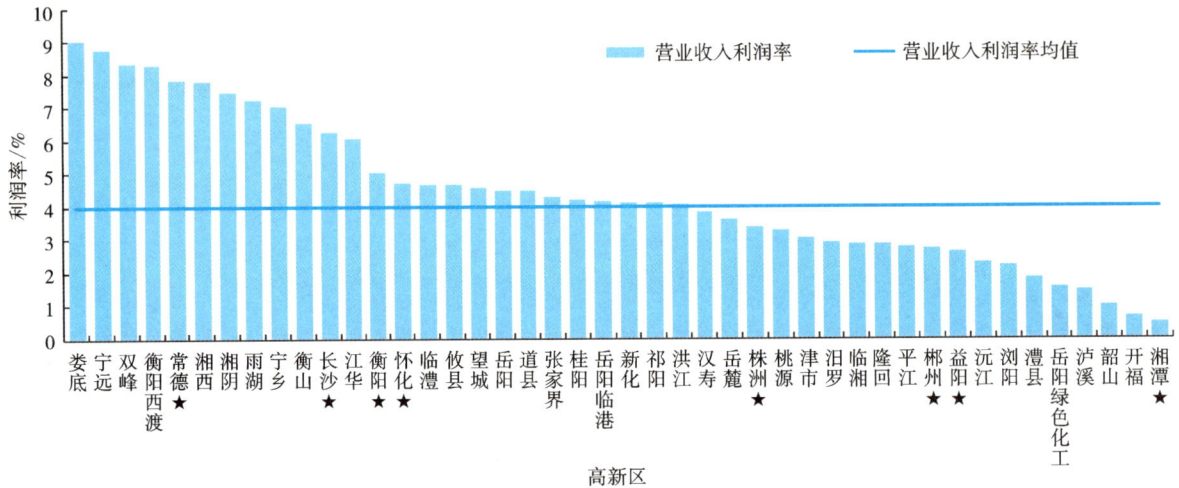

图 2-17 各高新区营业收入利润率

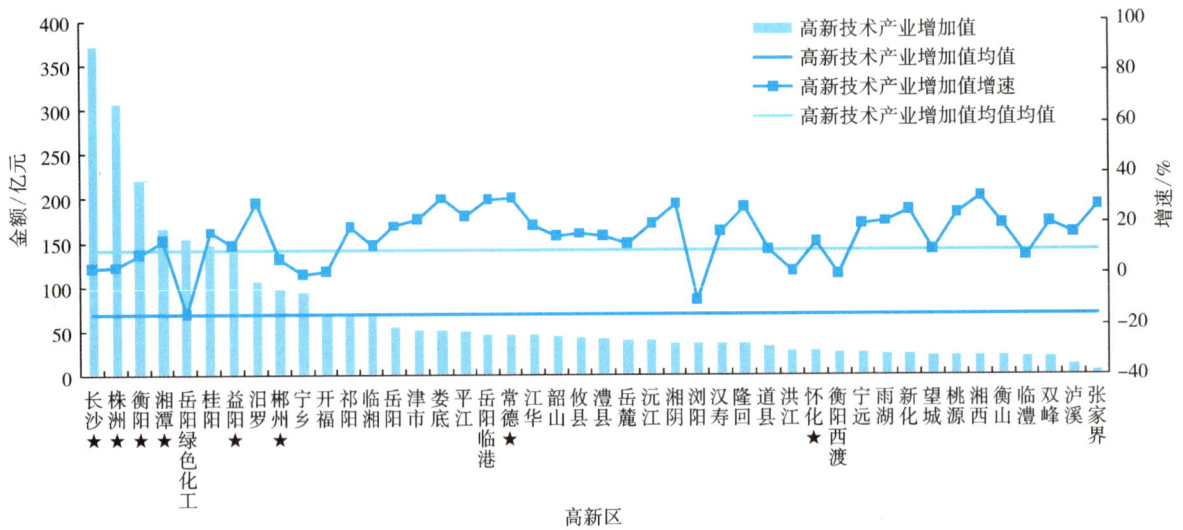

图 2-18 各高新区高新技术产业增加值及增速

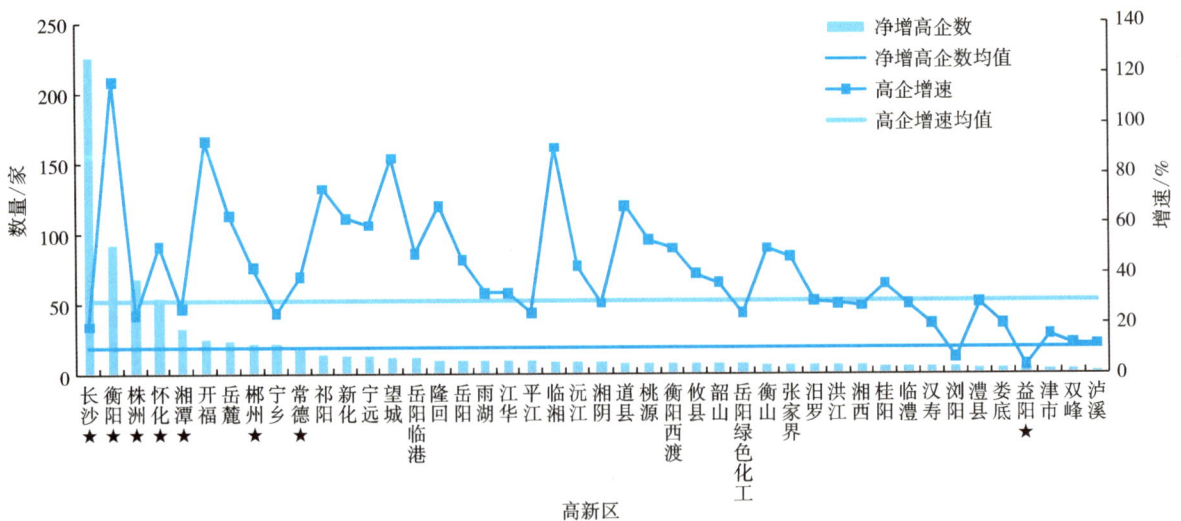

图 2-19 各高新区高新技术企业净增数及高新技术企业增速

如图 2-20 所示，2020 年全省各高新区实施高新技术企业培育计划的比例达到 98%，如长沙高新区的"柳枝行动"、衡阳高新区的《培育和引进高新技术企业实施办法》、株洲高新区的《株洲高新区（天元区）高新技术企业、规模企业培育方案》等均取得明显成效；实施科技型小微企业培育计划的比例达到 95%，如长沙高新区的"雏鹰计划"、湘潭高新区的鼓励科技创新实施办法、澧县高新区将科技型中小微企业作为重点扶持对象，给予资金和科技项目支持，成效显著；实施领军企业培育计划的高新区比例为 89%，较 2019 年新增了 5 家。

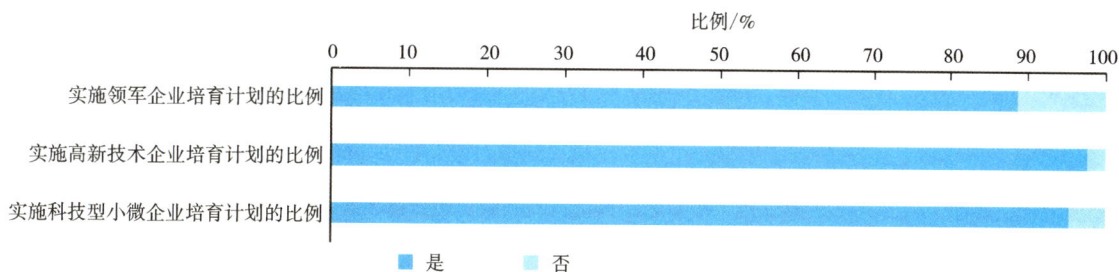

图 2-20　各高新区实施企业培育计划情况

3. 加快建设产业服务促进机构，推动高新技术产业集群发展

高新区通过建立各类产业服务促进机构，搭建企业与各类创新要素的合作与交流平台，不断推进产学研协同创新和科技成果转移转化。在高新区产业升级和结构优化能力评价中，产业服务促进机构主要统计以下七大类：国家级或省级高新技术产业化基地、国家级或省级火炬特色产业基地、国家级或省级生产力促进中心、国家级或省级技术转移机构、产业技术创新战略联盟、国家级或省级产品检验检测机构、其他国家级或省级产业促进机构。

如图 2-21 所示，2020 年，全省高新区拥有省级及以上高新技术产业化基地的比例为 43.2%，其中衡阳、怀化、郴州、益阳等 4 家国家级高新区尚未建有高新技术产业化基地；拥有省级及以上火炬特色产业基地的比例为 29.5%；拥有省级及以上生产力促进中心的比例为 40.9%；拥有省级及以上技术转移机构的比例为 31.8%；拥有产业技术创新战略联盟机构的比例为 31.8%；拥有产业技术创新战略联盟机构的比例为 47.7%；拥有产品检验检测机构的比例为 47.7%。综合来看，仅衡山、汨罗、望城、临湘等高新区暂未建有省级及以上产业服务促进机构。产业服务促进机构对培育高新技术企业、推动高新技术产业集群发展具有非常重要的作用，各高新区应根据自身实际情况和产业特色加快建设火炬特色产业基地、生产力促进中心、技术转移机构、产业技术创新战略联盟或产品检验检测机构等产业服务促进机构，为高新区高新技术产业集群发展提供良好的服务。

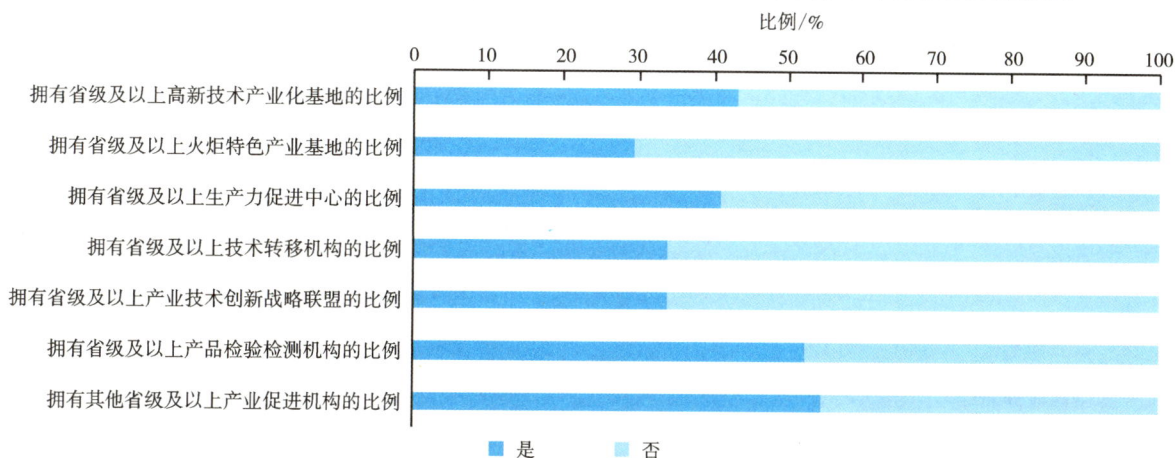

图 2-21　各高新区产业服务促进机构设置情况

(二)结构优化和产业价值链排名

如表2-4所示，2020年全省高新区结构优化和产业价值链指标得分90分以上的高新区有2家，80~90分的高新区有4家，70~80分的高新区有7家，60~70分的高新区有23家。国家级高新区排名前三分别为长沙、湘潭和衡阳高新区；省级高新区排名前三分别为岳麓、宁乡和娄底高新区。今后，各高新区需结合自身资源禀赋和产业基础，围绕产业链部署创新链，打造先进制造业集群，按照国家级高新区"两主一特"、省级高新区"一主一特"的原则明确重点发展的特色主导产业，提升产业集聚度，推进园区产业特色化、差异化协同发展。设立特色主导产业发展专项资金，聚焦特色主导产业，布局重大产业项目，着力打造一批千亿级、百亿级优势产业集群。

表2-4 高新区结构优化和产业价值链排名表

高新区名称	得分	排名	高新区名称	得分	排名
长沙国家高新区	94.65	1	桂阳高新区	63.75	23
岳麓高新区	91.40	2	张家界高新区	63.70	24
湘潭国家高新区	87.45	3	衡山高新区	63.65	25
衡阳国家高新区	84.30	4	祁阳高新区	63.40	26
株洲国家高新区	82.75	5	岳阳临港高新区	63.30	27
怀化国家高新区	82.35	6	桃源高新区	63.15	28
宁乡高新区	79.00	7	临澧高新区	62.55	29
常德国家高新区	78.70	8	新化高新区	62.35	30
娄底高新区	75.10	9	津市高新区	62.25	31
道县高新区	72.85	10	澧县高新区	61.90	32
湘西高新区	72.20	11	临湘高新区	61.45	33
雨湖高新区	71.15	12	隆回高新区	60.85	34
望城高新区	70.25	13	沅江高新区	60.55	35
湘阴高新区	69.10	14	洪江高新区	60.30	36
开福高新区	68.65	15	益阳国家高新区	59.75	37
双峰高新区	68.25	16	韶山高新区	58.85	38
宁远高新区	66.65	17	汉寿高新区	58.65	39
江华高新区	66.20	18	浏阳高新区	57.65	40
岳阳高新区	65.85	19	汨罗高新区	57.55	41
平江高新区	65.55	20	泸溪高新区	57.50	42
攸县高新区	65.10	21	岳阳绿色化工高新区	56.65	43
衡阳西渡高新区	64.35	22	郴州国家高新区	55.10	44

四、绿色发展和宜居包容性

(一)绿色发展和宜居包容性发展情况

高新区的发展已经进入三次创业阶段的深入推进期,宜居宜业的生活生态环境成为高新区的核心竞争力之一,这也是高新区能够长久吸引和留住高端人才的必要条件。同时良好的绿色生态条件和宜居包容能力,本身就是高新区高质量发展的表现和核心内涵之一。

绿色发展和宜居包容性指标重点反映的是高新区在绿色共享发展和宜居宜业园区建设方面的举措和成效,下设7个二级指标,包括6个定量指标和1个定性指标。其中定量指标分别为"单位规模工业增加值能耗降低率""污水集中处理设施外排废水自动监控达标率""当地环境空气质量指数(AQI)不大于100的天数""园区土地节约集约利用指数""管委会当年可支配财力""新增从业人员数及增速";定性指标为"管委会促进产城融合与生态环保建设评价"。

依据7个二级指标,结合相关数据和资料,分别从园区绿色生态环境建设、园区共享发展、园区整体环境的建设以及对外辐射带动引领3个方面,对全省高新区绿色发展和宜居包容性发展情况进行详细分析和阐述。

1.绿色发展理念落地生根,生态环境建设成效显著

在高新区绿色生态环境建设评价中,主要包括企业节能降耗、环境空气质量两个方面,对应指标有"单位规模工业增加值能耗降低率""污水集中处理设施外排废水自动监控达标率""当地环境空气质量指数(AQI)不大于100的天数"和"园区土地节约集约利用指数"。

近年来,各高新区积极调整产业结构、实施节能减排,通过发展环境友好型产业,降低能耗和物耗,保护和修复生态环境、发展循环经济和低碳技术,使经济社会发展与自然相协调。规模工业增加值能耗是全球度量产业能耗的重要指标,也是衡量园区低碳经济实现程度的重要参考。2020年全省各高新区单位规模工业增加值能耗为0.44吨标准煤/万元,单位规模工业增加值能耗降低率均值为10.26%,节能减排成效明显。

2020年全省各高新区园区土地节约集约利用指数均值为88.67%(开福高新区除外),同比增加0.4个百分点,与2019年持平,园区土地节约集约利用指数主要分布在85%~90%之间,如图2-22所示,开福高新区因统计口径暂无该项指标数据,未计算入列。2020年全省各高新区污水集中处理设施外排废水自动监控达标率为近100%。

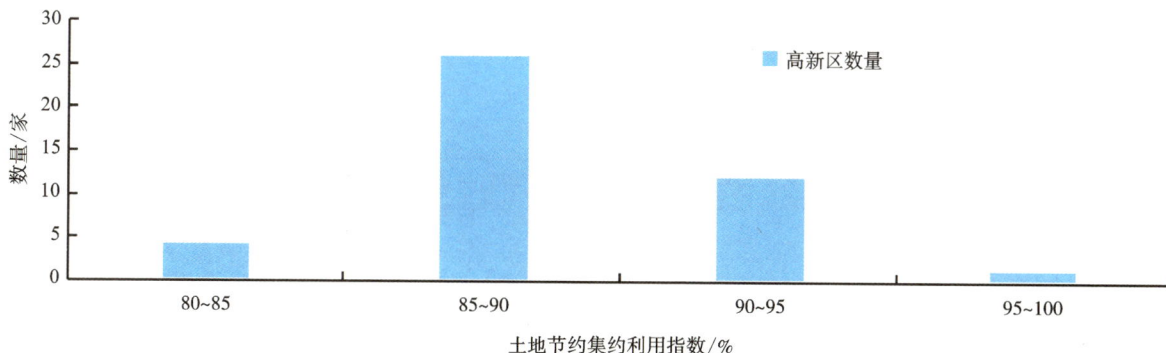

图2-22　全省高新区土地节约集约利用指数分布情况

2020 年全省各高新区当地环境空气质量指数（AQI）优良的天数均值为 343 天，如图 2-23 所示，其中浏阳与洪江高新区实现全年环境空气质量指数（AQI）优良，此项指标为满分，全省有 24 家高新区全年空气质量指数优良天数达到 350 天以上。

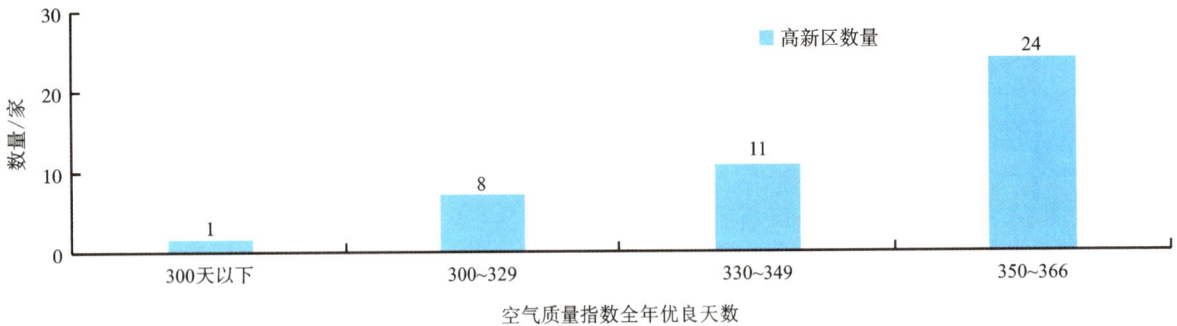

图 2-23 全省高新区环境空气质量指数全年优良天数

2. 共享发展态势良好，发展活力稳步提升

在高新区共享发展方面，体现人才吸引力和园区综合服务的财政支撑力的指标分别为"新增从业人员数及增速""园区管委会当年可支配财力"。

近年来各高新区初步构筑起了人才发展战略高地，为区域经济社会的科学协调高速发展提供了智力支持和人才保证。如图 2-24 所示，2020 年全省各高新区平均新增从业人员为 1365 人，平均增长率为 3.9%。其中长沙高新区的新增从业人员达到 11272 人，位列第一，增长率为 6.0%；此外，汉寿、湘西、双峰、宁远、津市、隆回、泸溪和宁乡等 8 家高新区由于自身区位、园区调整、统计口径等原因，在从业人员方面出现了缩减。未来高新区之间的竞争，将主要体现在人力资源，尤其是人才的竞争上。人力资源竞争力是高新区获取可持续竞争优势的基础，是高新区获得可持续发展的动力源泉。可以看出，大部分高新区在逐步完善人才队伍建设工作方面，均表现出平稳增长，但吸纳和留住更多优质人才，促进高新区持续发展的工作仍然任重道远。高新区应不断优化人才发展环境，落实人才激励措施，释放人才创新活力，为高新区连续不断地注入新活力。

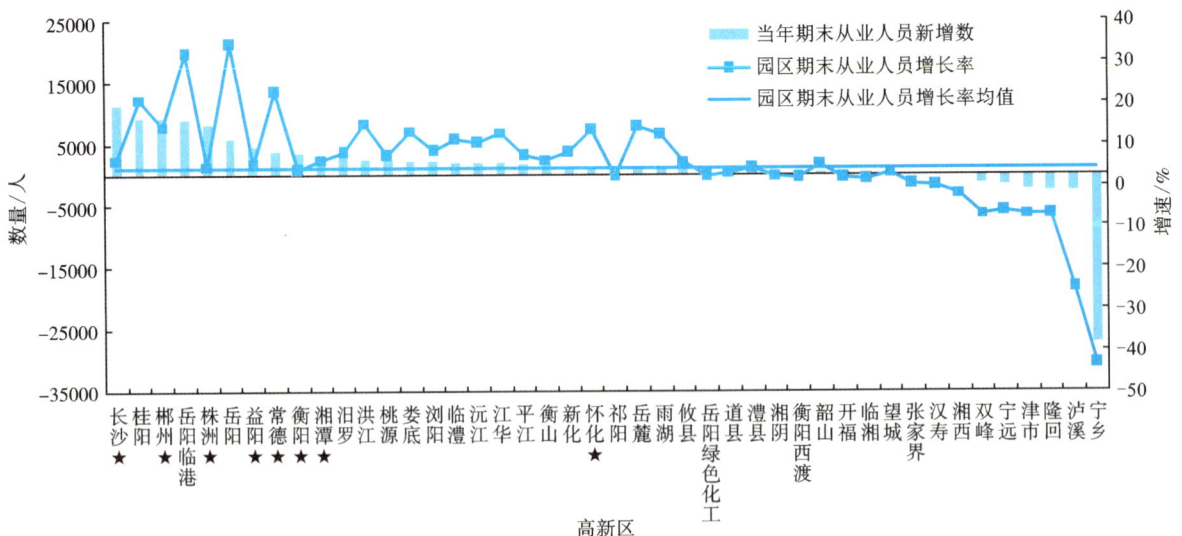

图 2-24 各高新新增从业人员数及从业人员增速

如图2-25所示,2020年,全省各高新区管委会可支配财力平均值为11.9亿元,其中超过50亿元的有两家,分别为长沙和衡阳高新区。另外,有6家高新区的管委会可支配财力低于0.5亿元,分别为岳阳绿色化工、洪江、宁远、沅江、桂阳和开福高新区。

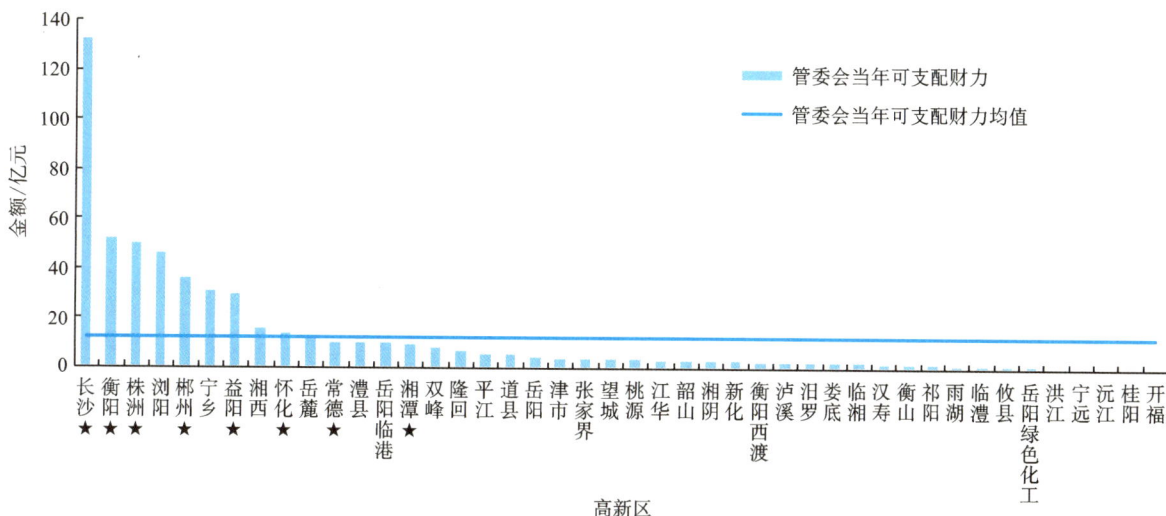

图2-25 各高新区管委会可支配财力

3. 产城融合加速发展,宜居宜业环境进一步优化

良好的宜居宜业环境是吸引人才落户及促进招商引资的重要条件,高新区大力推进宜居宜业环境建设,以完善的配套设施、服务及生态环境营造发展优势,形成生态与发展相互促进的良性发展格局。在高新区绿色发展和宜居包容性评价中,体现宜居宜业环境方面的指标为"管委会促进产城融合与生态环保建设评价",包括生活配套硬件设施、是否通过ISO14000环境认证、绿化覆盖率、森林覆盖率、天气良好天数、创业配套设施和服务等。各高新区进一步完善教育医疗、社区养老、文化体育、生活服务、生态景观、公园绿地等配套设施,推进安全、绿色、智慧园区建设,营造了良好的生产、生活、生态空间,形成了园区、城区的有机融合。

2020年全省高新区继续加强基础设施建设、提升公共服务水平、优化园区生态环境,城市服务配套进一步完善。如图2-26所示,85%以上的高新区都具备较完善的教育设施、医疗卫生设施、文化体育设施、商业服务设施、金融邮电设施、社区服务设施、行政管理设施等居住生活配套硬件设施,综合服务功能逐步完善,产城融合加速发展。不到10%的高新区通过了ISO14000环境体系认证,分别为宁乡、株洲、张家界和泸溪高新区;共有97.7%的高新区具有众创空间、孵化器等服务于创业团队和初创企业的低成本创业空间,仅衡山高新区尚未建设;全省44家高新区均建设有可快速(一周内)获得的通信基础设施以及可快速(一个月内)获得的水电等基本服务,较2019年的提升明显,为创业团队和企业提供了良好的配套设施及服务。

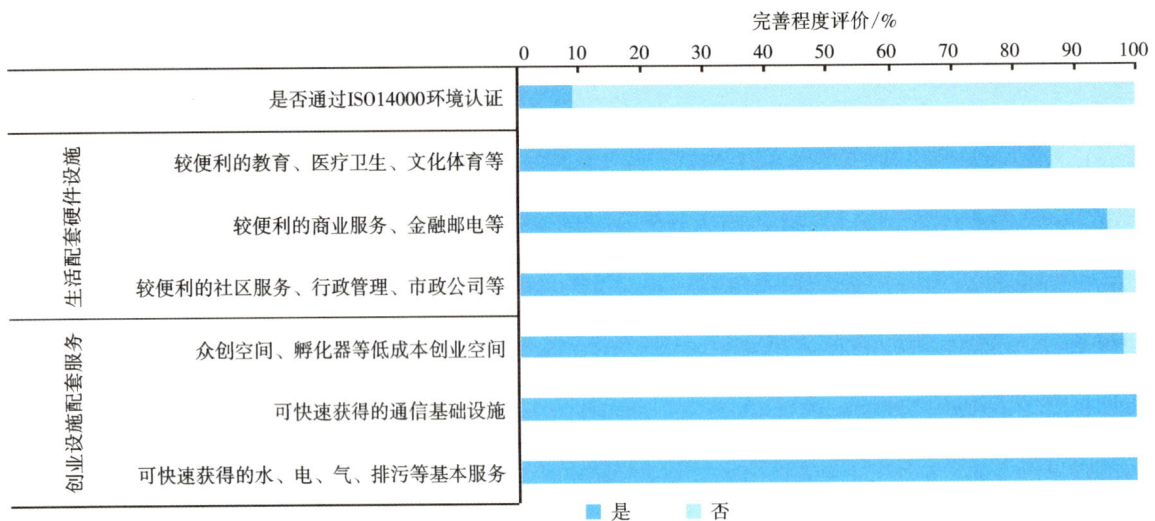

图 2-26　各高新区宜居性和城市服务功能的完善程度评价

(二)绿色发展和宜居包容性能力排名

如表 2-5 所示,2020 年全省高新区绿色发展和宜居包容性指标得分 90 分以上的高新区有 18 家,80~90 分的高新区有 26 家。国家级高新区排名前三分别为郴州、长沙和衡阳高新区;省级高新区排名前三分别为浏阳、临湘和湘西高新区。今后,各高新区应继续落实"三线一单"、园区生态环境准入清单及园区规划环评管控要求,严格执行区域限批制度。推进高新区绿色、低碳、循环、智慧化改造,引导传统重污染行业的绿色技术改进和产业结构优化升级,推进能源梯级利用,降低高新区污染物产生量;推行资源能源环境数字化管理,加强生产制造过程精细化管控,降低高新区化石能源消耗量;推动公共设施共建共享、资源循环利用和污染物集中安全处置等,完善循环产业链条,推动形成产业循环耦合。严格园区项目准入条件,落实园区安全生产责任体系,强化安全生产管理。加大产城融合发展,鼓励各类社会主体在高新区投资建设信息化基础设施,加强与市政建设接轨,着力提升高新区信息化水平,完善教育、医疗、文化等公共服务设施,推进安全、绿色、智慧科技园区建设,实现区域一体化布局和联动发展。

表 2-5　高新区绿色发展和宜居包容性能力排名表

高新区名称	得分	排名	高新区名称	得分	排名
浏阳高新区	99.80	1	桂阳高新区	88.80	23
郴州国家高新区	99.73	2	张家界高新区	88.67	24
长沙国家高新区	99.07	3	江华高新区	88.40	25
衡阳国家高新区	97.27	4	道县高新区	88.13	26
益阳国家高新区	96.87	5	新化高新区	88.00	27
临湘高新区	96.73	6	汨罗高新区	87.80	28
株洲国家高新区	95.67	7	隆回高新区	87.60	29
湘西高新区	95.20	8	洪江高新区	87.47	30
怀化国家高新区	94.73	9	韶山高新区	87.47	30
平江高新区	92.87	10	岳麓高新区	87.40	32
桃源高新区	92.73	11	沅江高新区	87.40	32
岳阳临港高新区	92.67	12	汉寿高新区	87.40	32
乐阳高新区	92.60	13	双峰高新区	87.07	35
宁乡高新区	92.40	14	娄底高新区	86.53	36
常德国家高新区	91.93	15	衡山高新区	86.33	37
望城高新区	90.60	16	津市高新区	86.27	38
澧县高新区	90.53	17	雨湖高新区	86.20	39
湘潭国家高新区	90.20	18	祁阳高新区	85.93	40
湘阴高新区	89.80	19	宁远高新区	84.87	41
攸县高新区	89.53	20	泸溪高新区	84.73	42
衡阳西渡高新区	89.07	21	开福高新区	84.53	43
临澧高新区	88.93	22	岳阳绿色化工高新区	84.13	44

五、开放创新和国际影响力

（一）开放性和国际影响力总体情况

开放性与国际影响力指标重点反映高新区在推动开放创新和开展国际竞争与合作方面的表现和成效，下设5个二级指标，包括4个定量指标和1个定性指标。其中定量指标分别为"内外资招商引资成效""出口贡献""外籍常驻人员和留学归国人员数""当年新增国际标准和境外专利授权数"；定性指标为"管委会优化营商投资环境政策措施评价"。

依据5个二级指标，结合相关指标和数据，分别从招商引资能力、国际贸易交流、国际人才集聚、国际创新成果和营商投资环境5个方面进行详细分析和阐述。

1. 招商引资稳步增长，部分省级高新区表现亮眼

招商引资是促进高新区高质量发展，助推产业提质升级的重要手段，它能为高新区发展经济，带动就业，增加税收等起到至关重要的作用。在高新区开放性和国际影响力能力评价中，体现招商引资能力方面的指标为"内外资招商引资成效"。各高新区高度重视招商引资工作，将招商引资作为经济发展的"第一抓手"，将产业项目建设作为推动经济高质量发展的"主引擎"，不断创新招商引资方式方法，多措并举推进项目落地，吸引了一大批境内外投资，为高新区发展注入了强大动能。

如图2-27所示，2020年全省高新区实际使用外资额为328.8亿元，实际使用省外境内资金额1693.8亿元。株洲和长沙高新区分别以185.3亿元、184.4亿元的内外资招商引资到位金额当量数位列第1和第2，内外资招商引资到位金额当量数在100亿元以上的还有湘潭、益阳和郴州等3家高新区，（10~50）亿元之间的高新区有14家，10亿元以下的高新区6家。增速方面，全省高新区内外资到位金额当量平均增速为24.9%。共有38家高新区保持正增长，其中增速最大的是沅江高新区，增速高达631.3%。此外还有隆回、临湘和汉寿3家高新区均实现了100%以上的增长。

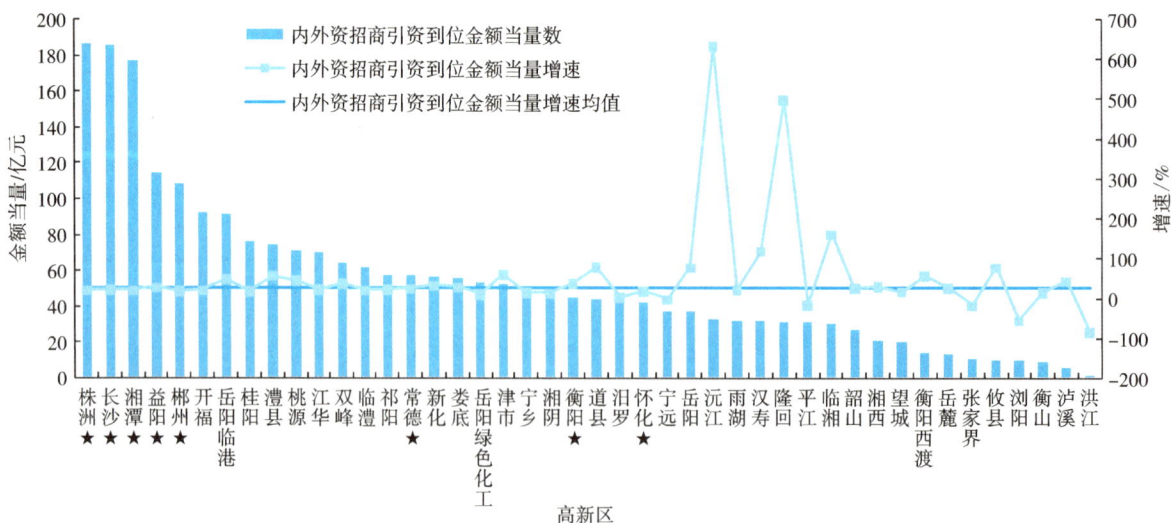

图2-27 各高新区招商引资

今后，各高新区应充分认识招商引资工作的重要意义，紧密结合当地资源优势和产业特点，科学制定招商引资规划，不断完善招商服务工作，扩大引资规模，围绕主导特色产业进行精准招商，坚持把招商作为推进园区高质量发展的"第一工程"，促进企业和项目落地生根，争取引进一个项目，带动一个产业，推动园区高质量发展。

2.国际贸易保持平稳，打造通江达海开放引领区

高新区鼓励和引导各企业积极参与国际竞争，开拓国际市场。2020 年受疫情和中美贸易形势影响，国际经济形势持续下行，全球贸易总体疲软。湖南省高新区积极面对国际形势变化，不断优化开放布局，坚持开放创新，将高新区打造为开放型经济高质量发展主阵地。在高新区开放性和国际影响力能力评价中，体现国际贸易交流方面的指标为"出口贡献"，全省高新区积极融入"双循环"新发展格局，加快港口、航空口岸等开放平台建设，不断拓展对外开放通道，推进"临空""临港"产业，积极培育出口导向性龙头企业，鼓励、指导企业参与国际市场竞争，通过各种措施促进湘企出海，各高新区在国际环境整体下行的情况下出口额保持平稳增长。

如图 2-28 所示，在高新区出口总额占园区技工贸总收入的比重方面，全省平均值为 4.7%，较 2019 年略有降低。其中隆回高新区以 32%成功卫冕，排名前十的高新区中，依然是湘南湘西地区占据半壁江山，可见其建设成为中西部地区承接产业转移"领头雁"成绩明显，为打造内陆地区开放合作示范区做出了积极贡献。

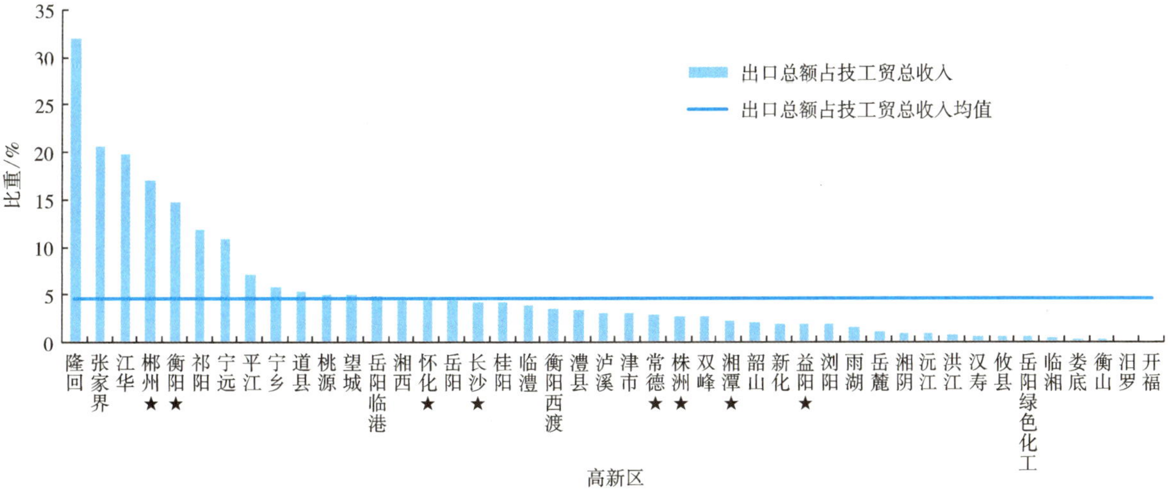

图 2-28　各高新区出口额占技工贸总收入比重

如图 2-29 所示，2020 年全省高新区出口额总量为 1051.9 亿元，与 2019 年基本持平。其中百亿以上的园区 3 家，分别为衡阳、郴州和长沙高新区；（50~100）亿之间的园区 2 家，分别是株洲和隆回高新区；出口额在 5 亿元以下的园区有 14 家。增速方面，受国际贸易整体疲软影响，各高新区出口额平均增速为 0.74%，与 2019 年相比增长态势不明显，但是也有部分高新区逆势而上，表现强劲。有 35 家高新区保持正增长，其中增速最大的是韶山高新区，增速高达 432%。此外攸县、浏阳、汨罗等 3 家高新区均实现了 100%以上的增长，还有 23 家高新区保持了两位数的快速增长。同时有 8 家高新区出现了负增长，特别是有几家高新区回落较大，一方面是受到疫情和国际贸易形势影响，另一方面是园区本身基数较大，难以打破增速瓶颈。今后，各高新区应根

据自身情况有的放矢，及时调整，积极开拓国际市场，为我省实现更高水平对外开放，打造内陆地区新高地做出积极贡献。

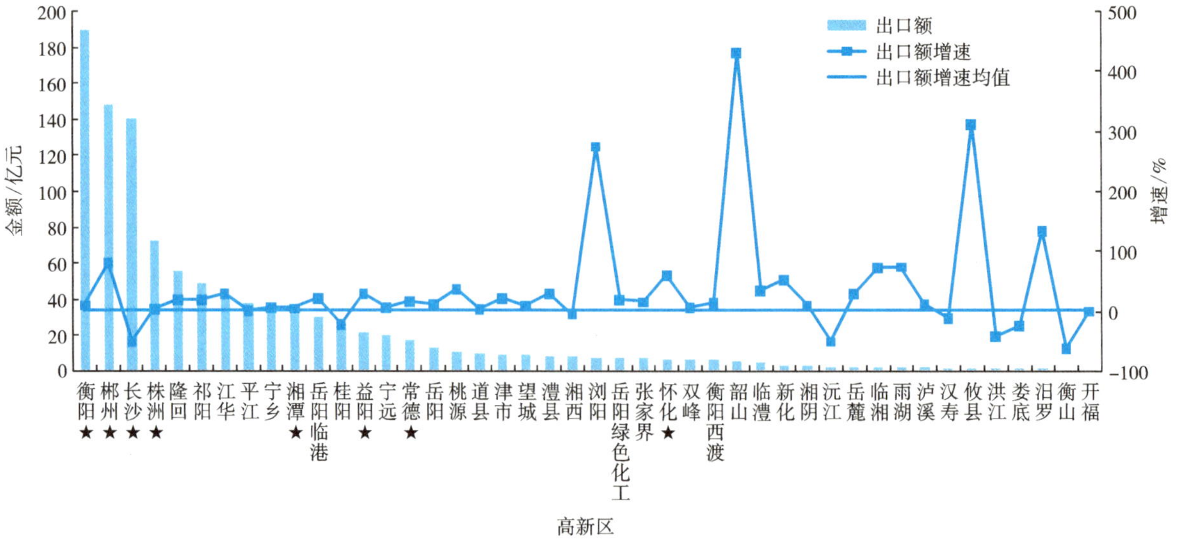

图 2-29　各高新区出口额及增速

3. 国际人才持续汇聚，人才数量稳步增长

从业人员的国际化是提升全球竞争能力的重要因素，外籍常驻人员和留学归国人员是一个城市或区域国际化最集中的标志。在高新区开放性和国际影响力能力评价中，体现国际人才集聚方面的指标为"外籍常驻人员和留学归国人员"。各高新区高度重视国际化人才的聚集和培育，积极出台各类人才政策招才引智，吸引海外高端人才和留学归国人员来湘工作，为其提供具有竞争力和吸引力的条件，培育和引入了一批具有国际水平的行业领军人才及创新团队来湘就业、创业，为高新区发展提供了强有力的人才智力保障。

外籍常驻人员和留学归国人才体现园区对全球人才的吸引力。如图 2-30 所示，2020 年各高新区外籍常驻人员和留学归国人才总数为 4147 人，与 2019 年相比增长 18%，各高新区均值为 94.25 人。其中长沙高新区共 1185 人，占据总人数的 28.6%，株洲、益阳、岳阳临港和湘潭等高新区分别以 632、592、389 和 206 人排名第 2~5 位。此外衡阳、宁乡和祁阳等高新区国际人才数也达到了百人以上。由于区域位置、经济水平、虹吸效应等因素影响，各高新区人才集聚效应差距较大，还有 17 家高新区国际人才数量在 10 个以下，需出台更多有力措施，加强人才引进力度。

4. 国际创新成果较为薄弱，国际竞争意识仍需提升

国际创新成果是高新区参与国际竞争的一个重要评价维度，各高新区积极鼓励企业申请国际标准和境外专利，进行海外知识产权布局，培育国际创新成果，提升国际竞争力。在高新区开放性和国际影响力能力评价中，体现国际创新成果方面的指标为"当年新增国际标准和境外专利授权数"，衡量园区企业海外知识产权布局情况。部分高新区鼓励企业加强自主创新，提升国际竞争意识，积极布局国际创新成果，在开放合作中提升自身科技创新能力和国际影响力，取得了一定成效。

如图 2-31 所示，2020 年全省高新区新增国际标准和国际专利数为 170 件，长沙高新区以 72 件

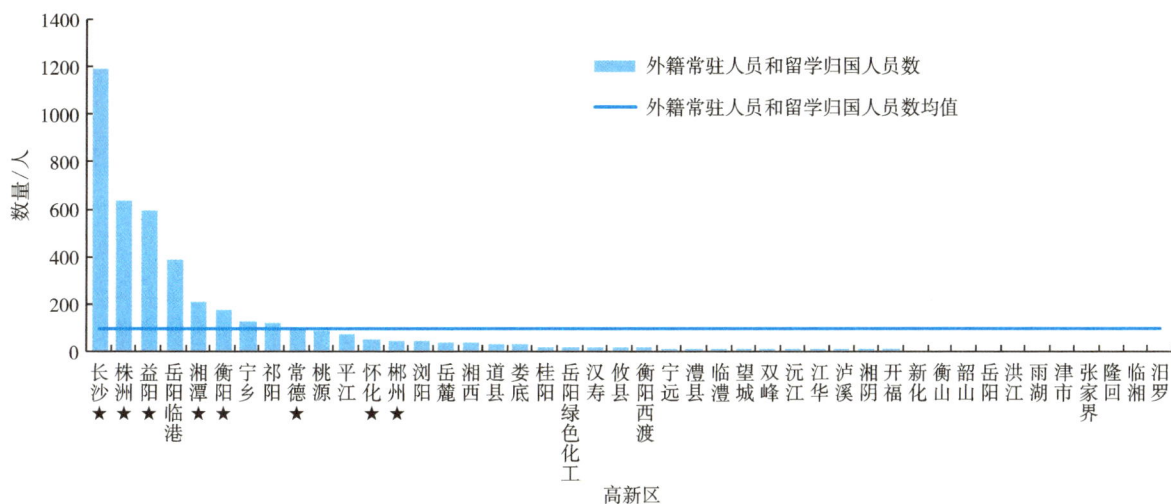

图2-30　各高新区国际人才情况

排名第1，占据总数的42%。并列排名第2的是株洲和衡阳高新区，均为19件。各高新区平均值为3.91件，仅8家高新区高于平均值，还有28家高新区无国际创新成果产出，整体表现较为薄弱。今后，各高新区要加强自主创新，树立国际竞争意识，积极布局海外知识产权，争取在国际创新成果方面取得突破。

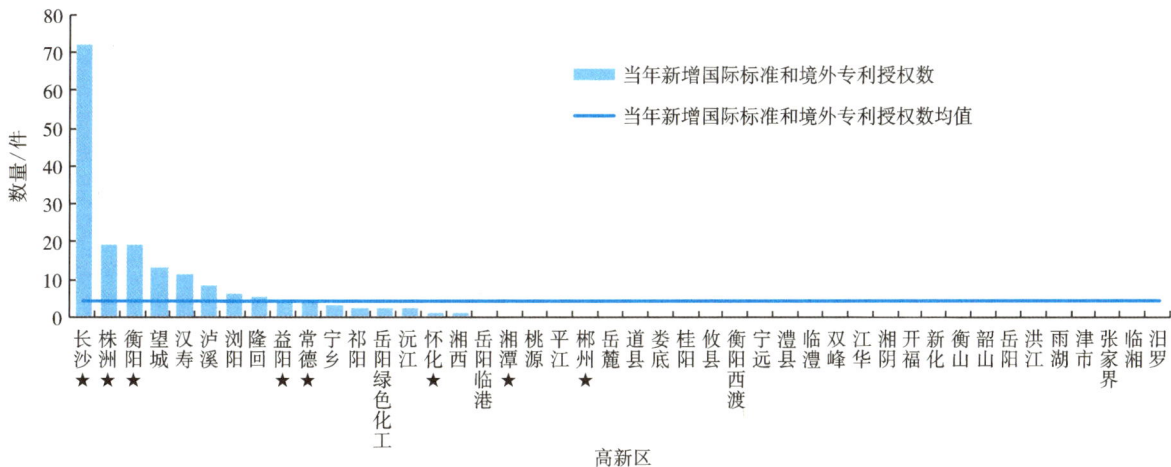

图2-31　各高新区国际创新成果情况

5. 体制机制不断创新，营商环境持续优化

　　营商环境是市场经济的培育之土，是高新区发展的核心竞争因素，只有进一步优化营商环境，才能真正解放生产力、提高竞争力。在高新区开放性和国际影响力能力评价中，体现营商环境的指标为"管委会优化营商投资环境政策措施评价"，各高新区不断出台各类政策文件，设立科技专项发展基金，提供财政税收优惠政策和金融政策，以创新机制、压缩时限、优化服务为抓手全面优化营商环境，不断转变服务理念，优化服务流程，提升服务效率，全力打造利企便民的服务新高地。

如图 2-32 所示，97.7%的高新区设立了科技发展专项基金，90%的高新区设立了用于扶持创业投资机构的资金；在创投基金方面，长沙、衡阳和浏阳高新区分别以 41.58 亿元、38 亿元和 7.7 亿元位居前三甲；在创投引导基金方面，长沙高新区以 17 亿元位居榜首，衡阳高新区以 12.8 亿元排名第 2，宁乡高新区以 5 亿元排名第 3。

在财政税收优惠政策方面，各高新区都根据自身情况为企业提供了不同程度的财政税收优惠，绝大多数高新区设立了科技发展资金资助、高新技术产业专项补助资金、专利申请资助专项经费等支持企业进行自主创新，如 79.5%的高新区为企业提供信用担保，77.3%的高新区对自主创新型企业提供减税或返还优惠，50%的高新区对特许权使用费实行免征或减征，36.4%的高新区建立了高增值产品的增值税补偿机制，还有 79.5%的高新区帮助中小企业增加在政府采购合同中所占比重等。除国家级高新区外，隆回、汨罗、桂阳、湘阴等一批省级高新区财政税收优惠政策也较为完善，为其营商增加了一定的吸引力。

在金融扶持政策方面，有 93.2%的高新区为技术创新项目提供低息贷款或贷款贴息，86.4%的高新区为企业自主创新贷款提供担保，40.9%的高新区为种子期项目提供市科技发展资金匹配投入，38.6%的高新区设立了科技发展银行，为自主创新企业提供贷款，40.9%的高新区设立了非营利科技企业资信评估机构，帮助中小企业降低科技贷款风险，61.4%的高新区建立了开放式创新（创业）投资基金，64.6%的高新区建立了再担保体系，70.5%的高新区建立了企业信用担保机构风险补偿机制，72.7%的高新区试行知识产权、无形资产和个人信誉担保抵押贷款，27.3%的高新区启动股权激励试点。总体而言，长沙、株洲、衡阳、怀化、益阳等国家级高新区整体表现较好。

在企业工商注册制度改革方面，绝大多数园区已经推行"三证合一"登记制度和"五证合一"登记制度，有部分高新区已经走在前列，如宁乡、湘潭和常德等高新区已推行"多证合一"制度，衡阳西渡高新区推行"全程代办"制度，浏阳高新区推行"全程网办"制度，绝大多数高新区全部申报表格均能实现网上填写提交，办理企业工商注册时限压缩至 1 日之内，实行"最多跑一次"制度，为企业办事提供了极大的便利。

在科技创新政策方面，绝大多数高新区都出台了促进科技创新的系列政策，包括支持创新创业的政策、促进科技成果转化政策、科技金融政策、人才政策、高新技术企业政策、知识产权激励和保护政策等。有 56.8%的高新区站在全球战略发展高度，出台了国际化发展战略。79.5%的高新区高度重视绿色发展，出台了环境保护和绿色发展政策。

种好梧桐树，引得凤凰来。总的来说大部分高新区通过出台各类政策，打好降本增效"组合拳"，为企业发展营造了安心、便利的发展氛围，使高新区成为投资的热土。但同时也有个别高新区政策还不够完善，办事耗时较长，需进一步优化营商环境。

（二）开放性与国际影响力排名

如表 2-6 所示，2020 年全省高新区开放性和国际影响力指标得分 90 分以上的高新区有 2 家，80~90 分的高新区有 1 家，70~80 分的高新区有 4 家，60~70 分的高新区有 7 家。国家级高新区排名前三分别为长沙、株洲和衡阳高新区；省级高新区排名前三分别为隆回、岳阳临港和宁乡高新区。今后，各高新区应以加快中国（湖南）自由贸易试验区建设为契机，积极拓展国际市场，深化与全球创新型高地的战略合作，通过共建海外创新中心、海外创业基地和国际合作产业园等国际化平台，深度融合国际产业链、价值链和供应链。积极融入国家"一带一路"倡议大格局，依托世界制造大会、中非经贸博览会、中国国际进口博览会等，加强与"一带一路"沿线国家开展人才交流、技术交

比例/%

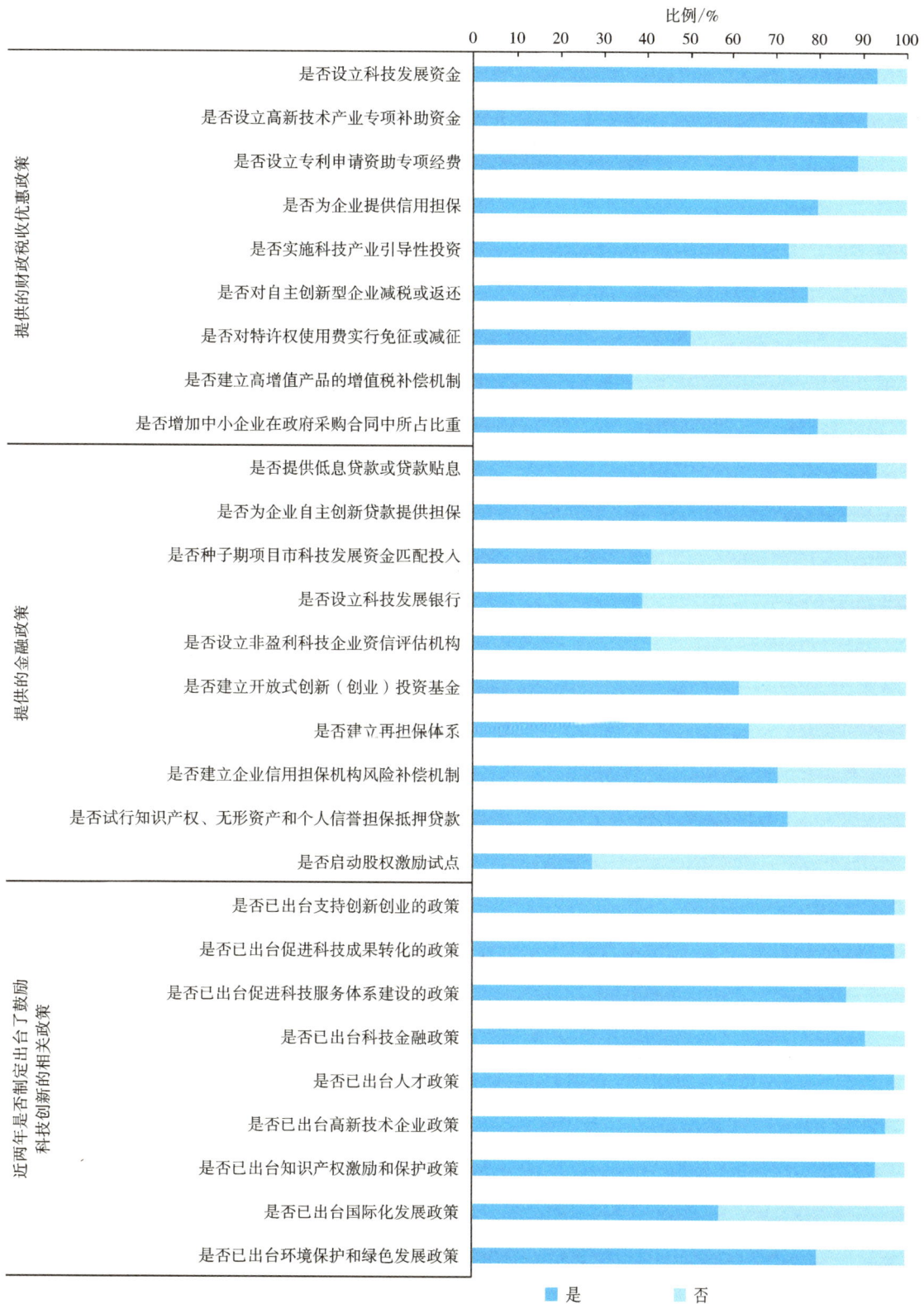

图 2-32 各高新区营商投资环境政策措施情况

流和经贸合作,大力推动高新区内企业"走出去"参与国际标准和规则制定,开展海外并购与全球知识产权布局,培育一批具有国际影响力的创新型企业和产业集群,高新区依靠自主创新的国际竞争优势逐步加强,开放创新力度不断提升。

表2-6 高新区开放性与国际影响力排名

高新区名称	得分	排名	高新区名称	得分	排名
长沙国家高新区	98.80	1	岳阳绿色化工高新区	53.73	23
株洲国家高新区	91.33	2	道县高新区	53.47	24
衡阳国家高新区	88.53	3	澧县高新区	53.40	25
益阳国家高新区	79.33	4	宁远高新区	53.27	26
隆回高新区	75.33	5	临澧高新区	52.47	27
湘潭国家高新区	73.40	6	张家界高新区	51.73	28
岳阳临港高新区	71.67	7	开福高新区	49.93	29
宁乡高新区	69.13	8	双峰高新区	49.80	30
祁阳高新区	68.40	9	湘阴高新区	49.33	31
常德国家高新区	67.40	10	攸县高新区	49.00	32
郴州国家高新区	65.53	11	雨湖高新区	48.87	33
怀化国家高新区	63.60	12	津市高新区	48.73	34
桃源高新区	61.20	13	岳阳高新区	47.47	35
浏阳高新区	60.73	14	汨罗高新区	47.40	36
汉寿高新区	59.67	15	衡阳西渡高新区	47.20	37
望城高新区	59.33	16	娄底高新区	47.07	38
平江高新区	59.27	17	韶山高新区	46.73	39
江华高新区	58.00	18	新化高新区	46.27	40
沅江高新区	57.00	19	岳麓高新区	45.67	41
桂阳高新区	56.60	20	临湘高新区	45.60	42
泸溪高新区	54.93	21	衡山高新区	45.40	43
湘西高新区	54.00	22	洪江高新区	40.73	44

六、综合质效和持续创新力

（一）综合质效和持续创新力发展情况

综合质效和持续创新力指标重点反映全省高新区以创新驱动经济社会发展和推动持续创新方面的表现与成效，下设8个二级指标，包括6个定量指标和2个定性指标。其中定量指标分别为："当年技工贸的收入贡献""上年度生产总值占所在城市（区县）GDP的比重""亩均效益""税收贡献""全员劳动生产率""上市企业数"；定性指标分别为"管委会的体制机制创新和有效运作评价""参与评价工作所报数据和相关资料的及时性、准确性评价"。

依据8个二级指标，结合相关指标和数据，分别从创新驱动的成效和持续创新的能力两个方面，对全省高新区综合质效和持续创新力情况进行详细描述分析与阐述。

1. 创新驱动成效显著、助力高新区高质量发展

衡量高新区创新驱动成效方面的指标为"当年技工贸的收入贡献""上年度生产总值占所在城市（区县）GDP的比重""亩均效益""税收贡献""全员劳动生产率"。

技工贸的收入贡献反映园区经济成长力和衡量园区新动能的培育成效。2020年全省高新区的技工贸总收入为22574.3亿元，较2019年增长8.4%。其中6家高新区技工贸总收入超过千亿元，如图2-33所示，岳阳绿色化工以1207亿元位列第5，在省级高新区中位列第1。26家高新区高于全省高新区技工贸总收入增速平均水平，岳阳临港、隆回、汉寿、平江、汨罗和怀化等6家高新区增速达到20%以上，其中岳阳临港高新区以68.8%的增速排第一。

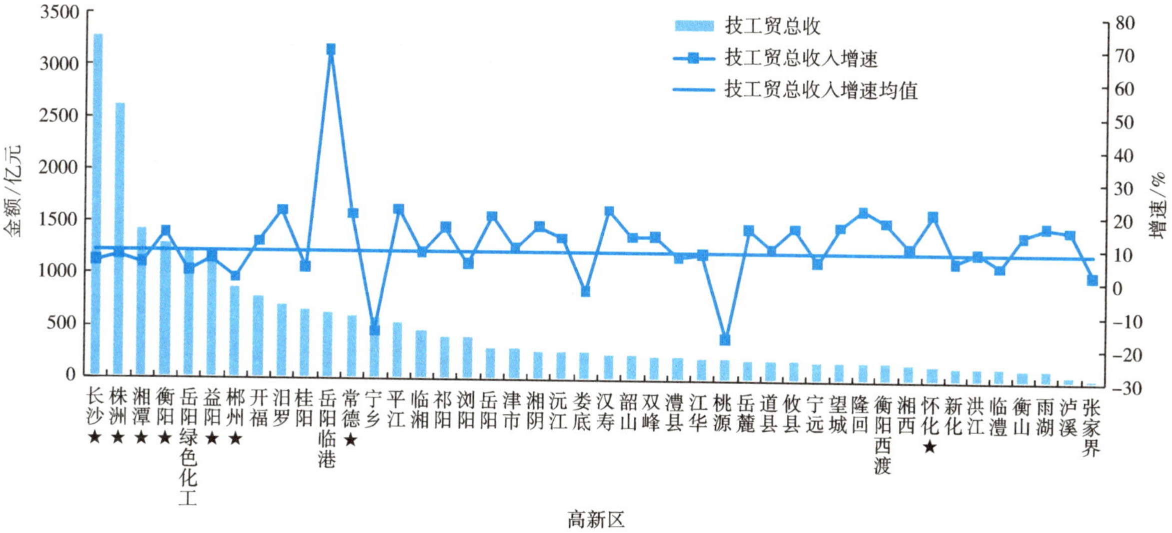

图2-33　各高新区技工贸总收入及其增速

高新区上年度生产总值占所在城市（区县）GDP的比重反映园区对所在城市经济产业的贡献，引导园区发挥辐射带动作用。如图2-34所示，2019年高新区的生产总值占所在城市（区县）GDP的比重均值为11.3%。33家高新区高于全省高新区生产总值占所在城市（区县）GDP的比重均值，其

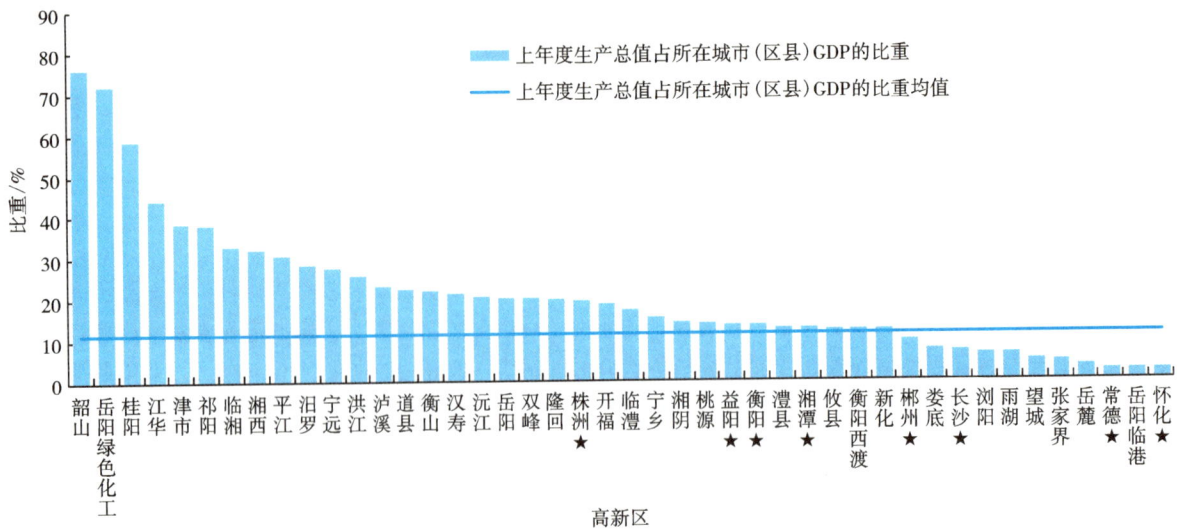

图 2-34　各高新区上年度生产总值占所在城市(区县)GDP 的比重

中韶山高新区以 76.3%的占比位居第 1。

　　高新区亩均效益能够引导园区企业提高资源要素集约节约利用水平，提高土地利用效率，将稀缺的土地资源给那些真正需要土地并能带来"真金白银"税收贡献的企业，促进企业有效利用土地，减少土地低效利用，提高可持续发展能力。如图 2-35 所示，2020 年全省高新区平均每亩已开发面积的生产总值为 87.9 万元/亩，宁远高新区每亩已开发面积的生产总值最高，为 205 万元/亩。其中超过平均水平的有 19 家，衡阳、韶山、桂阳、长沙和株洲等 5 家高新区达到了 150 万元/亩，而新化、衡山和怀化等 9 家高新区不足 50 万元/亩。

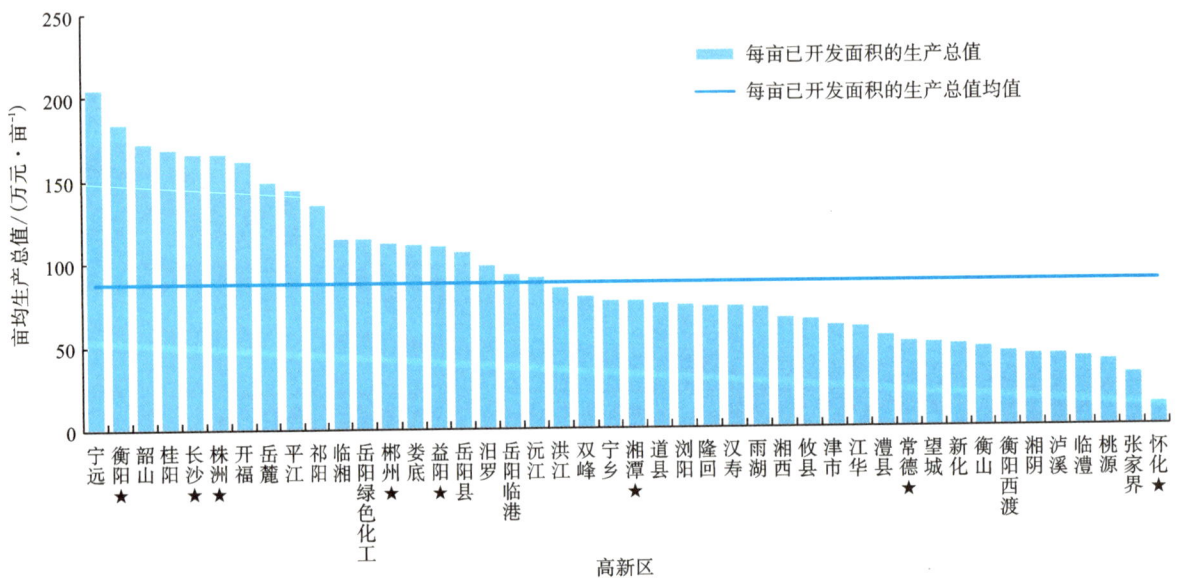

图 2-35　各高新区亩均生产总值

　　如图 2-36 所示，2020 年全省高新区平均每亩税收强度为 10.3 万元/亩，其中超过平均水平的有 10 家高新区，岳阳绿色化工高新区每亩税收强度最高，为 49.8 万元/亩，紧随其后的有长沙、衡

阳和株洲等 3 家高新区，均达到了 20 万元/亩以上。而道县、湘潭和临湘等 13 家高新区的亩均税收
不足 5 万元/亩。

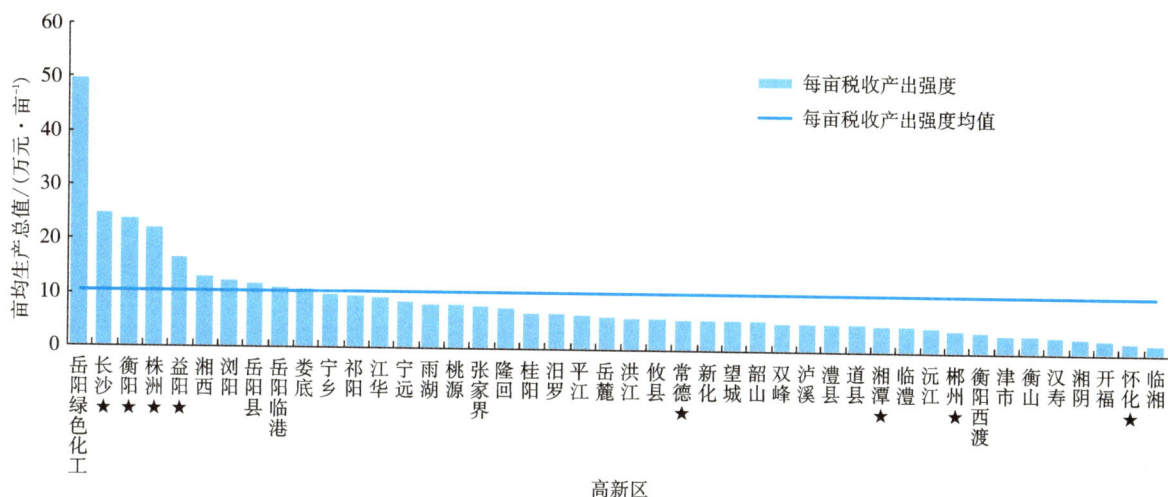

图 2-36　各高新区亩均税收产出强度

如图 2-37 所示，2020 年全省高新区平均每亩固定资产投入强度为 69.7 万元/亩，其中超过平
均水平的高新区有 24 家，株洲高新区每亩固定资产投入强度最高，为 145.3 万元/亩，岳阳临港、开
福、宁远等 12 家高新区的亩均固定资产投入达到了 100 万元/亩以上，而衡阳西渡、泸溪和怀化等
高新区，不足 30 万元/亩。

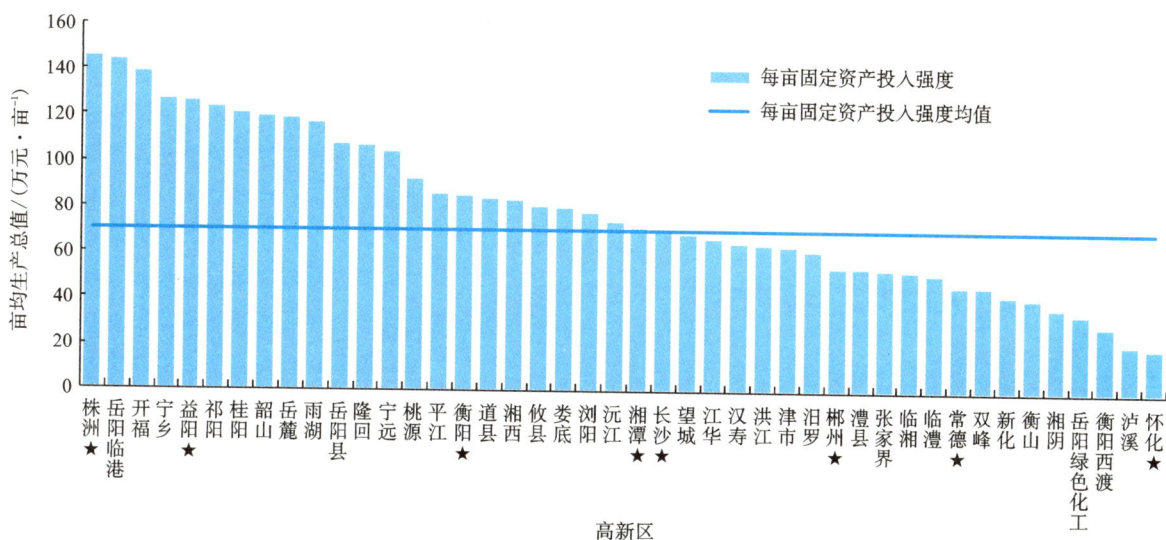

图 2-37　各高新区亩均固定资产投入强度

高新区税收贡献指标衡量园区税收情况。如图 2-38 所示，2020 年全省高新区上缴税金总额为
683.6 亿元，平均每家高新区上缴税金 16.2 亿元，其中 7 家高新区上缴税金总额高于全省平均水
平，还有 22 家高新区上缴税金总额不到 5 亿元，均为省级高新区。增速方面，各高新区上缴税金平
均增速为 6.8%，共有 40 家高新区保持正增长，其中增速最大的是岳麓高新区，增速高达 66.5%。
此外还有汉寿、岳阳临港、韶山、常德、湘西、津市、沅江和湘阴等 8 家高新区均实现了 20% 以上的

快速增长。

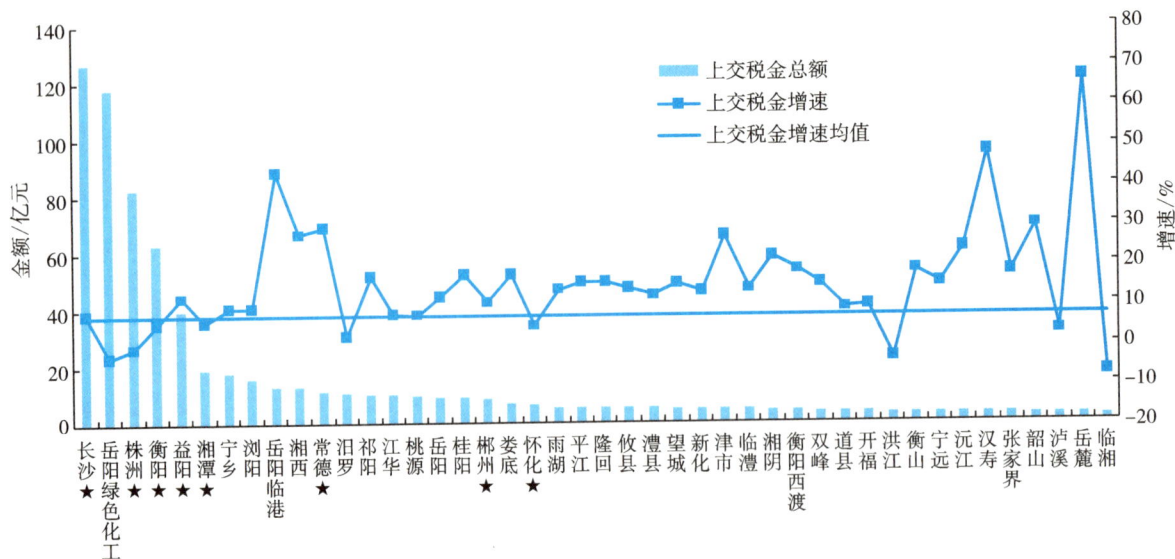

图 2-38 各高新区上缴税金总额及增速

高新区全员劳动生产率衡量园区价值创造效能，激励园区企业不断提高生产效率。如图 2-39 所示，2020 年全省高新区全员劳动生产率均值为 36.5 万元/人，较 2019 年增加了 1.1 万元/人。18 家高新区高于全省高新区全员劳动生产率均值，排名前三的分别是开福、韶山和望城高新区，其全员劳动生产率分别为 116.2 万元/人、104.9 万元/人和 75.1 万元/人。

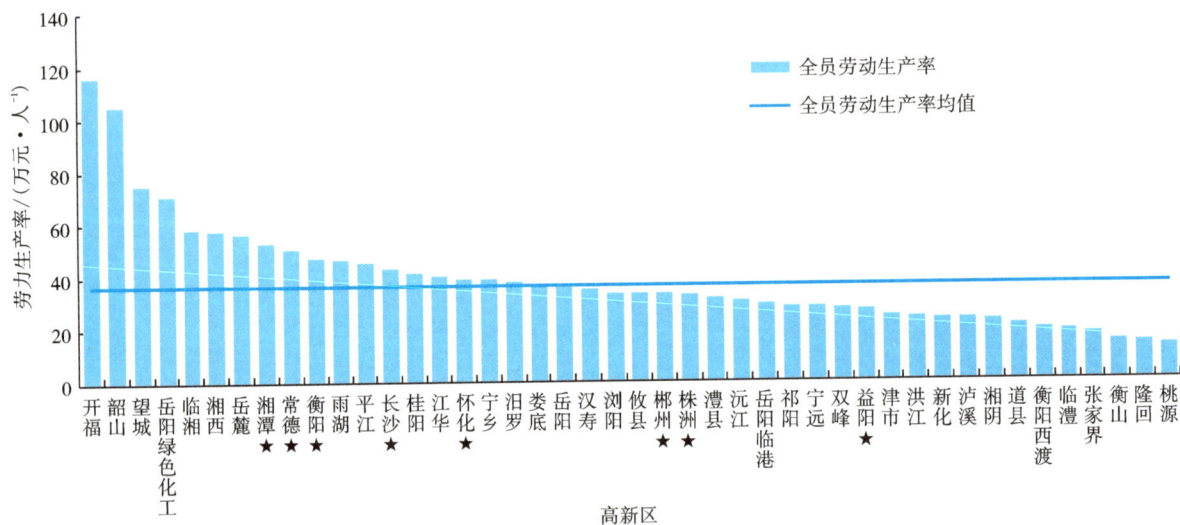

图 2-39 各高新区全员劳动生产率

2. 高新区与时俱进, 创新能力持续提升

体现高新区持续发展能力方面的指标为"上市企业数""管委会的体制机制创新和有效运作评价"。上市企业包括主板上市、科创板上市、境外上市以及区域股权上市企业。高新区的上市企业数反映园区中具有发展实力的企业增长情况，同时引导园区企业积极通过金融市场进行科技融资。

如图 2-40 所示，2020 年全省各高新区的平均拥有上市企业当量数为 13.2 家，长沙、株洲、浏阳、益阳等 4 家高新区的上市企业当量数超过均值，集聚了 84.5% 的上市企业当量数，其中长沙高新区的上市企业当量数 303.5 家，位列第 1。可见，上市企业的分布十分不均衡，呈现出明显的马太效应，基础较好的高新区集聚了较多的上市企业。

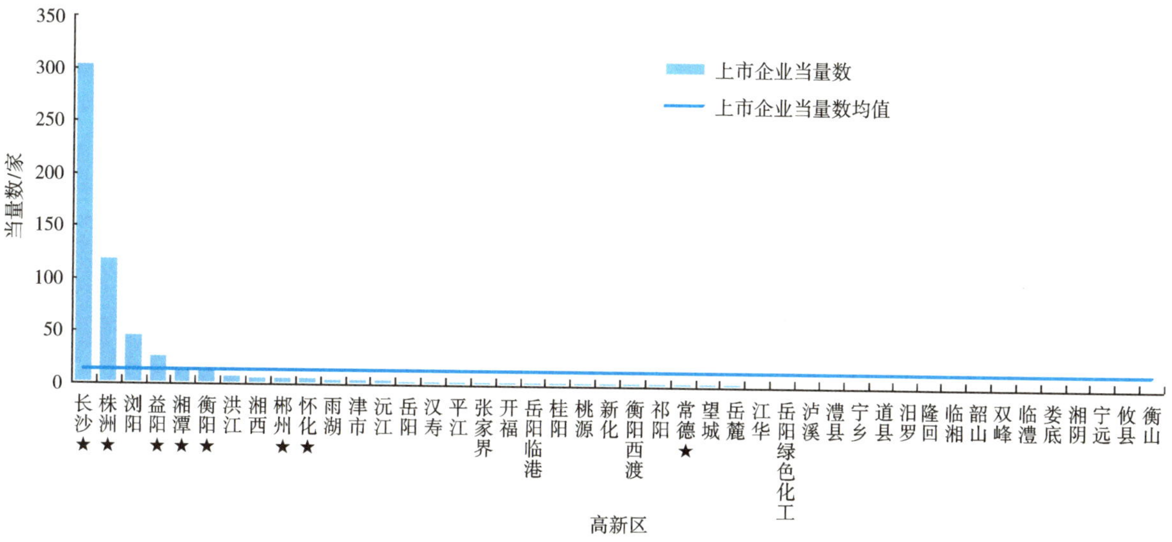

图 2-40　各高新区上市企业当量

如图 2-41 所示，全省共有 93% 的高新区结合自身设立了支持高新区发展的相关政策，如岳阳临港高新区的《湖南城陵矶新港区招商引资优惠政策十条》，衡阳西渡高新区县委县政府出台的《关于推进西渡高新区改革创新实现高质量发展的实施办法》，湘潭高新区的《长株潭自主创新示范区条例》及《空间拓展办法》等，同时绝大多数高新区都出台了相应的发展政策。共有 20% 的高新区建立了与当地政府相应级别或高于当地政府级别的管委会，有 25% 的高新区的管委会"一把手"负责人的行政级别与当地政府主要负责人的行政级别一致或高于当地政府主要负责人的行政级别，有 23% 的高新区的党工委书记或管委会主任由市委、市政府（或县委、县政府）领导兼任。

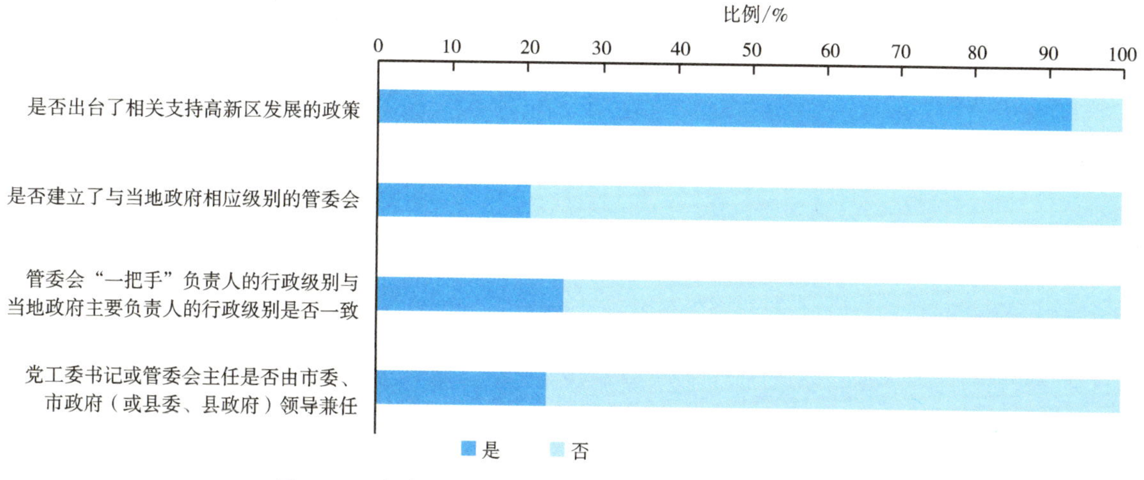

图 2-41　各高新区管委会的体制机制创新和有效运作评价

(二)综合质效和持续创新力排名

如表2-7所示，2020年全省高新区综合质效和持续创新力指标得分80分以上的高新区有4家，70~80分的高新区有10家，60~70分的高新区有26家。国家级高新区排名前三分别为株洲、长沙和益阳高新区；省级高新区排名前三分别为岳阳绿色化工、祁阳和宁远高新区。在高新区综合质效和持续创新力方面，各高新区之间存在较大差距，各高新区还需提高持续创新的能力，加强创新驱动的成效。

表2-7　高新区综合质效和持续创新力排名表

高新区名称	得分	排名	高新区名称	得分	排名
株洲国家高新区	86.27	1	岳麓高新区	66.60	23
长沙国家高新区	84.03	2	开福高新区	65.97	24
岳阳绿色化工高新区	80.67	3	江华高新区	65.13	25
益阳国家高新区	80.07	4	岳阳高新区	64.43	26
衡阳国家高新区	79.30	5	望城高新区	64.17	27
祁阳高新区	75.87	6	雨湖高新区	63.43	28
宁远高新区	73.90	7	攸县高新区	62.97	29
湘潭国家高新区	73.37	8	临湘高新区	62.30	30
平江高新区	72.93	9	隆回高新区	61.87	31
浏阳高新区	71.60	10	澧县高新区	61.77	32
岳阳临港高新区	71.57	11	衡阳西渡高新区	61.33	33
韶山高新区	71.57	11	怀化国家高新区	61.23	34
常德国家高新区	71.23	13	娄底高新区	61.17	35
郴州国家高新区	70.30	14	临澧高新区	61.10	36
桂阳高新区	68.87	15	双峰高新区	60.97	37
津市高新区	67.80	16	洪江高新区	60.87	38
宁乡高新区	67.73	17	新化高新区	60.63	39
汨罗高新区	67.73	17	张家界高新区	60.13	40
汉寿高新区	67.63	19	桃源高新区	58.87	41
湘西高新区	67.07	20	衡山高新区	58.20	42
湘阴高新区	66.83	21	道县高新区	55.43	43
沅江高新区	66.70	22	泸溪高新区	53.37	44

第三篇 园区篇

一、国家级高新区

(一) 长沙高新区

长沙高新区绩效评价综合排名第 1，其中"创新能力和创业活跃度"排名第 1，"结构优化和产业价值链"排名第 1，"绿色发展和宜居包容性"排名第 3，"开放创新和国际影响力"排名第 1，"综合质效和持续创新力"排名第 2，其创新能力雷达图如图 3-1 所示，五大能力及定性评价得分雷达图如图 3-2 所示。

长沙高新区在创新能力绩效评价的 34 项二级指标中，有 11 项指标排名第 1，3 项指标排名第 2，3 项指标排名第 3，共计 27 项指标排名前十，3 项指标排名处于后 30%。排名靠后的指标为"上年度生产总值占所在城市 (区县) GDP 比重""当地环境空气质量指数 (AQI) 不大于 100 的天数""单位规模工业增加值能耗降低率"。

评价结果显示：长沙高新区在创新投入、创业活力、营商环境建设、宜居包容性、国际人才的集聚和培育、国际市场拓展、税收贡献等方面表现突出；在科研成果产出、科技型企业新生力量及高企培

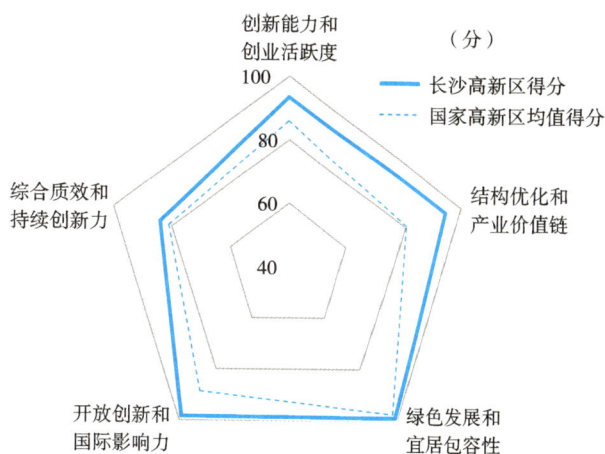

图 3-1　长沙高新区创新能力雷达图

育、人才结构优化、创新驱动成效等方面表现较好；在企业的节能降耗方面有待进一步加强。

根据此次评价结果，建议长沙高新区全面落实"三高四新"战略定位和使命任务，积极对标国内外先进科技园区，提高国际化水平，力争成为具有世界影响力的高科技园区。围绕智能制造装备、电子信息、新能源与节能环保等优势产业集群，布局重大产业项目，着力打造一批千亿级产业集群；布局新一代半导体、智能网联汽车、人工智能等新兴产业，加强资源高效配置，培育具有世界竞争力的创新型产业集群；支持企业继续增设研发机构，加大研发经费投入，通过政策优惠、条件改善、环境支持等方面激发大众创业活力；推动高新区绿色低碳发展，以"绿色专项行动"为牵引转变生产生活方式，加快经济社会发展绿色转型，争取在碳达峰、碳中和工作上率先作出全省乃至全国示范。

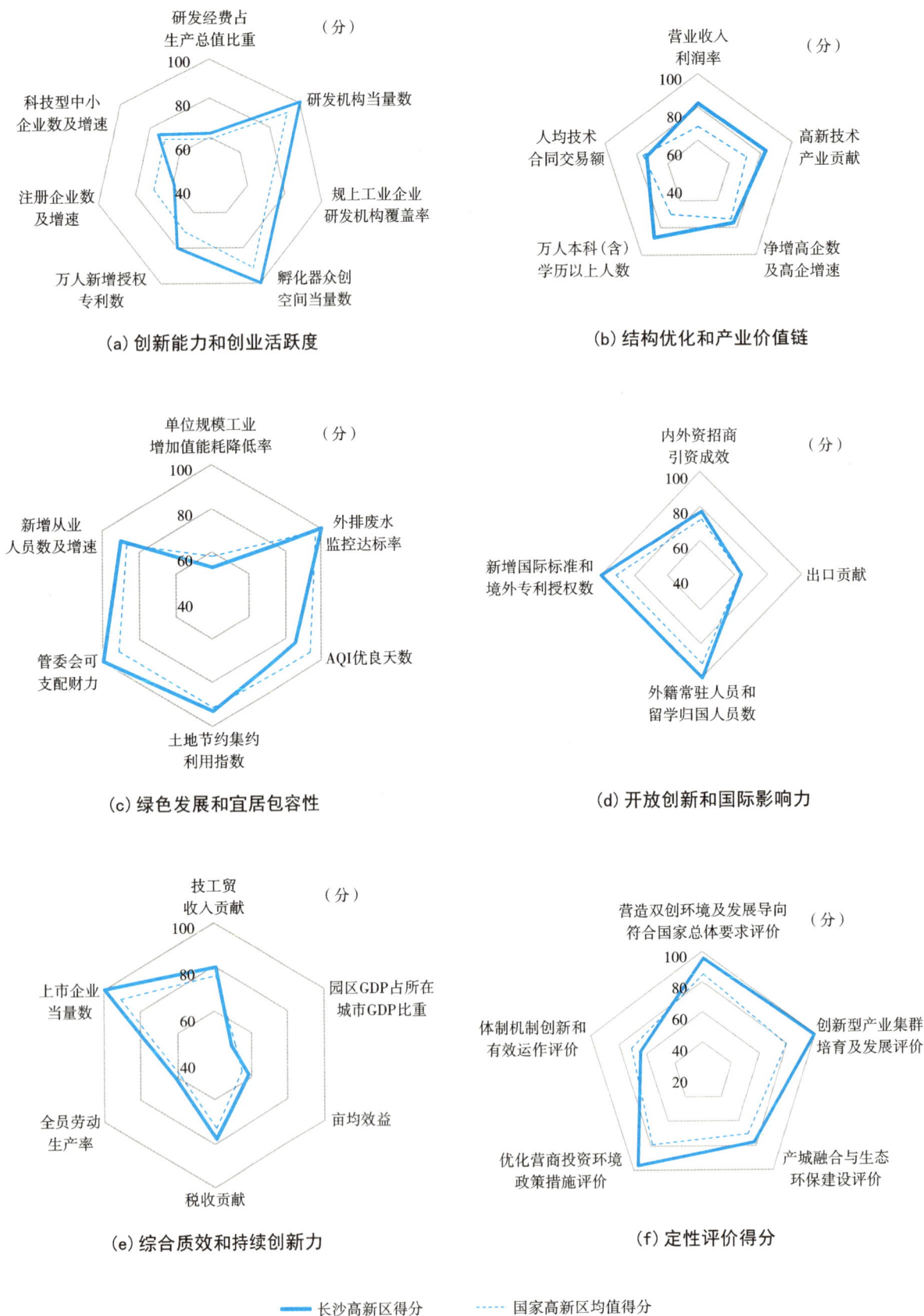

(a) 创新能力和创业活跃度

(b) 结构优化和产业价值链

(c) 绿色发展和宜居包容性

(d) 开放创新和国际影响力

(e) 综合质效和持续创新力

(f) 定性评价得分

—— 长沙高新区得分   - - - 国家高新区均值得分

图3-2   长沙高新区五大能力及定性评价得分雷达图

（二）株洲高新区

株洲高新区绩效评价综合排名第2，其中"创新能力和创业活跃度"排名第1，"结构优化和产业价值链"排名第5，"绿色发展和宜居包容性"排名第7，"开放创新和国际影响力"排名第2，"综合质效和持续创新力"排名第1，其创新能力雷达图如图3-3所示，五大能力及定性评价得分雷达图如图3-4所示。

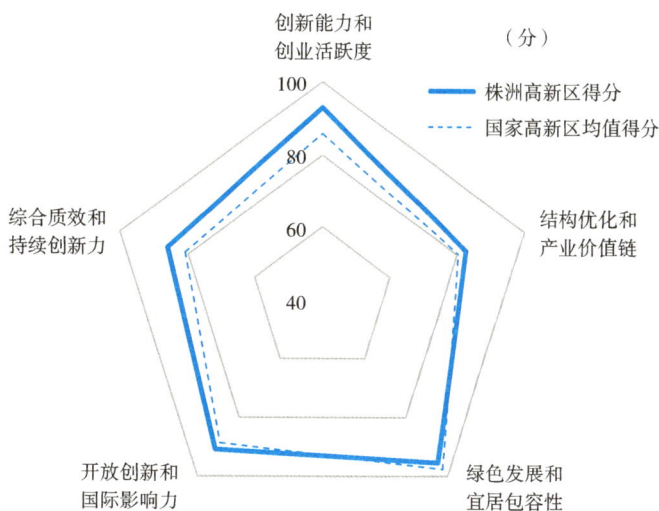

图3-3　株洲高新区创新能力雷达图

株洲高新区在创新能力绩效评价的34项二级指标中，有2项指标排名第1，6项指标排名第2，4项指标排名第3，共计26项指标排名前十，2项指标排名处于后30%。排名相对靠后的指标为"当地环境空气质量指数（AQI）不大于100的天数""单位规模工业增加值能耗降低率"。

评价结果显示：株洲高新区在创新活力、国际市场拓展等方面表现突出；在创业活跃度、企业培育、营商环境建设、创新驱动成效等方面表现较好；在绿色生态环境建设方面有待进一步加强。

根据此次评价结果，建议株洲高新区全面落实"三高四新"战略定位和使命任务，积极对标具有全球影响力的高科技园区，立足自身资源禀赋和产业基础，继续做大做强轨道交通、新能源汽车、通用航空等特色主导产业，打造创新型特色园区。加快推动新材料、新一代信息技术、新能源与节能环保、生物医药与大健康等新兴优势产业的发展，围绕产业链部署创新链，围绕创新链布局产业链，促进产业向智能化、高端化、绿色化融合发展；加大科技型企业孵化孵育力度，建立高新技术企业后备培育发展库，促进科技型企业的增加及高新技术企业的转化，提升园区创新活力，优化园区产业结构；完善科研、教育、医疗、文化等公共服务设施，优化创新管理及服务环境；按照碳达峰、碳中和要求，加快建设高新区绿色低碳循环经济体系，推进安全、绿色、低碳、循环、智慧科技园区建设，打造绿色发展示范区。

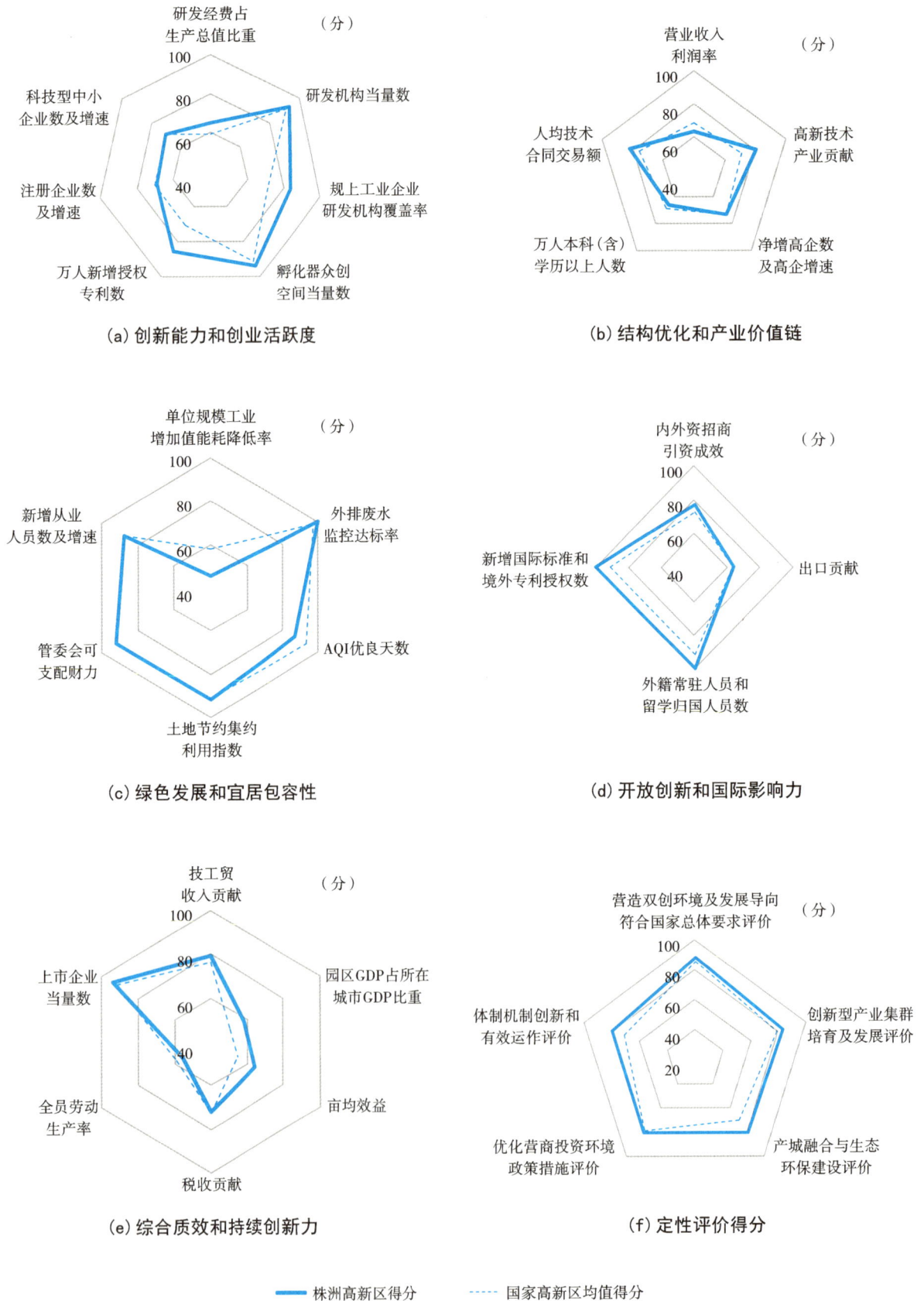

（a）创新能力和创业活跃度

（b）结构优化和产业价值链

（c）绿色发展和宜居包容性

（d）开放创新和国际影响力

（e）综合质效和持续创新力

（f）定性评价得分

　　——株洲高新区得分　　---- 国家高新区均值得分

图3-4　株洲高新区五大能力及定性评价得分雷达图

(三)衡阳高新区

衡阳高新区绩效评价综合排名第3,其中"创新能力和创业活跃度"排名第5,"结构优化和产业价值链"排名第4,"绿色发展和宜居包容性"排名第4,"开放创新和国际影响力"排名第3,"综合质效和持续创新力"排名第5,其创新能力雷达图如图3-5所示,五大能力及定性评价得分雷达图如图3-6所示。

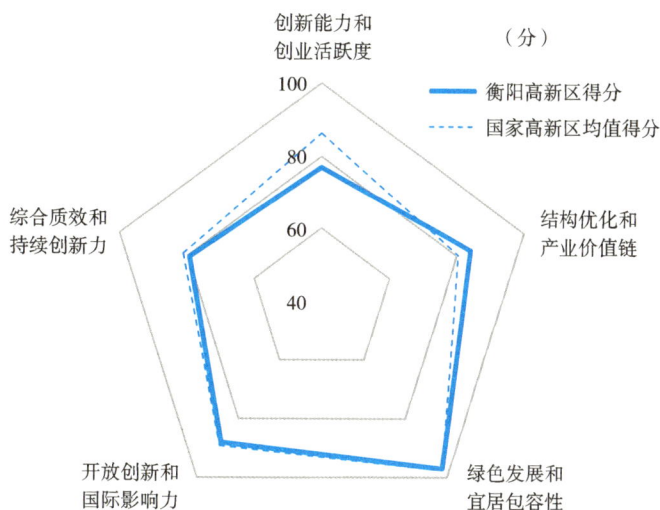

图 3-5　衡阳高新区创新能力雷达图

衡阳高新区在创新能力绩效评价的34项二级指标中,有2项指标排名第1,5项指标排名第2,2项指标排名第3,共计21项指标排名前十,4项指标排名处于后30%。排名靠后的指标为"研发经费占生产总值比重""万人新增授权专利数""单位规模工业增加值能耗降低率""当地环境空气质量指数(AQI)不大于100的天数"。

评价结果显示:衡阳高新区在高新技术企业培育、出口贡献等方面表现突出;在创新活力、创新驱动成效、营商环境建设、国际市场拓展等方面表现较为突出;在研发投入强度、持续创新能力等方面表现有待进一步加强。

根据此次评价结果,建议衡阳高新区全面落实"三高四新"战略定位和使命任务,积极对标创新型科技园区,打造全国领先"工业富联智造谷"和新能源汽车研发制造高地。聚焦移动互联网、装备制造、生物医药、文化创意等主导特色产业,优先布局相关重大产业项目,推动形成集聚效应和品牌优势,培育若干国家级创新产业集群;积极争取国家重点实验室、制造业创新中心等落户,布局省级重点实验室、新型研发机构等创新平台,增加研发投入力度,提升创新能力;进一步完善人才引进政策,突破学历、年龄等条件限制,面向全球引进一批科技顶尖人才与产业领军人才,同时加强创新型、应用型技术技能人才培养,与省内高等院校深化产教融合、校企合作,协同培养人才;着力发展环境友好型产业,严格控制高污染、高耗能、高排放企业入驻,推动园区绿色、低碳、循环、智慧化改造,建设绿色生态园区。

49

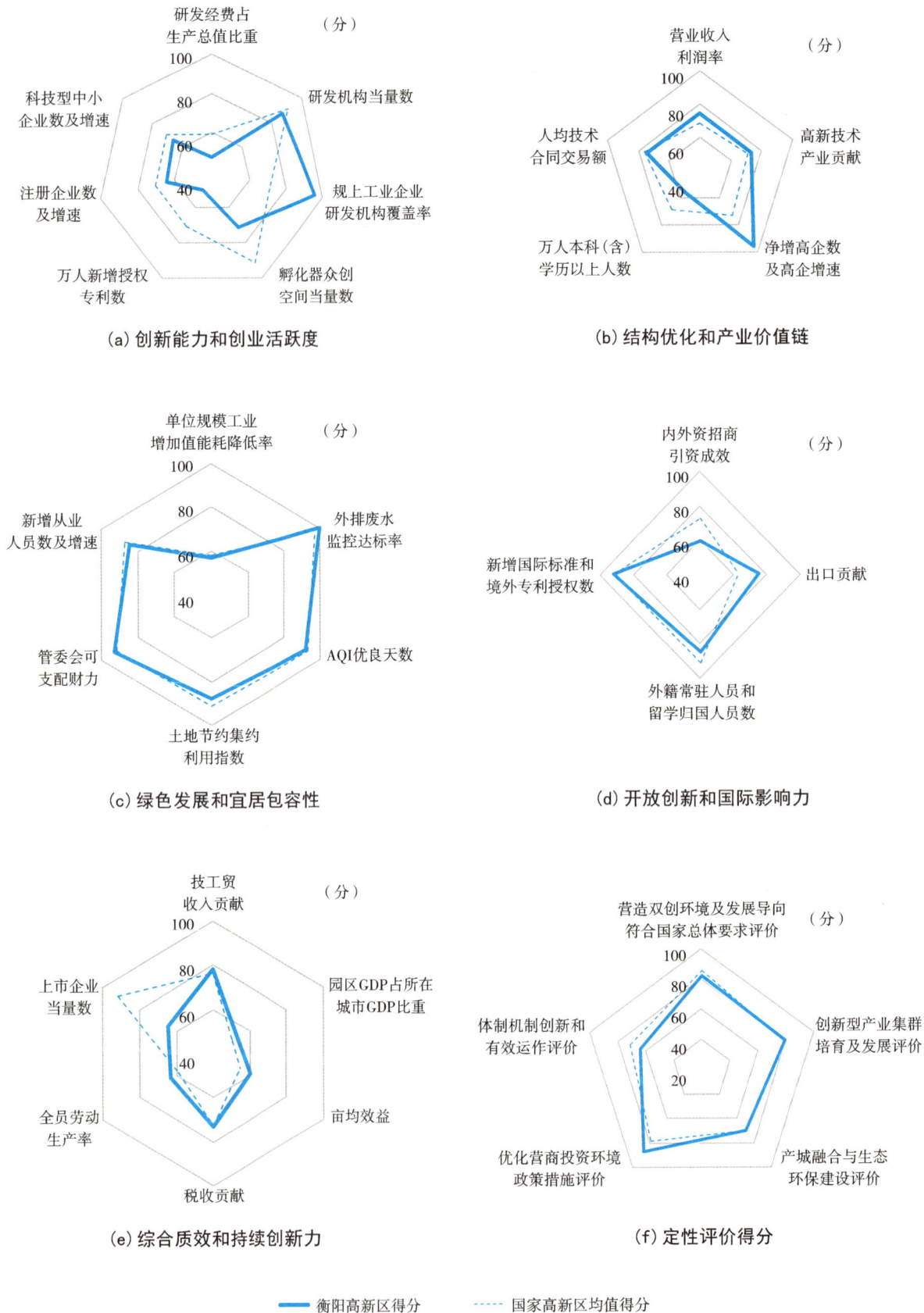

（a）创新能力和创业活跃度

（b）结构优化和产业价值链

（c）绿色发展和宜居包容性

（d）开放创新和国际影响力

（e）综合质效和持续创新力

（f）定性评价得分

衡阳高新区得分   国家高新区均值得分

图3-6　衡阳高新区五大能力及定性评价得分雷达图

（四）湘潭高新区

湘潭高新区绩效评价综合排名第4，其中"创新能力和创业活跃度"排名第4，"结构优化和产业价值链"排名第3，"绿色发展和宜居包容性"排名第18，"开放创新和国际影响力"排名第6，"综合质效和持续创新力"排名第8，其创新能力雷达图如图3-7所示，五大能力及定性评价得分雷达图如图3-8所示。

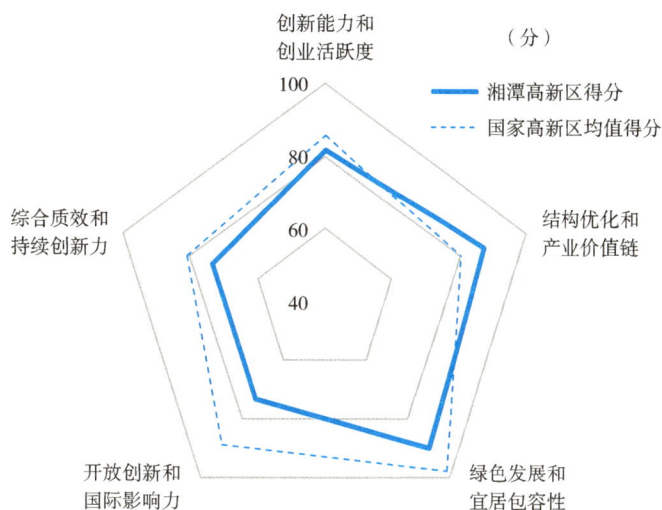

图3-7　湘潭高新区创新能力雷达图

湘潭高新区在创新能力绩效评价的34项二级指标中，有1项指标排名第1，4项指标排名第2，3项指标排名第3，共计18项指标排名前十，3项指标排名处于后30%。排名靠后的指标为"研发经费占生产总值比重""当地环境空气质量指数（AQI）不大于100的天数""营业收入利润率"。

评价结果显示：湘潭高新区在创业活跃度、创新管理与服务环境等方面表现突出；在高新技术企业培育、绿色发展和宜居包容性、国际市场拓展、创新驱动成效等方面表现较好；在企业盈利能力和高新技术产业价值创造方面表现有待进一步加强。

根据此次评价结果，建议湘潭高新区全面落实"三高四新"战略定位和使命任务，积极对标创新型科技园区，以建设成为国家重要先进制造业高地为目标，打造更具实力的智能装备制造产业集聚的智造谷；围绕智能装备制造、新材料、数字经济主导特色产业及虚拟现实、无人技术等若干未来产业，做大做强特色主导产业，加速培育发展未来产业，发展壮大产业集群，提高产业竞争力；强化企业创新主体地位，加速各类高端创新资源向企业集聚，引导企业进一步加大科技创新投入，提高企业的技术创新能力和科研成果产出；建设一批高水平技术转移机构，建立以需求为导向的技术转移途径，推动技术创业、产学研深度结合、科技企业股权并购等技术转移有效途径，促进技术创新、科技成果转移转化和产业化；切实注重环境保护，严格控制高污染、高耗能、高排放企业入驻，推动高新区绿色、低碳、循环、智慧化改造，营造绿色生态环境，争创国家级绿色园区。

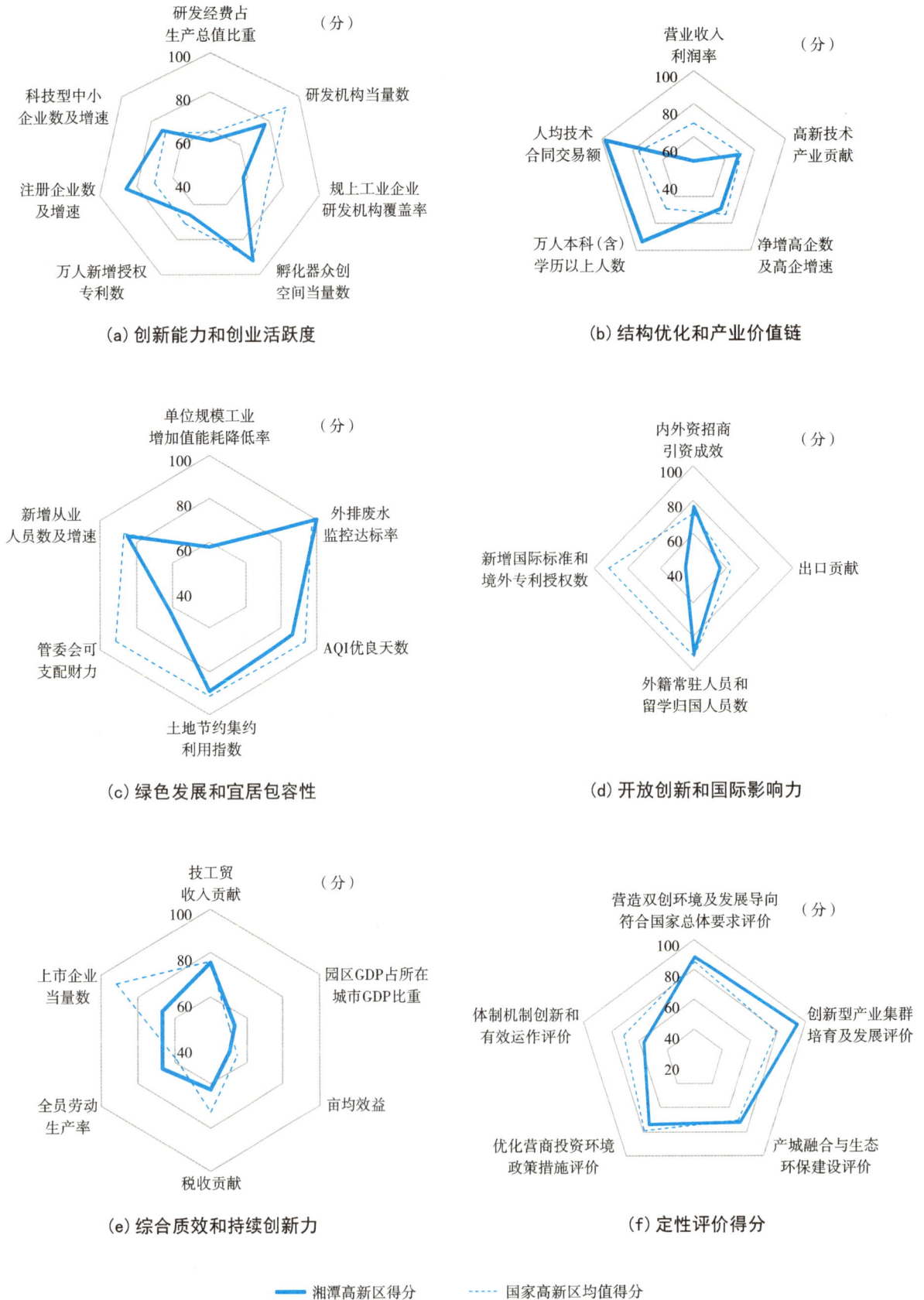

(a) 创新能力和创业活跃度

(b) 结构优化和产业价值链

(c) 绿色发展和宜居包容性

(d) 开放创新和国际影响力

(e) 综合质效和持续创新力

(f) 定性评价得分

—— 湘潭高新区得分   ---- 国家高新区均值得分

图 3-8　湘潭高新区五大能力及定性评价得分雷达图

（五）益阳高新区

益阳高新区绩效评价综合排名第5，其中"创新能力和创业活跃度"排名第6，"结构优化和产业价值链"排名第37，"绿色发展和宜居包容性"排名第5，"开放创新和国际影响力"排名第4，"综合质效和持续创新力"排名第4，其创新能力雷达图如图3-9所示，五大能力及定性评价得分雷达图如图3-10所示。

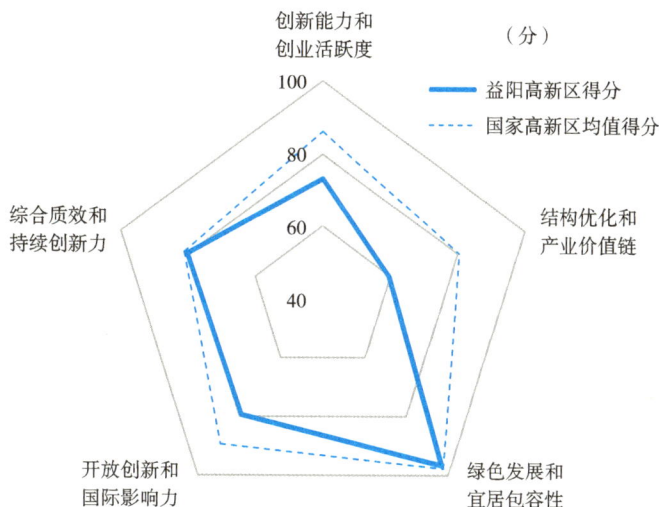

图3-9 益阳高新区创新能力雷达图

益阳高新区在创新能力绩效评价的34项二级指标中，有2项指标排名第1，1项指标排名第2，2项指标排名第3，共计17项指标排名前十，6项指标排名处于后30%。排名靠后的指标为"当年新认定高新技术企业数及增速""当地环境空气质量指数（AQI）不大于100的天数""研发经费占生产总值比重""营业收入利润率""人均技术合同交易额""全员劳动生产率"。

评价结果显示：益阳高新区在创新型产业集群培育、税收贡献、人才国际化等方面表现突出；在创新活力、绿色发展、持续创新能力等方面表现较好；在研发投入、企业培育、产业价值链提升、企业价值创造效能等方面表现有待进一步加强。

根据此次评价结果，建议益阳高新区全面落实"三高四新"战略定位和使命任务，积极对标创新型科技园区，坚持创新驱动及高质量发展战略，建设成为具有核心竞争力的科技创新高地的示范区。大力发展装备制造、新一代电子信息、新材料等主导特色产业，加速培育5G、数字经济等战略性新兴产业，围绕工程机械产业链、电子元器件及智能终端产业链、5G通信装备产业链、碳基材料产业链，积极推进创新型产业集群建设，打造具有核心竞争力和国际影响力的产业集群；建立高新技术企业后备培育发展库，对认定备案的高新技术企业给予一定资金支持，推动高新技术企业树标提质，着力培育一批小巨人企业、独角兽企业和创新型领军企业；全力加快信维声学、信维通信等优质数字经济项目建设，引进新技术、新产品，培育新业态、新模式，推动数字经济和实体经济融合发展；坚持绿色发展，构建生态工业链，建设国家生态工业示范园区。

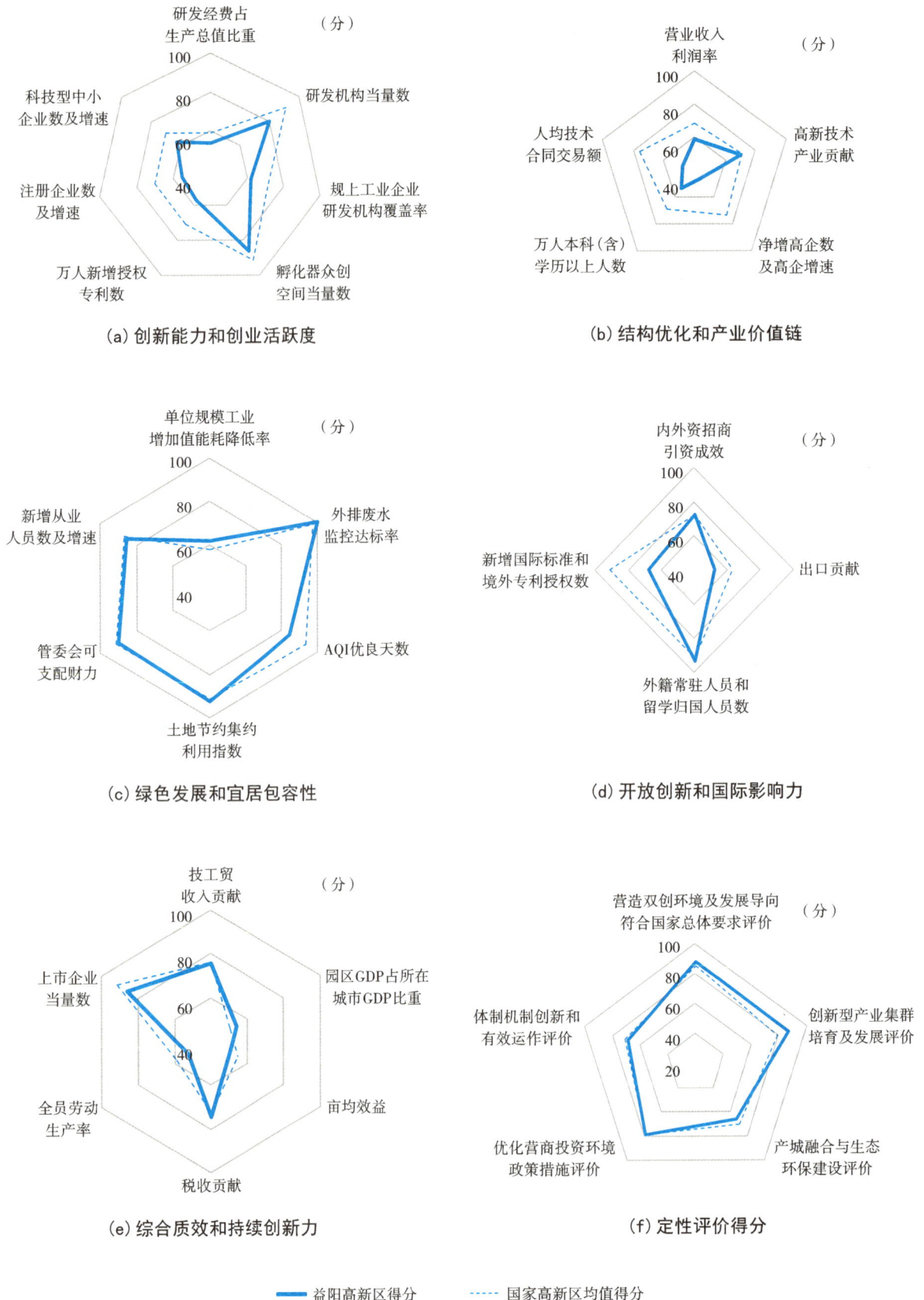

(a) 创新能力和创业活跃度

(b) 结构优化和产业价值链

(c) 绿色发展和宜居包容性

(d) 开放创新和国际影响力

(e) 综合质效和持续创新力

(f) 定性评价得分

—— 益阳高新区得分　　- - - 国家高新区均值得分

图 3-10　益阳高新区五大能力及定性评价得分雷达图

（六）怀化高新区

怀化高新区绩效评价综合排名第 6，其中"创新能力和创业活跃度"排名第 3，"结构优化和产业价值链"排名第 6，"绿色发展和宜居包容性"排名第 9，"开放创新和国际影响力"排名第 12，"综合质效和持续创新力"排名第 34，其创新能力雷达图如图 3-11 所示，五大能力及定性评价得分雷达图如图 3-12 所示。

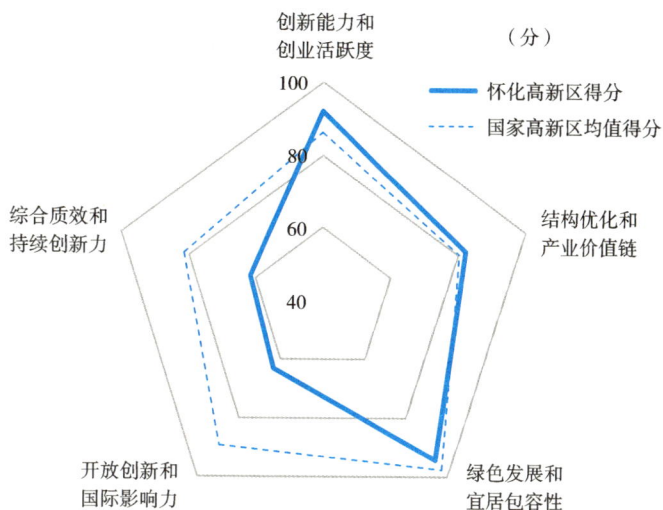

图 3-11　怀化高新区创新能力雷达图

怀化高新区在创新能力绩效评价的 34 项二级指标中，有 3 项指标排名第 1，1 项指标排名第 2，1 项指标排名第 3，共计 18 项指标排名前十，5 项指标排名处于后 30%。排名靠后的指标为"上年度生产总值占所在城市（区县）GDP 的比重""高新技术产业贡献""税收贡献""亩均效益"。

评价结果显示：怀化高新区在研发投入强度、科研成果产出方面表现突出；在创新活力、高新技术企业培育、出口贡献、绿色生态环境建设等方面表现较好；在产业结构优化、创新驱动成效等方面有待进一步加强。

根据此次评价结果，建议怀化高新区全面落实"三高四新"战略定位和使命任务，对标创新型特色园区，围绕新材料、电子信息、中医药等主特产业，以领军企业为龙头，以产业链关键产品、创新链关键技术为核心，积极培育具有国际影响力和竞争力的创新型产业集群；充分发挥怀化作为连接海上丝绸之路与陆上丝绸之路节点城市的优势，积极融入国家"一带一路"倡议大格局，加强与"一带一路"沿线国家开展人才交流、技术交流和经贸合作，推动高新区内企业"走出去"，参与国际标准和规则制定，加大产品国际认证力度，积极拓展国际市场；优化高新区管委会内部管理架构，提升高新区专业化管理程度，加强宜居宜业环境建设，不断完善园区配套建设，全面推进绿色循环低碳发展，打造支撑园区优质发展的良好创新创业生态环境。

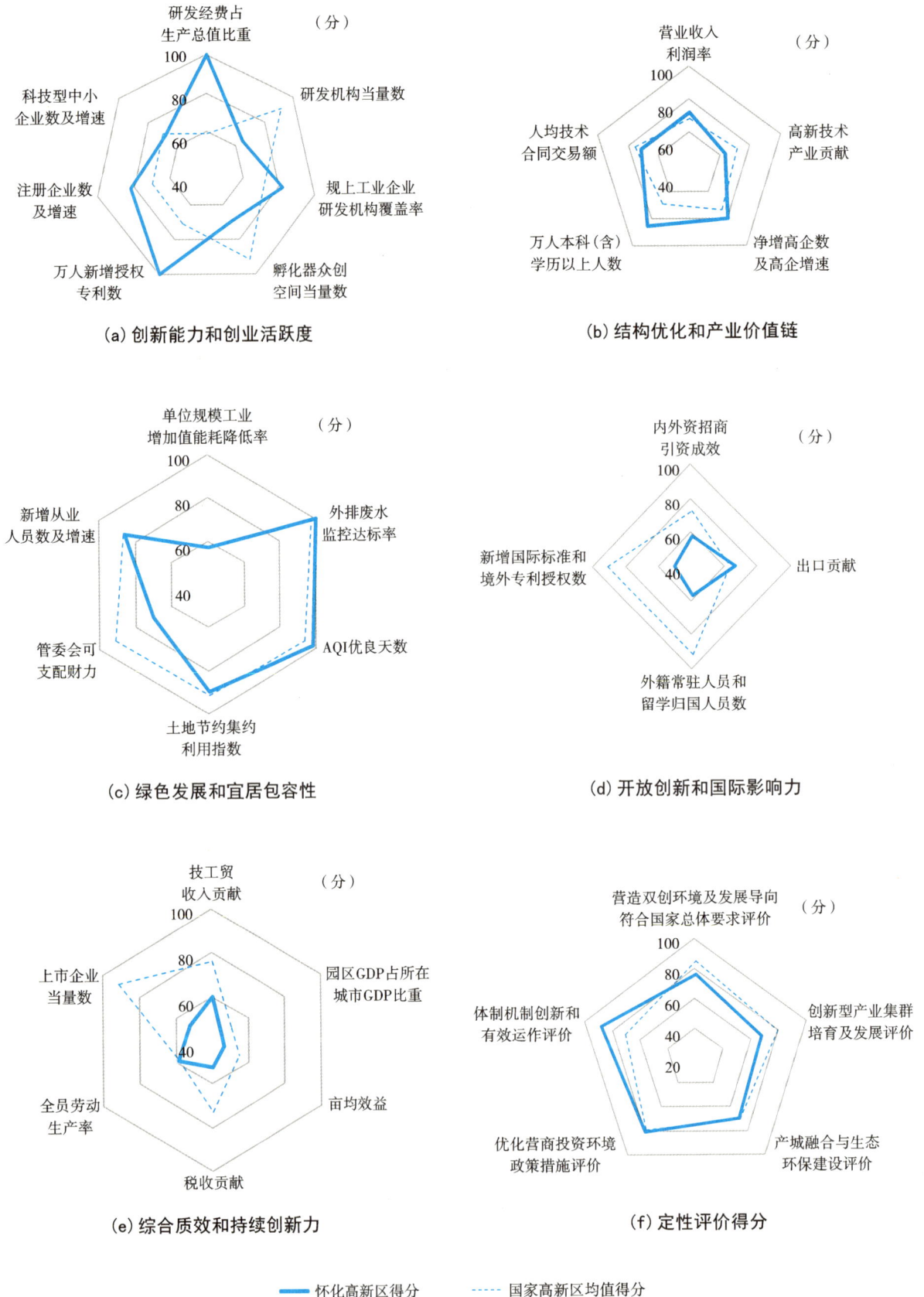

（a）创新能力和创业活跃度

（b）结构优化和产业价值链

（c）绿色发展和宜居包容性

（d）开放创新和国际影响力

（e）综合质效和持续创新力

（f）定性评价得分

图3-12　怀化高新区五大能力及定性评价得分雷达图

（七）常德高新区

常德高新区绩效评价综合排名第7，其中"创新能力和创业活跃度"排名第8，"结构优化和产业价值链"排名第8，"绿色发展和宜居包容性"排名第15，"开放创新和国际影响力"排名第10，"综合质效和持续创新力"排名第13，其创新能力雷达图如图3-13所示，五大能力及定性评价得分雷达图如图3-14所示。

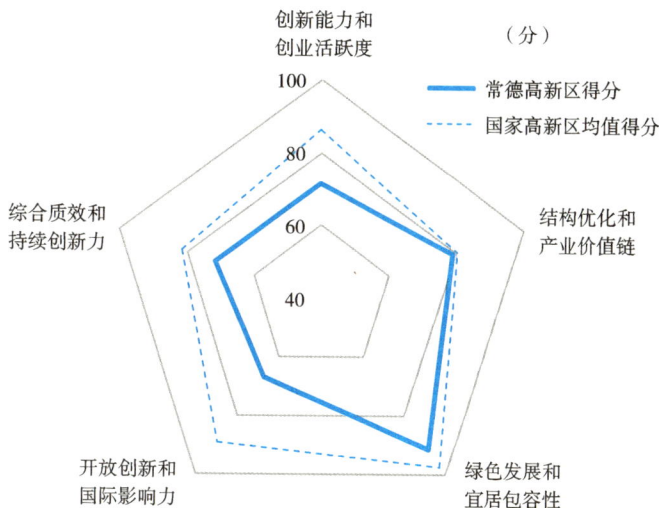

图3-13　常德高新区创新能力雷达图

常德高新区在创新能力绩效评价的34项二级指标中，有3项指标排名第1，1项指标排名第3，共计18项指标排名前十，3项指标排名处于后30%。排名靠后的指标为"上年度生产总值占所在城市（区县）GDP的比重""当地环境空气质量指数（AQI）不大于100的天数""规上工业企业研发机构覆盖率"。

评价结果显示：常德高新区在大众创业活力、高新技术产业价值创造方面表现突出；在科研成果产出、创新管理与服务环境、持续发展活力、高层次人才培育等方面表现较好；在产业结构调整等方面表现有待进一步加强。

根据此次评价结果，建议常德高新区全面落实"三高四新"战略定位和使命任务，积极对标创新型特色园区，着力打造千亿级高新区。围绕智能装备制造、光电信息、新材料等主导特色产业，集聚各类专项资金、科技创新平台、政府性基金项目等资源，培育具有国际竞争力的创新型产业集群；强化科技资源开放共享，发展研发设计、检验检测、科技咨询等服务机构，落实科研基础设施和科研仪器开放共享双向补贴政策，提升专业化服务水平，优化创新创业服务支持；对接"一带一路"、长江经济带，积极融入环洞庭湖生态经济圈、武汉城市圈，加强人才交流、技术交流和经贸合作；进一步深化"放管服"改革，完善科研、教育、医疗、文化等公共服务设施，持续优化发展环境，建设安全、绿色、智慧科技园区。

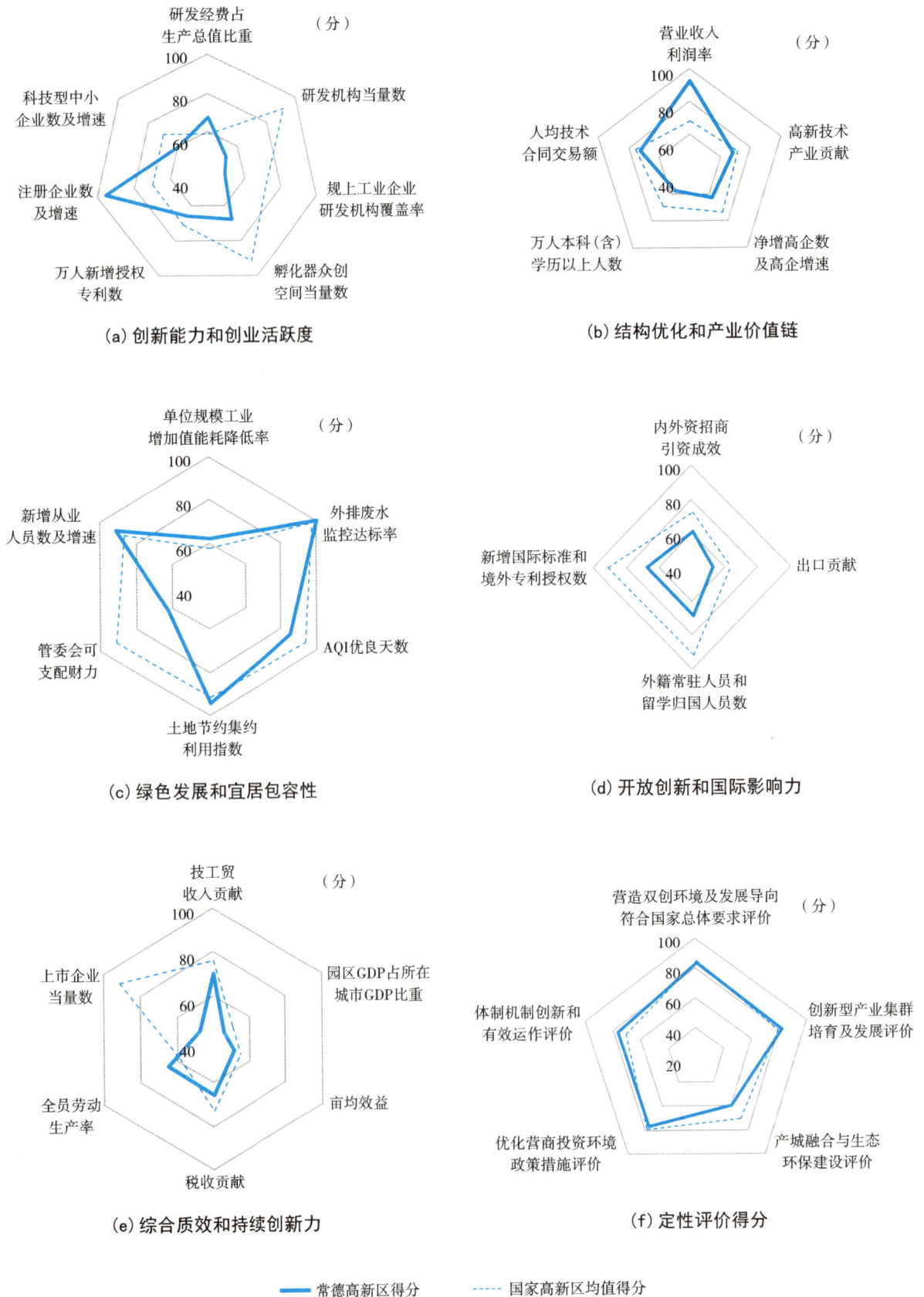

（a）创新能力和创业活跃度

（b）结构优化和产业价值链

（c）绿色发展和宜居包容性

（d）开放创新和国际影响力

（e）综合质效和持续创新力

（f）定性评价得分

—— 常德高新区得分　　---- 国家高新区均值得分

图 3-14　常德高新区五大能力及定性评价得分雷达图

（八）郴州高新区

郴州高新区绩效评价综合排名第13，其中"创新能力和创业活跃度"排名第13，"结构优化和产业价值链"排名第44，"绿色发展和宜居包容性"排名第2，"开放创新和国际影响力"排名第11，"综合质效和持续创新力"排名第14，其创新能力雷达图如图3-15所示，五大能力及定性评价得分雷达图如图3-16所示。

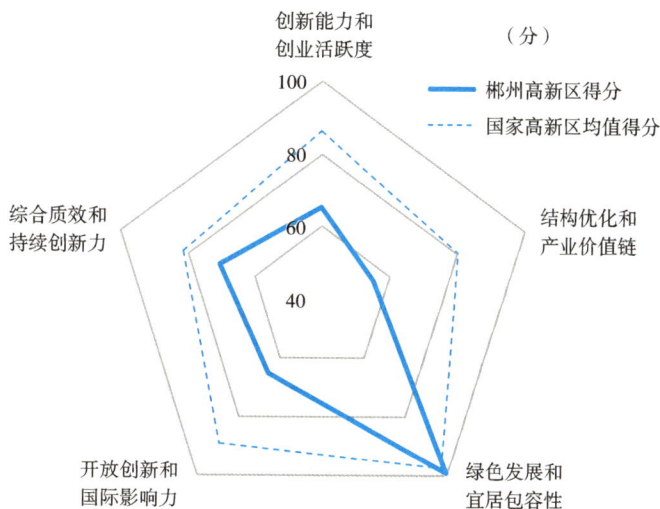

图3-15　郴州高新区创新能力雷达图

郴州高新区在创新能力绩效评价的34项二级指标中，有2项指标排名第1，1项指标排名第3，共计13项指标排名前十，7项指标排名处于后30%。排名靠后的指标为"人均技术合同交易额""创新型产业集群培育及发展评价""高新技术产业贡献""营业收入利润率""上年度生产总值占所在城市（区县）GDP的比重""当年注册企业数及增速""研发经费占生产总值比重"。

评价结果显示：郴州高新区在出口贡献表现突出；在研发机构建设、国际市场拓展、绿色发展、持续创新能力等方面表现较好；在创新型产业集群培育、高新技术产业价值创造、产业结构优化、企业培育等方面有待进一步加强。

根据此次评价结果，建议郴州高新区全面落实"三高四新"战略定位和使命任务，积极对标创新型特色园区，打造有色金属加工绿色示范园区。围绕有色金属新材料、电子信息、先进装备制造等主导特色产业，围绕产业链部署创新链，优先布局相关重大产业项目，着力打造优势产业集群；促进创新要素向企业集聚，支持企业牵头组建创新联合体、引进高端创新人才、承担省市级重大科技项目，完善研发和知识产权管理体系，加强商标品牌建设，提升创新能力；加大科技型企业孵化培育力度，建立高新技术企业后备培育发展库，实施"入小""升高""上市"等行动计划；与省内外其他产业关联度高的园区建立"伙伴园区"，加强区域创新合作与产业配套协同，深化创新协同、成果对接、平台共建和资源共享；持续推动绿色发展，加大对电子信息、新材料等产业污染物排放的全过程防控和治理，加强园区绿色、低碳、循环、可持续改造，打造国家级绿色园区。

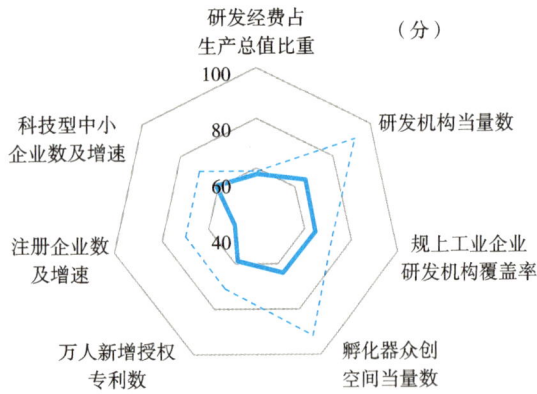

(a) 创新能力和创业活跃度

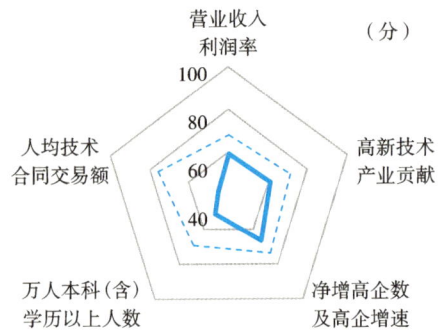

(b) 结构优化和产业价值链

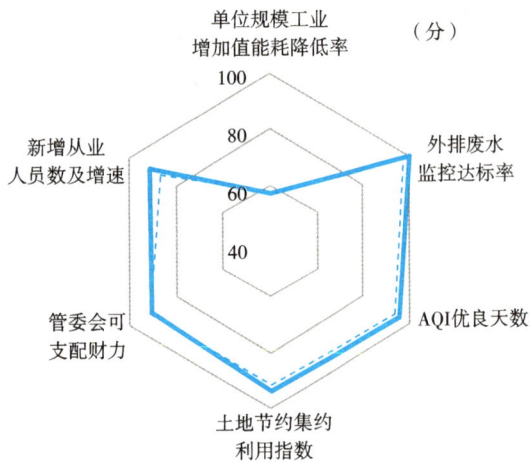

(c) 绿色发展和宜居包容性

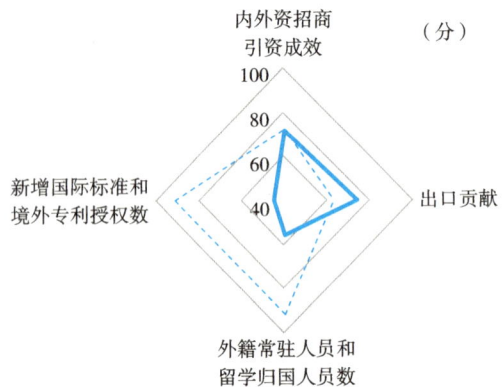

(d) 开放创新和国际影响力

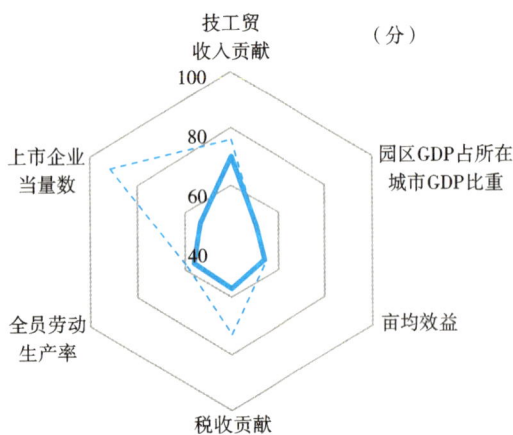

(e) 综合质效和持续创新力

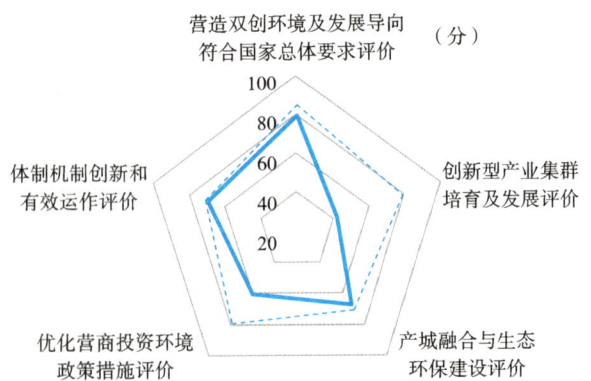

(f) 定性评价得分

—— 郴州高新区得分　　------ 国家高新区均值得分

图 3-16　郴州高新区五大能力及定性评价得分雷达图

二、省级高新区

（一）宁乡高新区

宁乡高新区绩效评价综合排名第 8，其中"创新能力和创业活跃度"排名第 12，"结构优化和产业价值链"排名第 7，"绿色发展和宜居包容性"排名第 14，"开放创新和国际影响力"排名第 8，"综合质效和持续创新力"排名第 17，其创新能力雷达图如图 3-17 所示，五大能力及定性评价得分雷达图如图 3-18 所示。

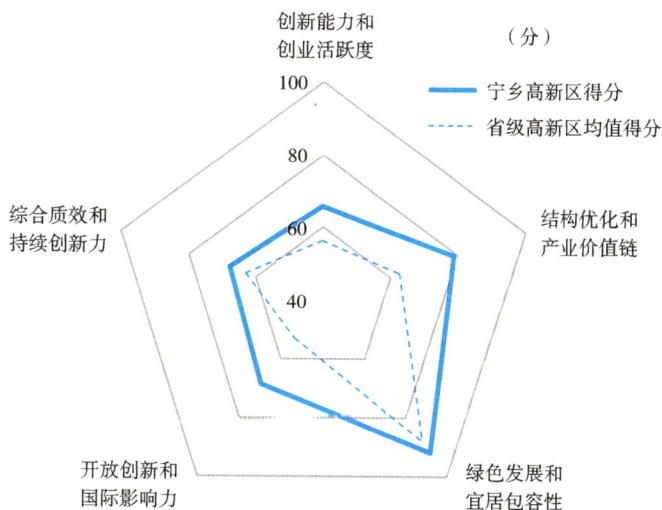

图 3-17　宁乡高新区创新能力雷达图

宁乡高新区在高新区绩效评价的 34 项二级指标中，有 2 项指标排名第 1，1 项指标排名第 2，共计 13 项指标排名前十，2 项指标排名处于后 30%。排名靠后的指标为"研发经费占生产总值比重""新增从业人员数及增速"。

评价结果显示：宁乡高新区在高水平研发载体建设、科研成果产出、高新技术产业价值创造、创新型产业集群培育、产城融合建设、体制机制创新等方面表现较好；在研发投入、招商引资、绿色发展等方面有待加强。

据本次评价结果，建议宁乡高新区全面落实"三高四新"战略定位和使命任务，立足区域资源禀赋和本地基础条件，聚焦先进装备制造、储能材料及节能环保新材料等特色主导产业，优先布局相关重大产业项目，推动形成集聚效应和品牌优势；推动高新技术企业树标提质，着力培育一批小巨人企业、独角兽企业和创新型领军企业；聚焦园区特色主导产业，创新招商方式方法，开展靶向招商，利用平台公司和共享招商平台，精准引进一批产业链关联度高的项目，增强园区持续发展后劲；引导园区内企业进一步加大研发投入，建立健全研发和知识产权管理体系，加强商标品牌建设，提升创新能力；推进园区绿色、低碳、循环、智慧化改造，引导产业绿色技术进步和产业结构优化升级，建设绿色生态园区。

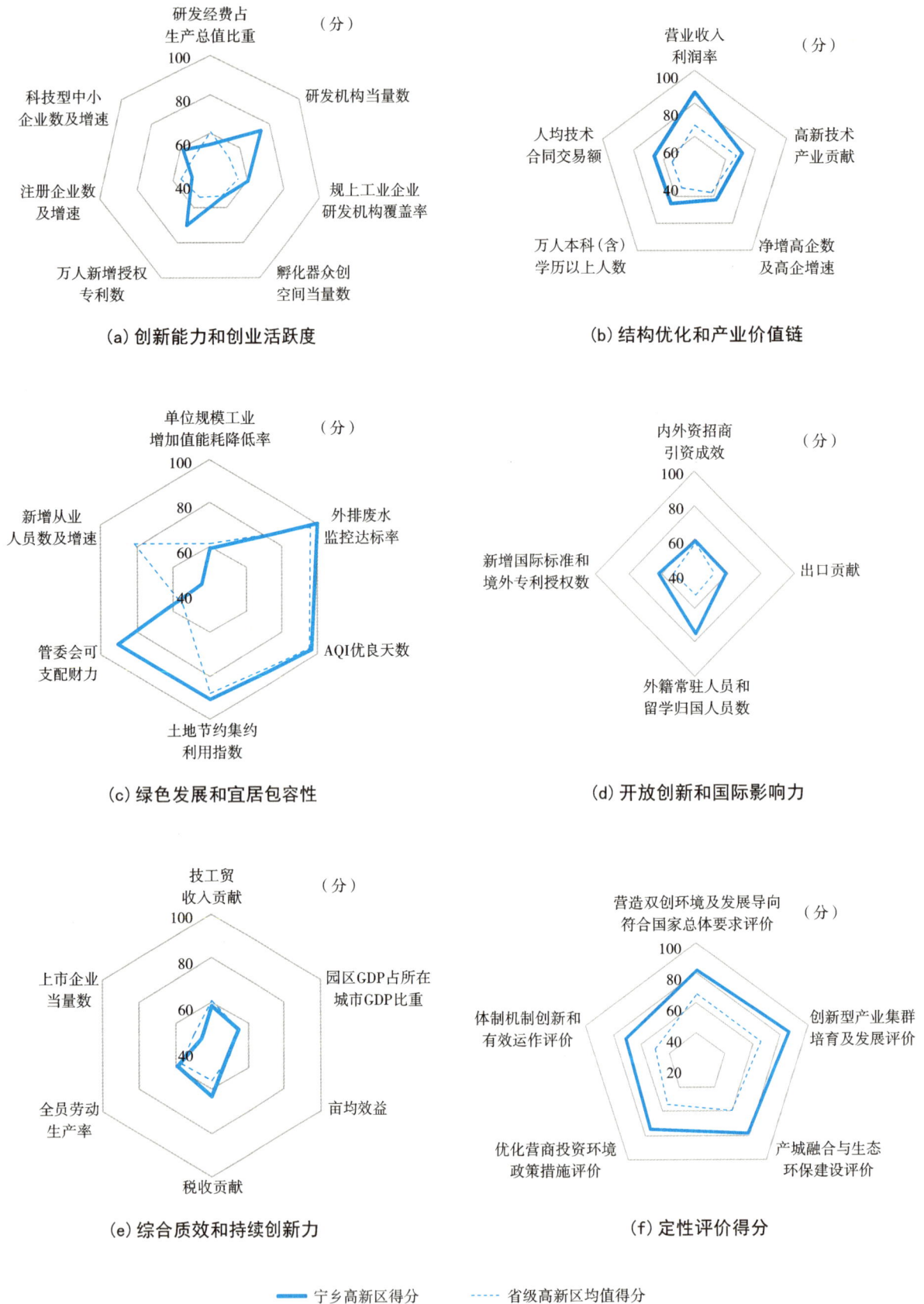

(a) 创新能力和创业活跃度

(b) 结构优化和产业价值链

(c) 绿色发展和宜居包容性

(d) 开放创新和国际影响力

(e) 综合质效和持续创新力

(f) 定性评价得分

—— 宁乡高新区得分　　---- 省级高新区均值得分

图 3-18　宁乡高新区五大能力及定性评价得分雷达图

（二）岳阳临港高新区

岳阳临港高新区绩效评价综合排名第9，其中"创新能力和创业活跃度"排名第7，"结构优化和产业价值链"排名第27，"绿色发展和宜居包容性"排名第12，"开放创新和国际影响力"排名第7，"综合质效和持续创新力"排名第11，其创新能力雷达图如图3-19所示，五大能力及定性评价得分雷达图如图3-20所示。

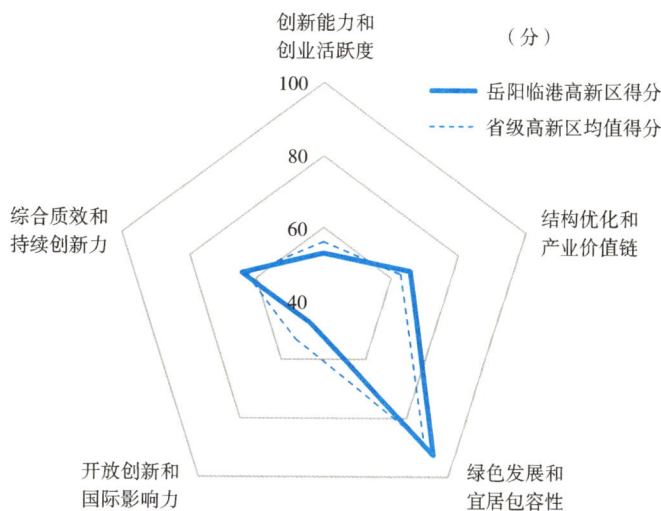

图3-19　岳阳临港高新区创新能力雷达图

岳阳临港高新区在创新能力绩效评价的34项二级指标中，有3项指标排名第1，2项指标排名第2，1项指标排名第3，共计12项指标排名前十，5项指标排名处于后30%。排名靠后的指标为"万人本科（含）学历以上人数""人均技术合同交易额""当地环境空气质量指数（AQI）不大于100的天数""上年度生产总值占所在城市（区县）GDP的比重"等。

评价结果显示，岳阳临港高新区在企业研发投入、创新活力、人才国际化、体制机制创新等方面表现较好；在技术交易活跃度、人才结构优化等方面有待加强。

根据此次评价结果，建议岳阳临港高新区全面落实"三高四新"战略定位和使命任务，抓住岳阳省域副中心城市、自贸区、长江经济带发展示范区等发展机遇，做大做强智能装备制造、电子信息、现代物流等主特产业，布局重大产业项目，着力打造一批优势产业集群；引导园区内企业进一步加大研发投入，建立健全研发和知识产权管理体系，加强商标品牌建设，提升创新能力；推动高新技术企业树标提质，着力培育一批小巨人企业、独角兽企业和创新型领军企业；引导园区内各企业与省内外高校开展产学研合作项目，协同创新，加速成果转移转化；建立健全人才政策，大力引进符合园区主特产业发展需求的人才，优化园区人才结构；推进园区绿色、低碳、循环、智慧化改造，引导传统产业结构优化升级，推进能源梯级利用，降低园区污染物产生量，建设绿色生态园区。

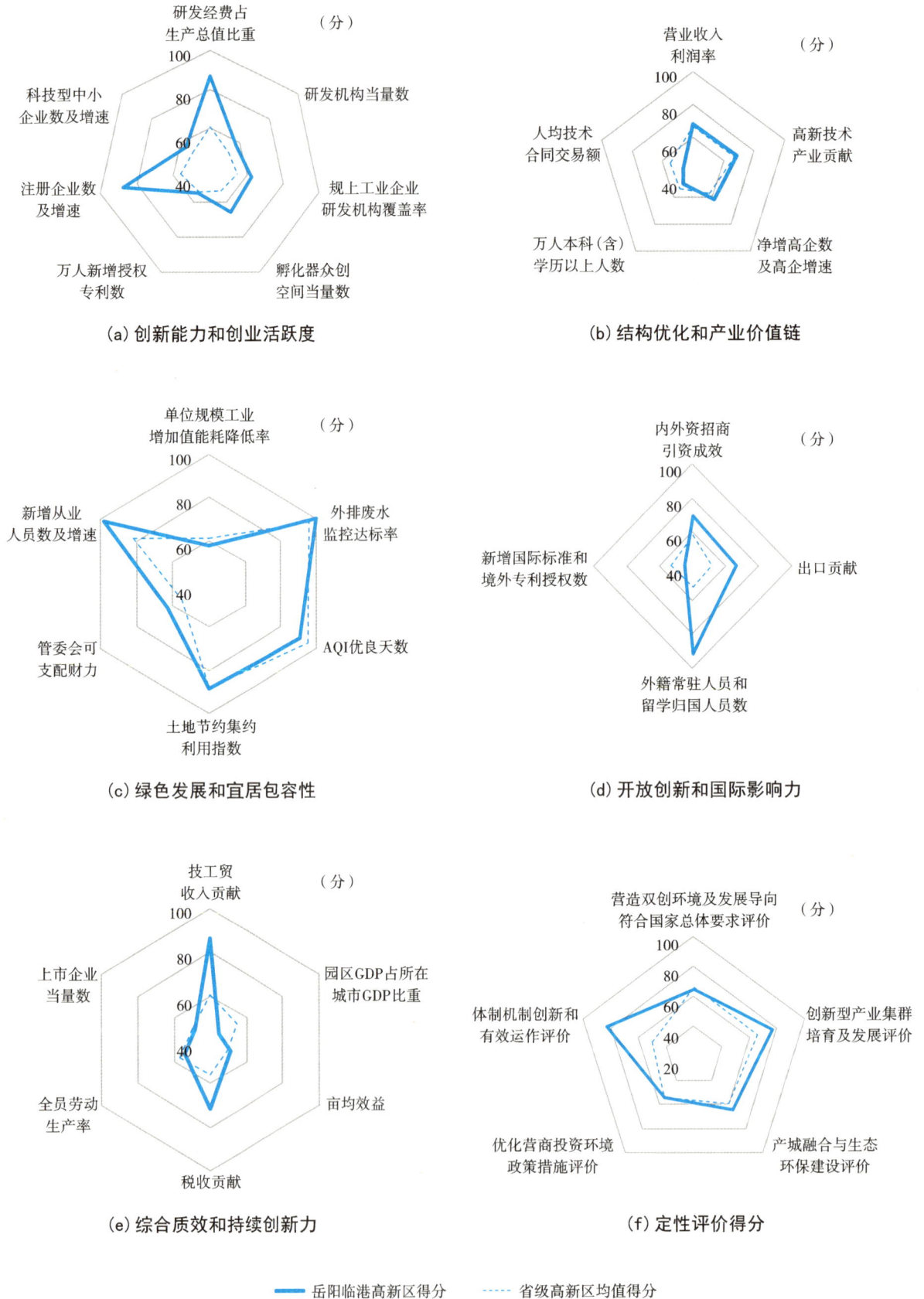

(a) 创新能力和创业活跃度

(b) 结构优化和产业价值链

(c) 绿色发展和宜居包容性

(d) 开放创新和国际影响力

(e) 综合质效和持续创新力

(f) 定性评价得分

—— 岳阳临港高新区得分　　----- 省级高新区均值得分

图3-20　岳阳临港高新区五大能力及定性评价得分雷达图

（三）岳麓高新区

岳麓高新区绩效评价综合排名第10，其中"创新能力和创业活跃度"排名第9，"结构优化和产业价值链"排名第2，"绿色发展和宜居包容性"排名第33，"开放创新和国际影响力"排名第41，"综合质效和持续创新力"排名第23，其创新能力雷达图如图3-21所示，五大能力及定性评价得分雷达图如图3-22所示。

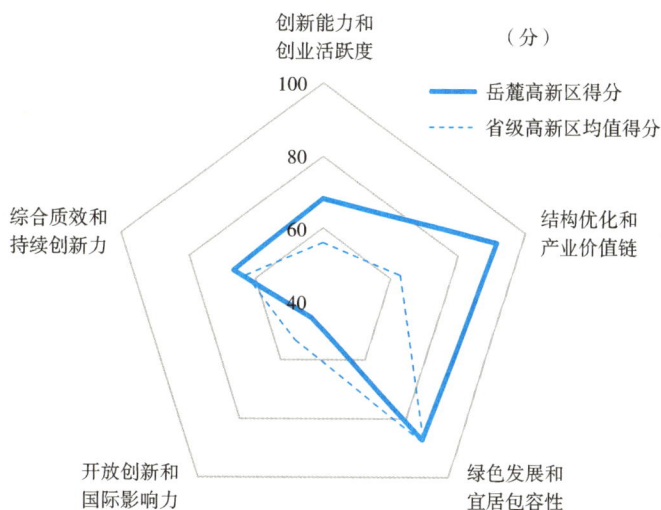

图 3-21　岳麓高新区创新能力雷达图

岳麓高新区在高新区绩效评价的34项二级指标中，有3项指标排名第1，1项指标排名第2，共计10项指标排名前十，9项指标排名处于后30%。排名靠后的指标为"研发经费占生产总值比重""单位规模工业增加值能耗降低率""当地环境空气质量指数（AQI）不大于100的天数""园区土地节约集约利用指数""内外资招商引资成效""上年度生产总值占所在城市（区县）GDP的比重"等。

评价结果显示：岳麓高新区在科技成果产出、科技型企业新生力量培育、高企培育、产业价值链提升、人才结构优化、技术交易活跃度、企业价值创造等方面表现较好；在创新投入、绿色生态环境建设、国际市场拓展、优化营商投资环境、持续创新力等方面有待加强。

根据此次评价结果，建议岳麓高新区全面落实"三高四新"战略定位和使命任务，继续围绕智能网联汽车、检验检测主导特色产业，大力实施项目招引，瞄准主特产业链精准招商；加大产业培育力度，推动"一主一特"产业链提质发展；加大园区财政科技投入，提升研发经费占生产总值比重，引导园区提高创新投入，以创新驱动成效，形成一大批具有自主知识产权的核心技术和产品；加大绿色生态环境建设，推进绿色发展，降低单位规模工业增加值能耗；科学合理利用土地，提高园区土地节约集约利用水平，提高平均容积率，促进园区紧凑发展；发挥自身区域优势，优化营商投资环境，推动云招商、小分队招商、以商招商，拓展国际市场，面向全球全国吸引优质企业、优选高质量项目。

（分）

研发经费占
生产总值比重

科技型中小
企业数及增速

研发机构当量数

注册企业数
及增速

规上工业企业
研发机构覆盖率

万人新增授权
专利数

孵化器众创
空间当量数

（a）创新能力和创业活跃度

营业收入
利润率

（分）

人均技术
合同交易额

高新技术
产业贡献

万人本科（含）
学历以上人数

净增高企数
及高企增速

（b）结构优化和产业价值链

单位规模工业
增加值能耗降低率

（分）

新增从业
人员数及增速

外排废水
监控达标率

管委会可
支配财力

AQI优良天数

土地节约集约
利用指数

（c）绿色发展和宜居包容性

内外资招商
引资成效

（分）

新增国际标准和
境外专利授权数

出口贡献

外籍常驻人员和
留学归国人员数

（d）开放创新和国际影响力

技工贸
收入贡献

（分）

上市企业
当量数

园区GDP占所在
城市GDP比重

全员劳动
生产率

亩均效益

税收贡献

（e）综合质效和持续创新力

营造双创环境及发展导向
符合国家总体要求评价

（分）

体制机制创新和
有效运作评价

创新型产业集群
培育及发展评价

优化营商投资环境
政策措施评价

产城融合与生态
环境保护建设评价

（f）定性评价得分

—— 岳麓高新区得分　　---- 省级高新区均值得分

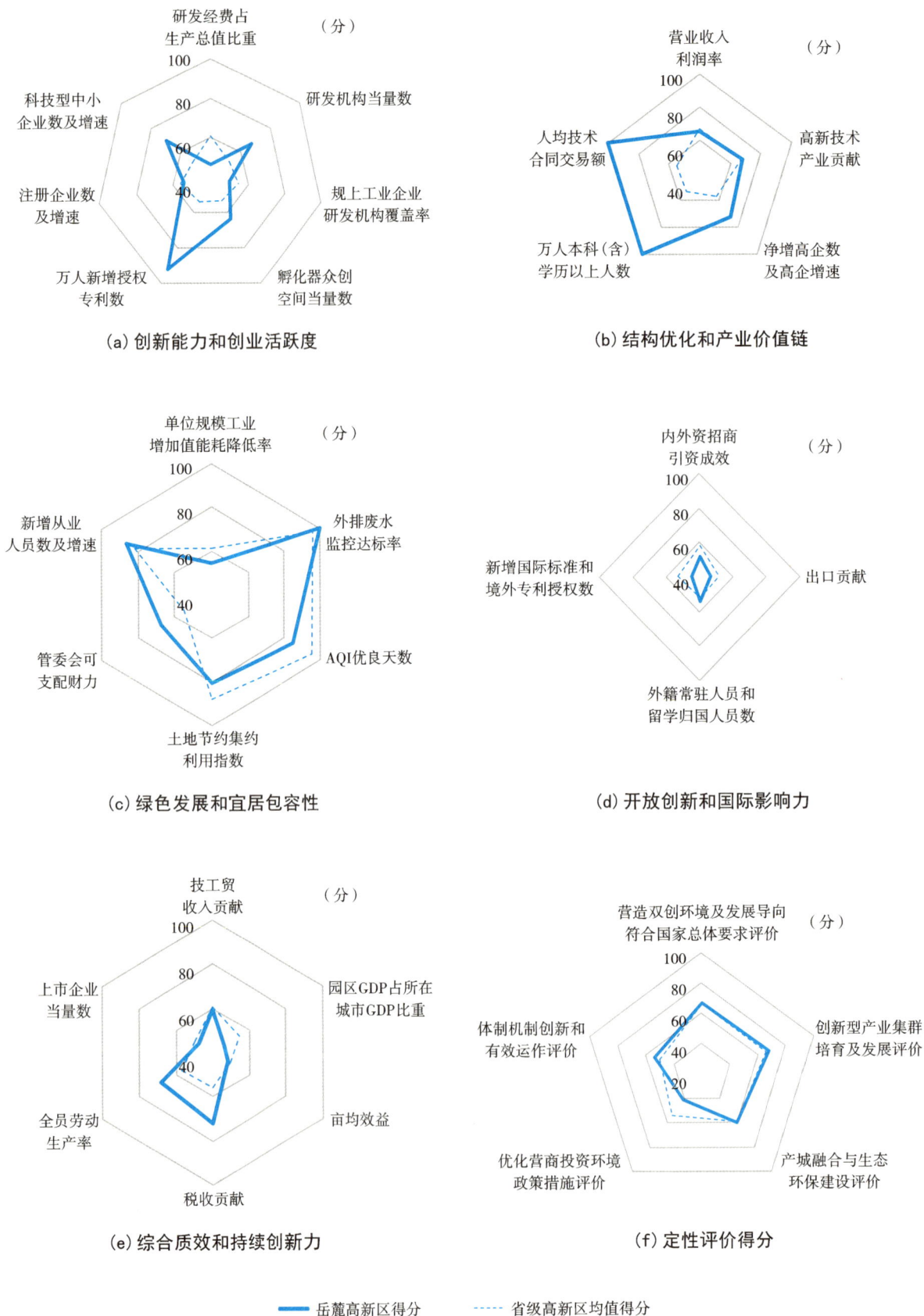

图3-22　岳麓高新区五大能力及定性评价得分雷达图

（四）浏阳高新区

浏阳高新区绩效评价综合排名第 11，其中"创新能力和创业活跃度"排名第 10，"结构优化和产业价值链"排名第 40，"绿色发展和宜居包容性"排名第 1，"开放创新和国际影响力"排名第 14，"综合质效和持续创新力"排名第 10，其创新能力雷达图如图 3-23 所示，五大能力及定性评价得分雷达图如图 3-24 所示。

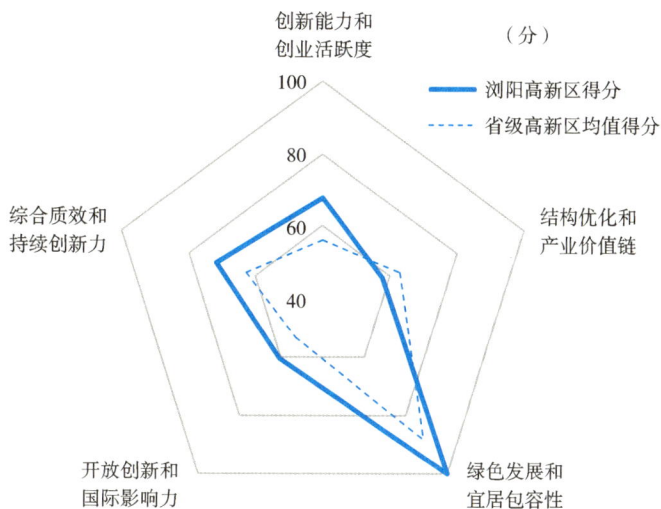

图 3-23　浏阳高新区创新能力雷达图

浏阳高新区在高新区绩效评价的 34 项二级指标中，有 2 项指标排名第 1，1 项指标排名第 2，1 项指标排名第 3，共计 11 项指标排名前十，6 项指标排名处于后 30%。排名靠后的指标为"营业收入利润率""高新技术产业贡献""当年新认定高新技术企业数及增速""内外资招商引资成效""上年度生产总值占所在城市（区县）GDP 的比重"。

评价结果显示：浏阳高新区在研发投入、研发平台建设、绿色生态环境建设、上市企业数等方面表现较好；在高新技术产业培育与发展、国际贸易交流、招商引资能力等方面有待进一步加强。

根据此次评价结果，建议浏阳高新区全面落实"三高四新"战略定位和使命任务，围绕电子信息、生物医药、智能制造、健康产业和再制造等主特产业，布局重大产业项目，着力打造一批优势产业集群；建立并完善"微成长、小升高、高壮大"科技企业梯次培育机制，打造专业化众创空间和科技企业孵化器，着力培育竞争力强、成长性好的科技型中小企业和高新技术企业，推动重点产业竞争力整体跃升；支持园区企业承担国家和地方科技计划项目，支持重大创新成果在园区落地转化；依托世界制造大会、中非经贸博览会、中国国际进口博览会等，加强与"一带一路"沿线国家开展人才交流、技术交流和经贸合作；创新招商引资方式，开展靶向招商，利用平台公司和共享招商平台，精准引进一批产业链关联度高的项目。

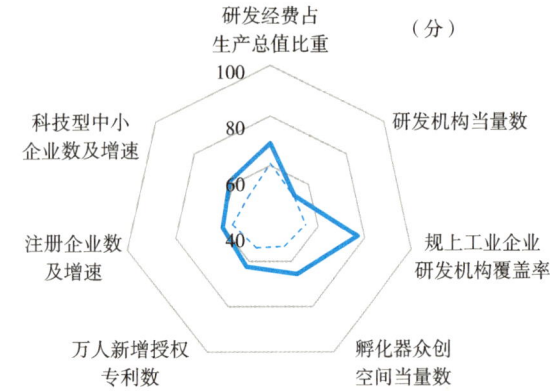

（a）创新能力和创业活跃度

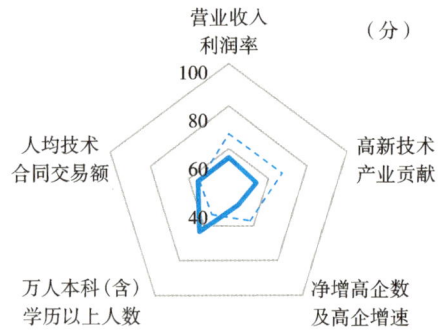

（b）结构优化和产业价值链

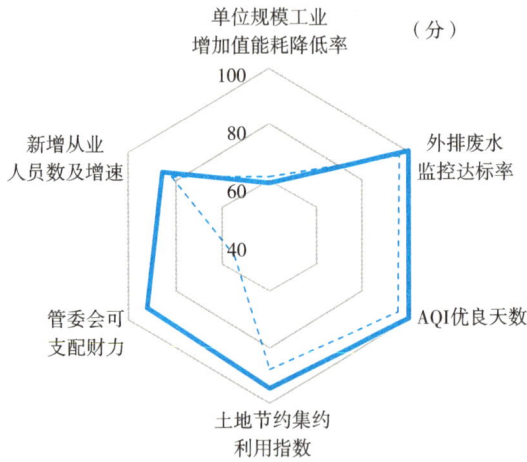

（c）绿色发展和宜居包容性

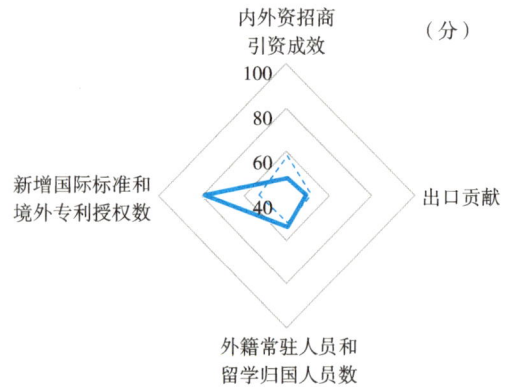

（d）开放创新和国际影响力

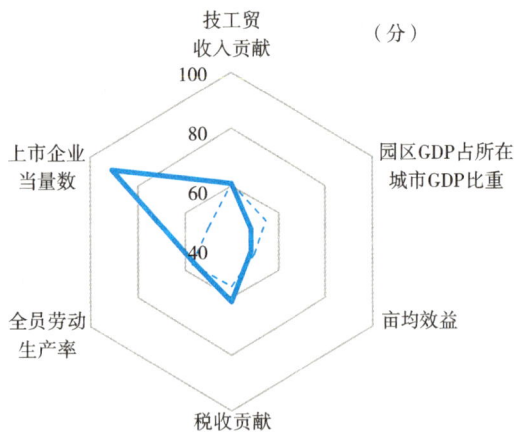

（e）综合质效和持续创新力

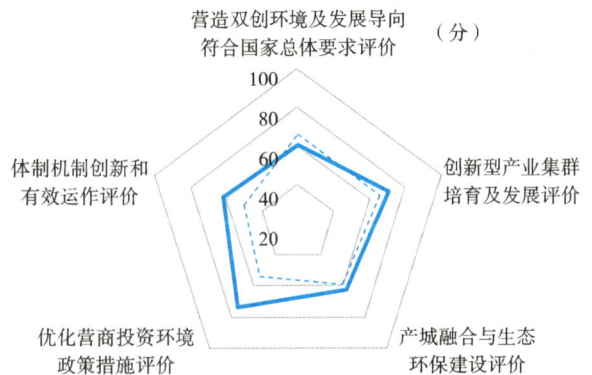

（f）定性评价得分

浏阳高新区得分　　　　省级高新区均值得分

图3-24　浏阳高新区五大能力及定性评价得分雷达图

（五）湘西高新区

湘西高新区绩效评价综合排名第 12，其中"创新能力和创业活跃度"排名第 11，"结构优化和产业价值链"排名第 11，"绿色发展和宜居包容性"排名第 8，"开放创新和国际影响力"排名第 22，"综合质效和持续创新力"排名第 20，其创新能力雷达图如图 3-25 所示，五大能力及定性评价得分雷达图如图 3-26 所示。

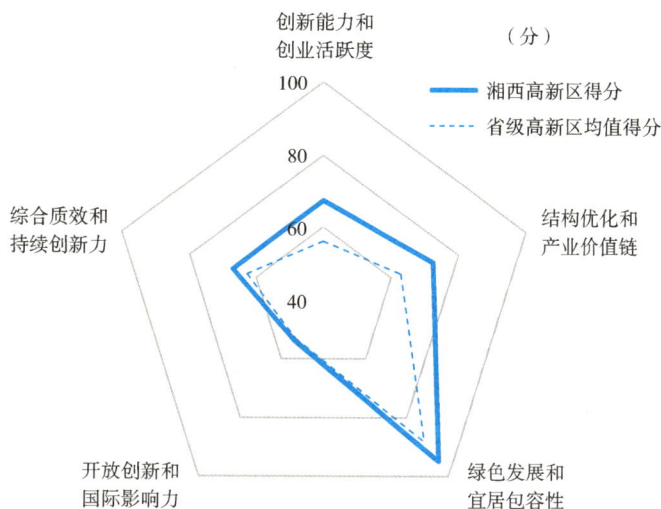

图 3-25　湘西高新区创新能力雷达图

湘西高新区在创新能力绩效评价的 34 项二级指标中，有 2 项指标排名第 1，1 项指标排名第 3，共计 15 项指标排名前十，6 项指标排名处于后 30%。排名靠后的指标为"新增从业人员数及增速""当年新认定高新技术企业数及增速""内外资招商引资成效""当年技工贸收入贡献""亩均效益"等。

评价结果显示：湘西高新区在高新技术产业价值创造、绿色生态环境等方面表现突出，在平台建设、企业盈利能力、产城融合、人才结构优化等方面表现较好；在高企培育、国际市场拓展、创新驱动成效等方面有待加强。

根据此次评价结果，建议湘西高新区全面落实"三高四新"战略定位和使命任务，以建设国家高新区的历史机遇为契机，立足区域资源禀赋和基础条件，集中资源力量锻长板、补短板，促进产业结构、创新活力、生产要素的全面发展。聚焦新材料、电子信息、大健康等主特产业，针对产业链薄弱环节空白领域，积极承接产业转移，精准引入相关企业布局，全力促进项目落地；建立并完善"微成长、小升高、高壮大"科技企业梯次培育机制，打造专业化众创空间和科技企业孵化器，着力培育竞争力强、成长性好的科技型中小企业和高新技术企业，推动重点产业竞争力整体跃升；出台更有力的人才支持政策，加大人才引进力度，打破制约园区发展的人才瓶颈；积极对接粤港澳大湾区、长江经济带，加快融入"国内国际"双循环发展新格局，加强国际贸易交流，提升园区开放创新水平；进一步完善园区住宅、教育、医疗、商贸等配套服务设施，提升园区城市综合服务功能，实现产业发展、城市建设和人口集聚相互促进、融合发展。

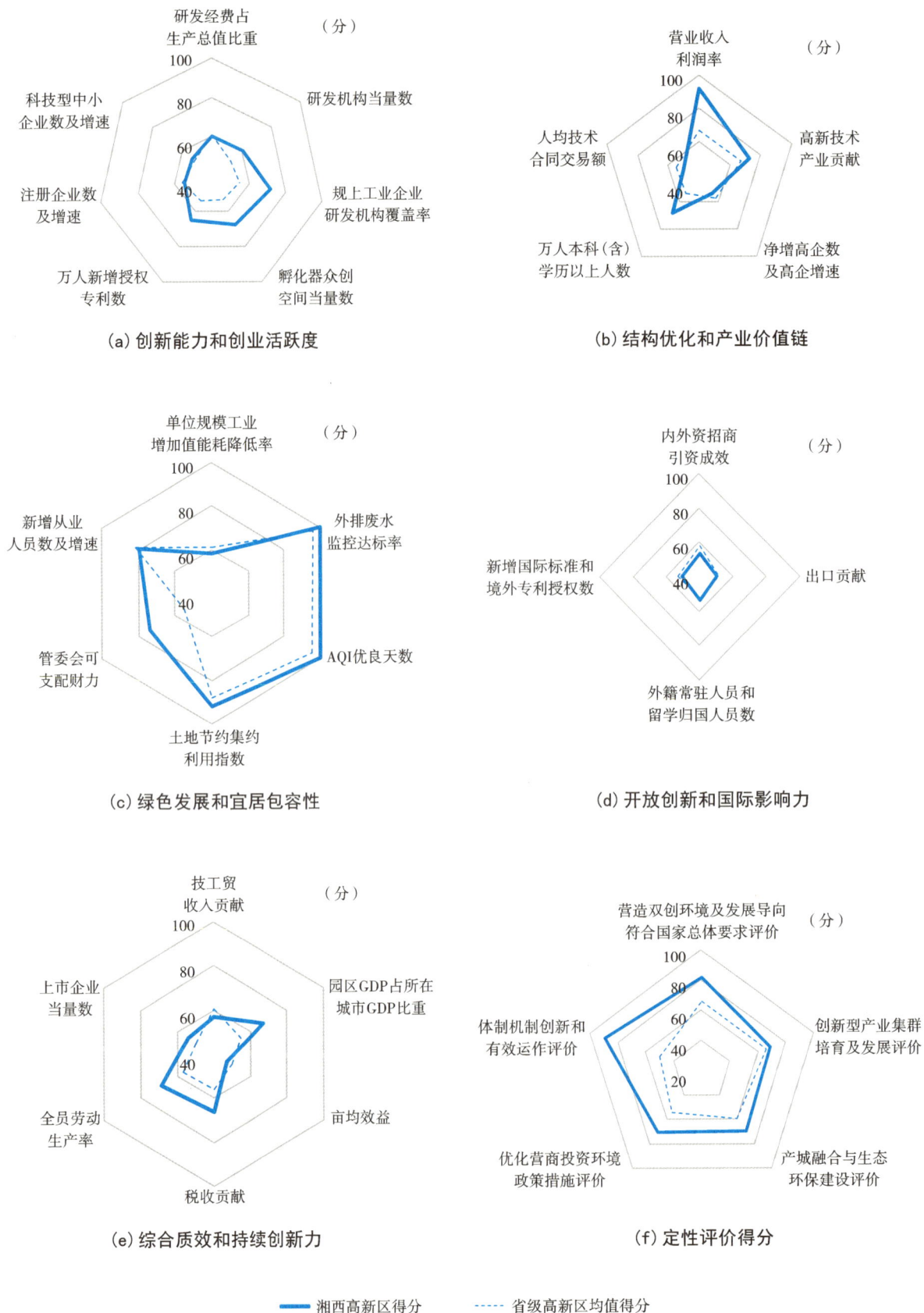

(a) 创新能力和创业活跃度

(b) 结构优化和产业价值链

(c) 绿色发展和宜居包容性

(d) 开放创新和国际影响力

(e) 综合质效和持续创新力

(f) 定性评价得分

图 3-26　湘西高新区五大能力及定性评价得分雷达图

（六）祁阳高新区

祁阳高新区绩效评价综合排名第 14，其中"创新能力和创业活跃度"排名第 34，"结构优化和产业价值链"排名第 26，"绿色发展和宜居包容性"排名第 40，"开放创新和国际影响力"排名第 9，"综合质效和持续创新力"排名第 6，其创新能力雷达图如图 3-27 所示，五大能力及定性评价得分雷达图如图 3-28 所示。

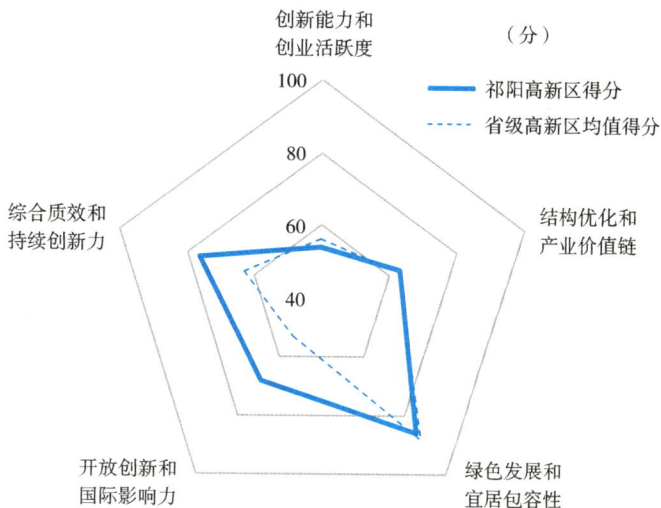

图 3-27　祁阳高新区创新能力雷达图

祁阳高新区在创新能力绩效评价的 34 项二级指标中，有 1 项指标排名第 1，1 项指标排名第 2，共计 6 项指标排名前十，7 项指标排名处于后 30%。排名靠后的指标为"规上工业企业研发机构覆盖率""万人新增授权专利数""园区土地节约集约利用指数""管委会当年可支配财力""创新型产业集群培育及发展状况评价""管委会的体制机制创新和有效运作评价"。

评价结果显示：祁阳高新区在低碳经济、创新驱动成效等方面表现较突出，在科技型企业培育、孵化载体、招商引资成效、国际创新成果、税收贡献等方面表现较好；在规上企业创新平台、创新型产业集群培育、土地集约节约利用、体制机制创新等方面有待加强。

根据此次评价结果，建议祁阳高新区全面落实"三高四新"战略定位和使命任务，抢抓湘南湘西承接产业转移示范区和粤港澳建设机遇，围绕园区电子信息、生物医药等主特产业建链补链延链强链，全力做好招商引资，引进一批龙头企业和重大项目，积极打造创新型产业集群；引导企业特别是规上企业加强产学研合作，通过设立分支机构、联合共建等方式，积极引入省内外高校、科研院所等创新资源，建设省级以上创新平台；强化规划管控作用，优化整体用地结构和布局，强化高新区建设用地开发利用强度和投资强度整体控制，提高平均容积率，促进园区紧凑发展，提升园区土地集约节约利用率；按照碳达峰、碳中和要求，加快园区绿色低碳循环经济体系建设，严格控制高污染、高耗能、高排放企业入驻。持续深化体制机制改革，营造园区高质量发展环境。

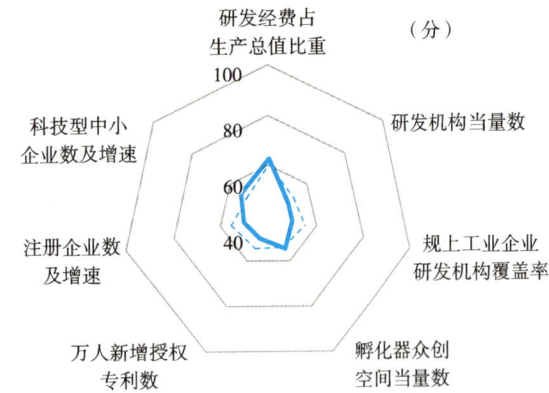

（a）创新能力和创业活跃度

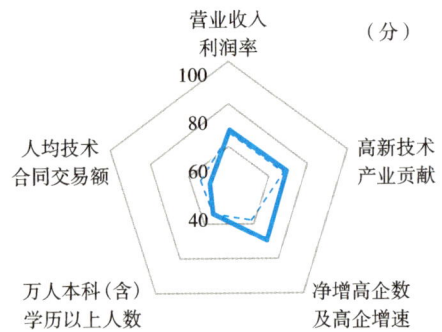

（b）结构优化和产业价值链

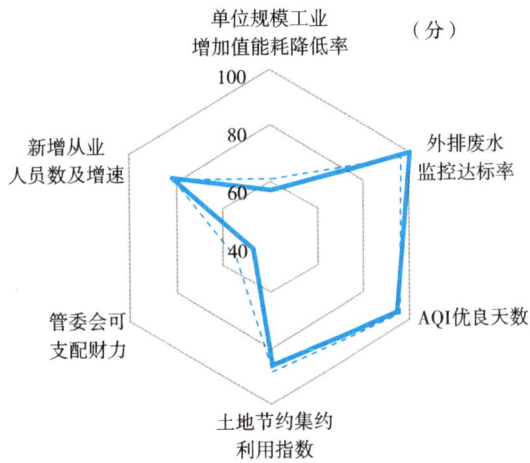

（c）绿色发展和宜居包容性

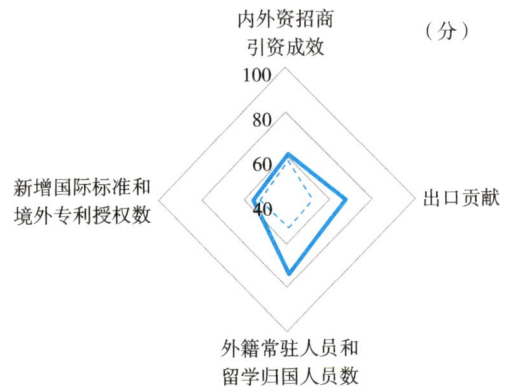

（d）开放创新和国际影响力

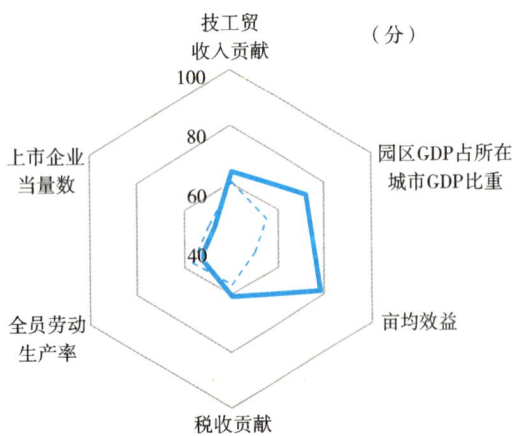

（e）综合质效和持续创新力

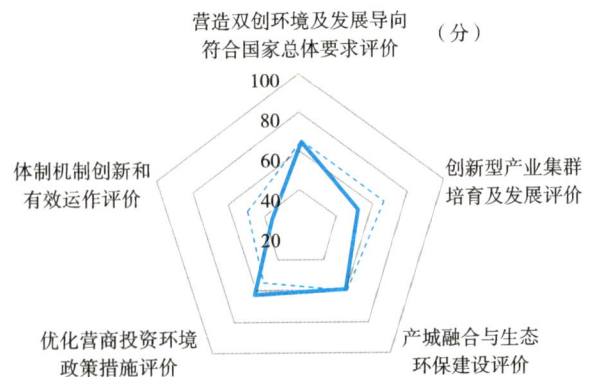

（f）定性评价得分

祁阳高新区得分　　　　　省级高新区均值得分

图3-28　祁阳高新区五大能力及定性评价得分雷达图

（七）平江高新区

平江高新区绩效评价综合排名第15，其中"创新能力和创业活跃度"排名第29，"结构优化和产业价值链"排名第20，"绿色发展和宜居包容性"排名第10，"开放创新和国际影响力"排名第17，"综合质效和持续创新力"排名第9，其创新能力雷达图如图3-29所示，五大能力及定性评价得分雷达图如图3-30所示。

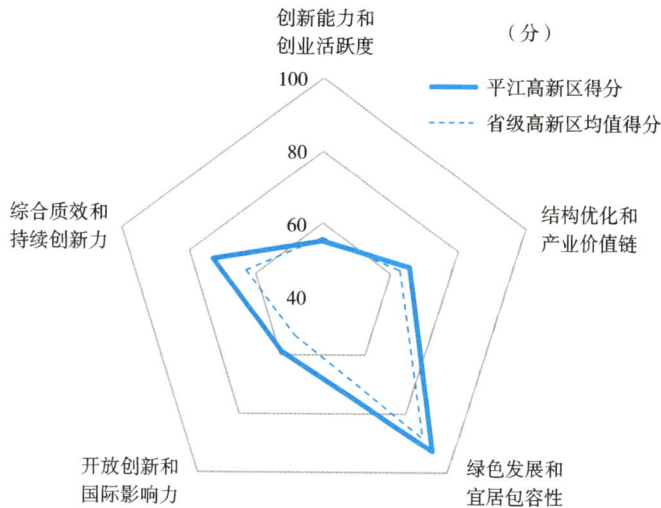

图3-29 平江高新区创新能力雷达图

平江高新区在高新区绩效评价的34项二级指标中，有1项指标排名第1，1项指标排名第3，共计8项指标排名前十，4项指标排名处于后30%。排名靠后的指标为"营业收入利润率""内外资招商引资成效""管委会营造创新创业环境及发展导向符合国家总体要求评价""管委会促进产城融合与生态环保建设评价"。

评价结果显示：平江高新区在高新技术产业价值创造、企业国际市场开拓、创新驱动成效、绿色生态环境建设等方面表现较好；在企业培育、招商引资、营商环境建设、产城融合等方面有待加强。

据本次评价结果，建议平江高新区全面落实"三高四新"战略定位和使命任务，立足自身优势资源，做大做强休闲食品、新材料、电子信息等主特产业；建立并完善"微成长、小升高、高壮大"科技企业梯次培育机制，打造专业化众创空间和科技企业孵化器，着力培育竞争力强、成长性好的科技型中小企业和高新技术企业，推动重点产业竞争力整体跃升；加大招商引资力度，创新招商引资模式，优化招商环境，搭建招商平台，拓宽引资渠道，面向全国全球吸引优质企业、优选高质量项目；优化营商环境，进一步深化"放管服"改革，加快高新区投资项目审批改革；加快产城融合发展，鼓励各类社会主体在园区投资建设信息化等基础设施，加强与市政建设接轨，完善科研、教育、医疗、文化等公共服务设施，推进安全、绿色、智慧科技园区建设。

（a）创新能力和创业活跃度

（b）结构优化和产业价值链

（c）绿色发展和宜居包容性

（d）开放创新和国际影响力

（e）综合质效和持续创新力

（f）定性评价得分

—— 平江高新区得分   ---- 省级高新区均值得分

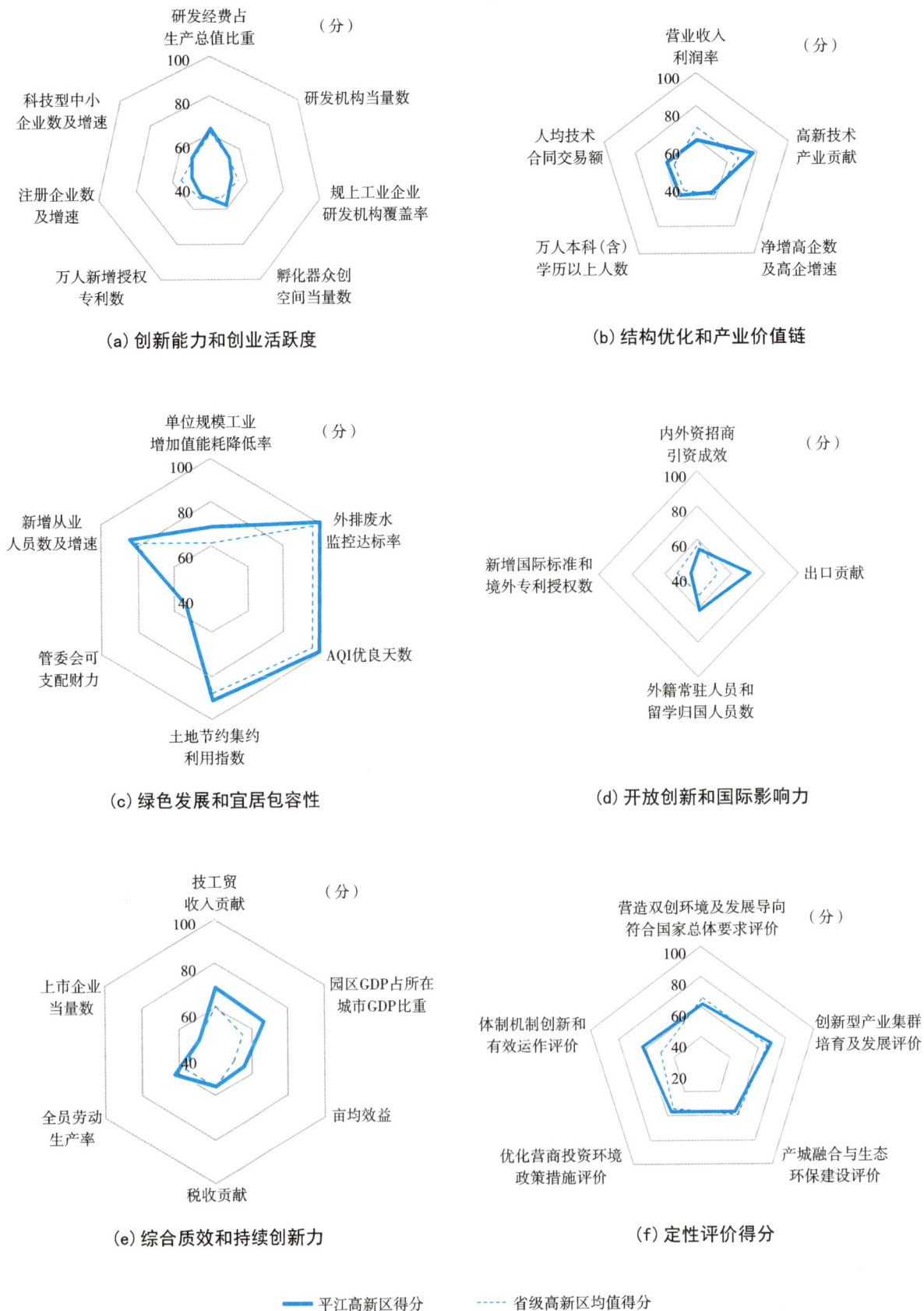

图3-30　平江高新区五大能力及定性评价得分雷达图

（八）望城高新区

望城高新区绩效评价综合排名第 16，其中"创新能力和创业活跃度"排名第 23，"结构优化和产业价值链"排名第 13，"绿色发展和宜居包容性"排名第 16，"开放创新和国际影响力"排名第 16，"综合质效和持续创新力"排名第 27，其创新能力雷达图如图 3-31 所示，五大能力及定性评价得分雷达图如图 3-32 所示。

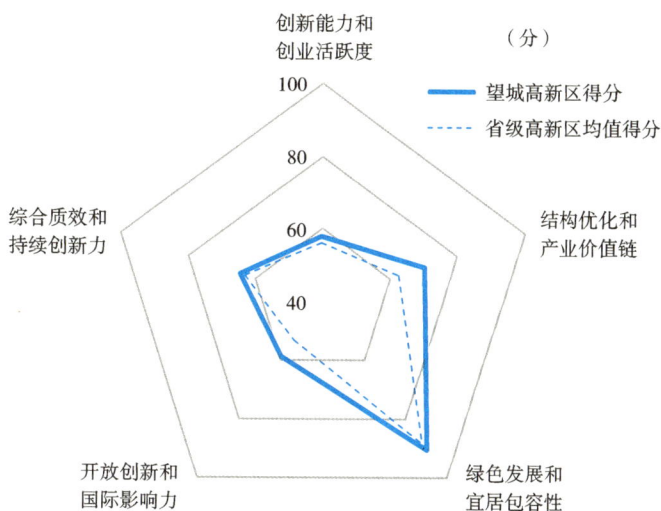

图 3-31　望城高新区创新能力雷达图

望城高新区在高新区绩效评价的 34 项二级指标中，有 3 项指标排名第 1，2 项指标排名第 3，共计 9 项指标排名前十，12 项指标排名处于后 30%。排名靠后的指标为"省级及以上研发机构数""科技企业孵化器和众创空间数""高新技术产业贡献""当年注册企业数及增速""内外资招商引资成效""上年度生产总值占所在城市（区县）GDP 的比重"等。

评价结果显示：望城高新区在科技成果产出、企业培育、人才结构优化、绿色生态环境建设、创新驱动成效等方面表现较好；在创新投入、创新活跃度、高新技术产业结构优化、持续发展活力、优化营商投资环境等方面有待加强。

根据此次评价结果，建议望城高新区全面落实"三高四新"战略定位和使命任务，继续加强新材料、生物医药等主特产业的项目攻坚，加大科技型中小企业、高新技术企业培育力度，培育科技型企业新生力量，培育一批具有行业影响力的高新技术企业，优化高新技术产业结构，衍生上下游产业链，提高企业自主创新能力，提高高新技术产业创造价值；提升研发投入强度，大力推进技能高水平研发载体建设，提高科技成果产出；着力优化园区营商环境，以招商引资为抓手建链补链，强化和延伸机械制造业产业链，提升园区企业盈利能力，提升高新技术产业价值创造以及附加值创造能力；加快产城融合发展，鼓励各类社会主体在园区投资建设信息化等基础设施，加强与市政建设接轨，完善科研、教育、医疗、文化等公共服务设施，推进安全、绿色、智慧科技园区建设。

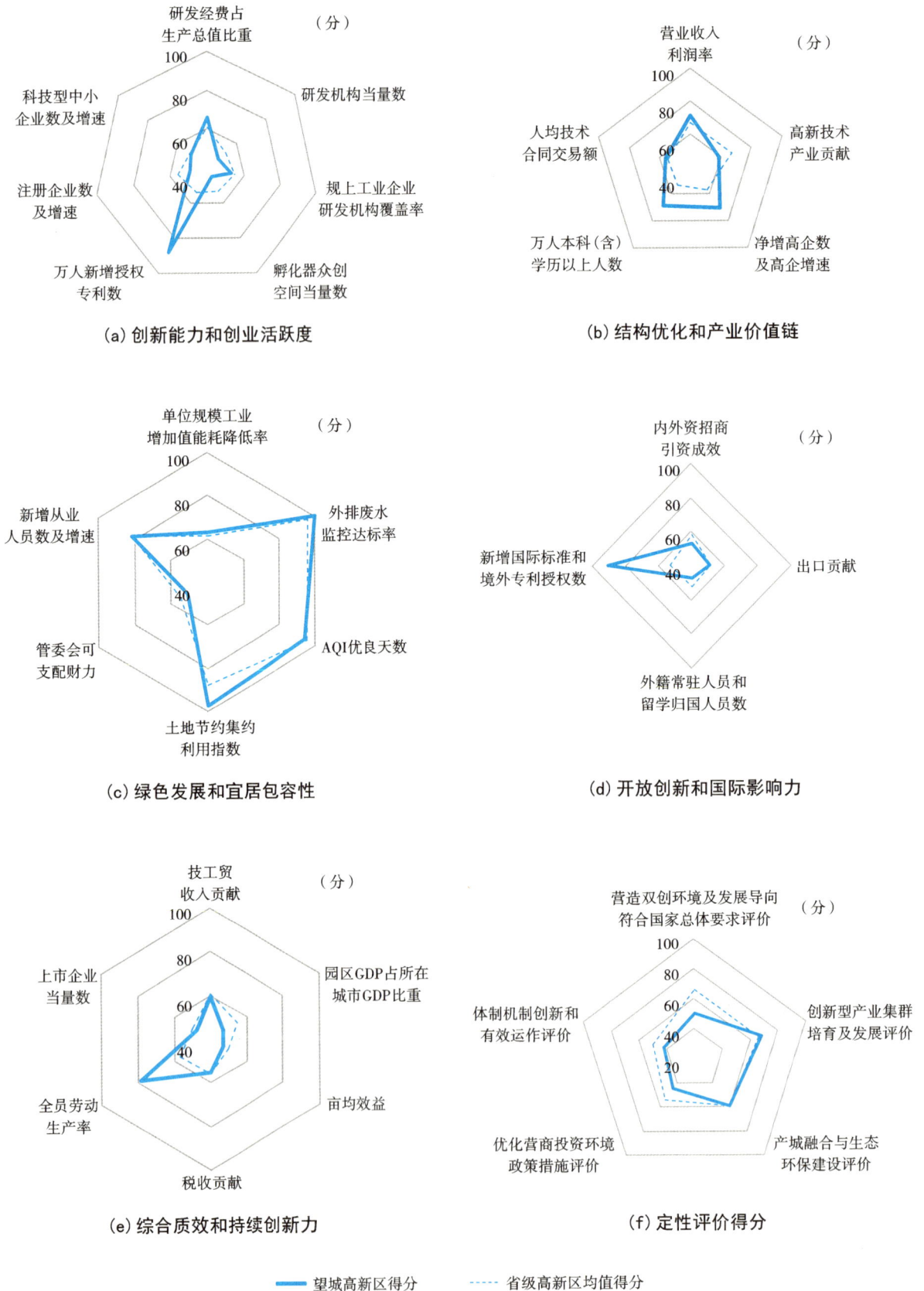

（a）创新能力和创业活跃度

（b）结构优化和产业价值链

（c）绿色发展和宜居包容性

（d）开放创新和国际影响力

（e）综合质效和持续创新力

（f）定性评价得分

—— 望城高新区得分　　---- 省级高新区均值得分

图3-32　望城高新区五大能力及定性评价得分雷达图

（九）岳阳绿色化工高新区

岳阳绿色化工高新区绩效评价综合排名第17，其中"创新能力和创业活跃度"排名第33，"结构优化和产业价值链"排名第43，"绿色发展和宜居包容性"排名第44，"开放创新和国际影响力"排名第23，"综合质效和持续创新力"排名第3，其创新能力雷达图如图3-33所示，五大能力及定性评价得分雷达图如图3-34所示。

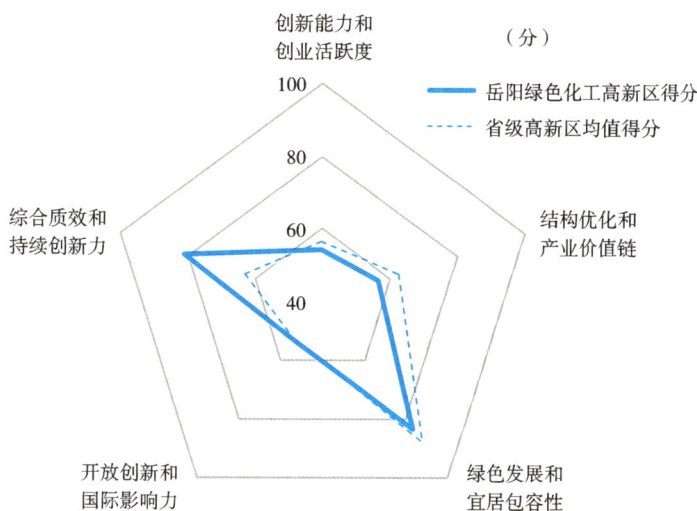

图3-33　岳阳绿色化工高新区创新能力雷达图

岳阳绿色化工高新区在高新区绩效评价的34项二级指标中，有1项指标排名第1，1项指标排名第2，1项指标排名第3，共计8项指标排名前十，13项指标排名处于后30%。排名靠后的指标为"万人新增授权专利数""营业收入利润率""高新技术产业贡献""管委会当年可支配财力"等。

评价结果显示：岳阳绿色化工高新区在创新活力、绿色生态环境建设、持续创新力、创新驱动成效等方面表现较好；在研发投入强度、孵化载体、科研成果产出、企业培育、产业结构优化、国际市场拓展、体制机制创新等方面有待加强。

根据此次评价结果，建议岳阳绿色化工高新区全面落实"三高四新"战略定位和使命任务，大力发展石油炼制、化工新材料、催化剂及助剂三大主导特色产业，围绕产业链，进一步延链补链；加大园区财政科技投入，引导企业建立研发准备金制度，持续加大研发投入，支持规上工业企业自建或共建研发机构，提高企业研发机构覆盖率；围绕园区优势特色产业强化众创空间、孵化器等专业化服务平台建设，积极对接省内外高校，共建异地孵化器，促进创新要素的高效集成，加速科技成果转化；积极对接粤港澳大湾区、长江经济带，加快融入"国内国际"双循环发展新格局，加强国际贸易交流，提升园区开放创新水平；加强园区绿色、低碳、循环、可持续改造，打造国家级绿色园区。

（a）创新能力和创业活跃度

（b）结构优化和产业价值链

（c）绿色发展和宜居包容性

（d）开放创新和国际影响力

（e）综合质效和持续创新力

（f）定性评价得分

—— 岳阳绿色化工高新区得分　　---- 省级高新区均值得分

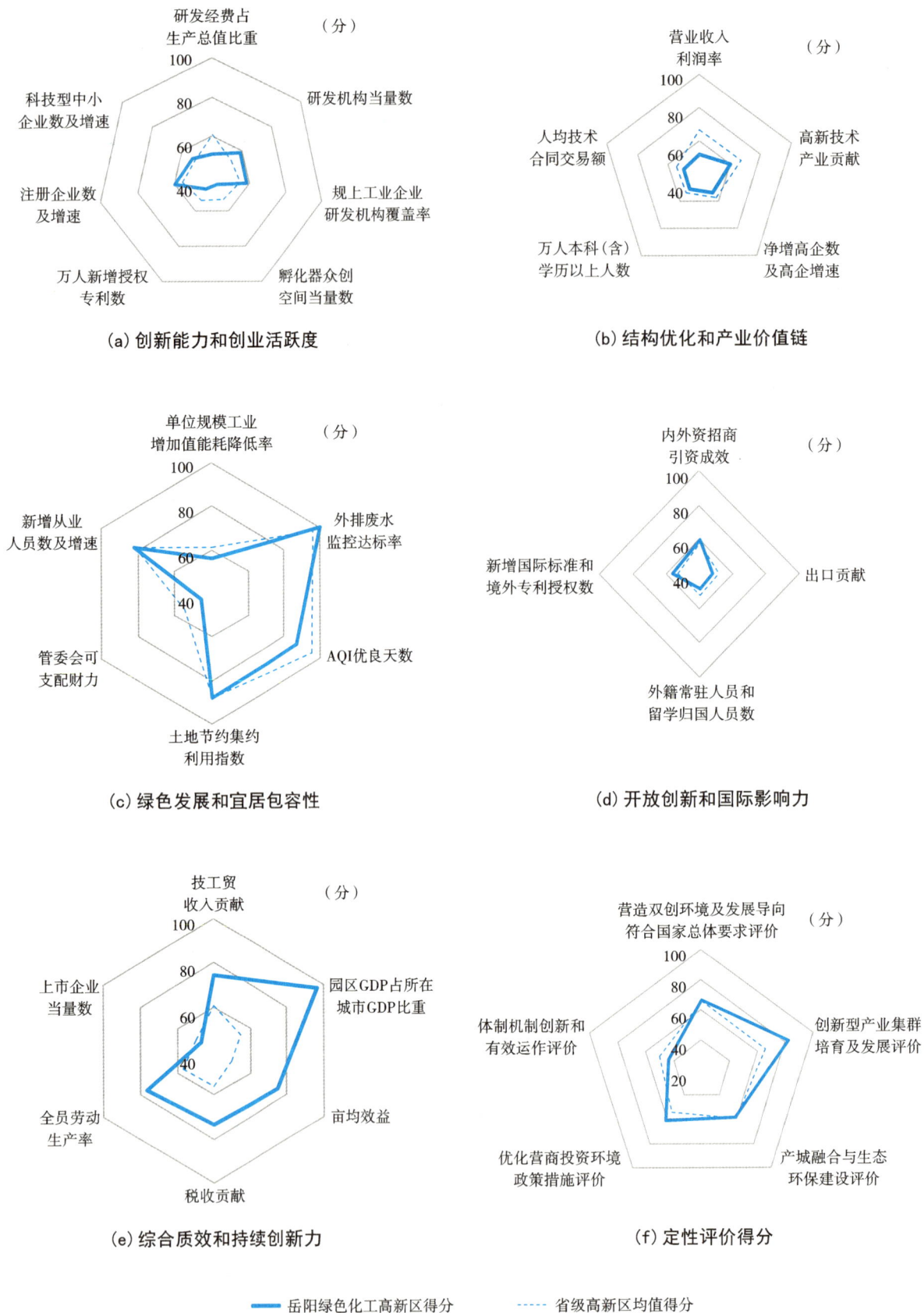

图3-34　岳阳绿色化工高新区五大能力及定性评价得分雷达图

（十）湘阴高新区

湘阴高新区绩效评价综合排名第18，其中"创新能力和创业活跃度"排名第19，"结构优化和产业价值链"排名第14，"绿色发展和宜居包容性"排名第19，"开放创新和国际影响力"排名第31，"综合质效和持续创新力"排名第21，其创新能力雷达图如图3-35所示，五大能力及定性评价得分雷达图如图3-36所示。

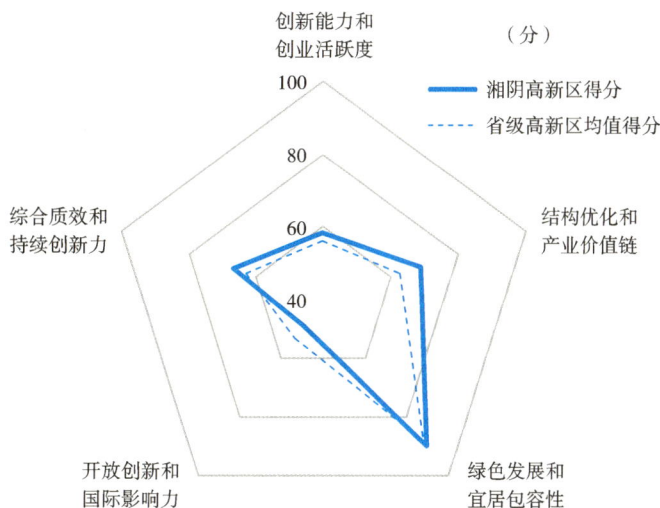

图3-35 湘阴高新区创新能力雷达图

湘阴高新区在高新区绩效评价的34项二级指标中，有1项指标排名第1，共计7项指标排名前十，9项指标排名处于后30%。排名靠后的指标为"园区土地节约集约利用指数""出口贡献""全员劳动生产率""上市企业数""创新型产业集群培育及发展状况评价"等。

评价结果显示：湘阴高新区在产业结构优化、绿色生态环境建设、创新驱动成效等方面表现较好；在研发投入、创新型产业集群培育、国际贸易交流等方面有待加强。

根据此次评价结果，建议湘阴高新区全面落实"三高四新"战略定位和使命任务，做大做强装备制造、装配建筑材料等主特产业，提升产业集聚度，着力打造具有区域特色产业集群；支持高新区加快实施上市企业破零倍增计划，建立上市后备企业绿色服务通道，推动优质科技企业挂牌上市；支持园区内企业承担国家和地方科技计划项目，支持重大创新成果在园区落地转化并实现产品化、产业化；强化高新区建设用地开发利用强度、投资强度整体控制，提升亩均效益，促进园区紧凑发展；服务园区内企业"走出去"，参与国际标准和规则制定，加大产品国际认证力度；推进园区绿色、低碳、循环、智慧化改造，引导传统产业结构优化升级，建设绿色生态园区。

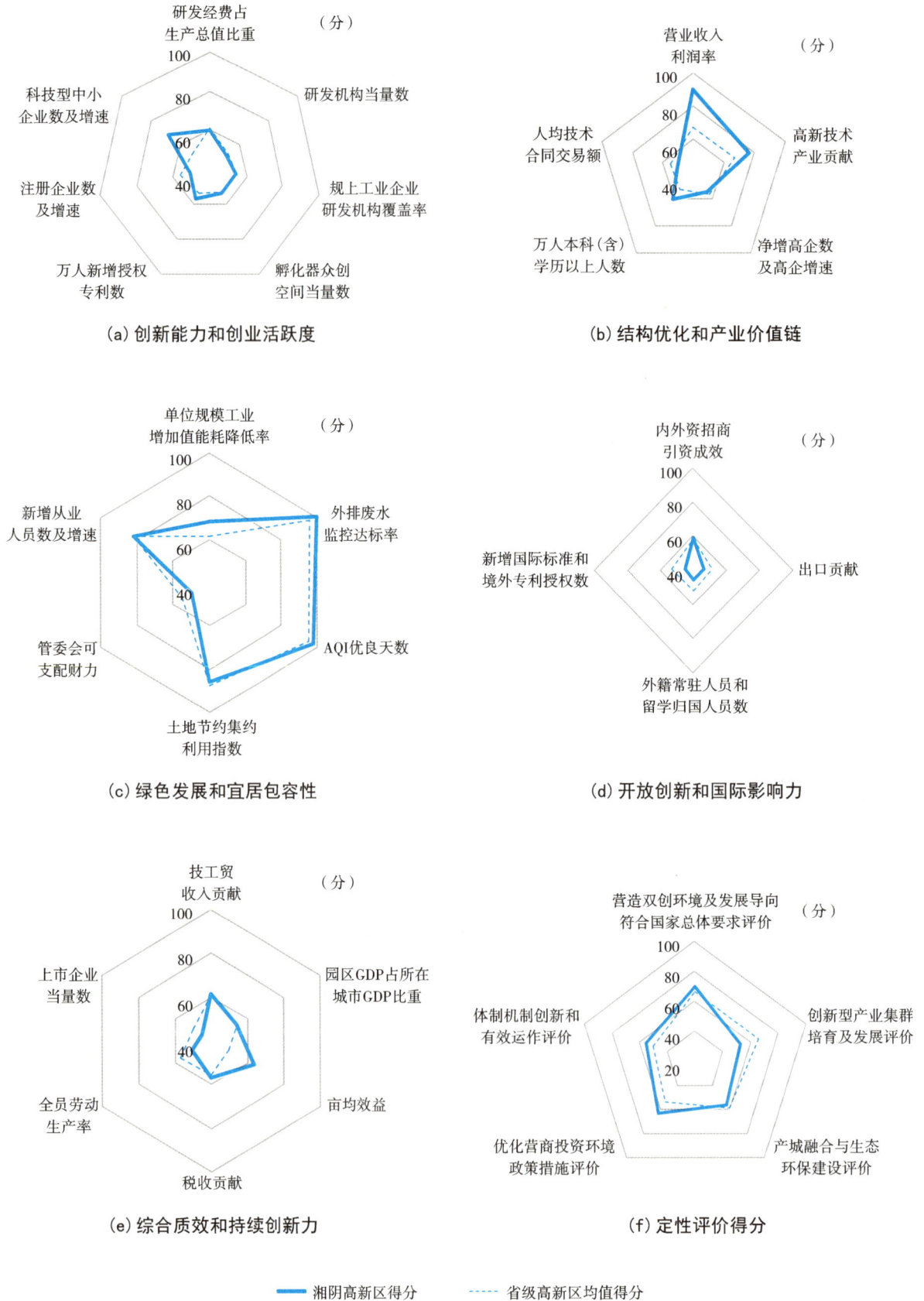

(a) 创新能力和创业活跃度

(b) 结构优化和产业价值链

(c) 绿色发展和宜居包容性

(d) 开放创新和国际影响力

(e) 综合质效和持续创新力

(f) 定性评价得分

图3-36　湘阴高新区五大能力及定性评价得分雷达图

(十一)隆回高新区

隆回高新区绩效评价综合排名第 19，其中"创新能力和创业活跃度"排名第 27，"结构优化和产业价值链"排名第 34，"绿色发展和宜居包容性"排名第 29，"开放创新和国际影响力"排名第 5，"综合质效和持续创新力"排名第 31，其创新能力雷达图如图 3-37 所示，五大能力及定性评价得分雷达图如图 3-38 所示。

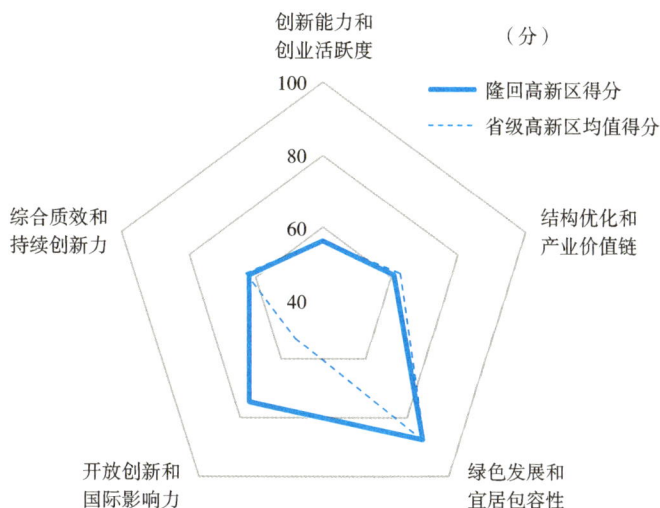

图 3-37 隆回高新区创新能力雷达图

隆回高新区在高新区绩效评价的 34 项二级指标中，有 1 项指标排名第 1，共计 5 项指标排名前十，12 项指标排名处于后 30%。排名靠后的指标为"规上工业企业研发机构覆盖率""万人拥有本科（含）学历以上人数""污水集中处理设施外排废水自动监控达标率""新增从业人员数及增速""外籍常驻人员和留学归国人员数""全员劳动生产率"等。

评价结果显示：隆回高新区在研发投入强度、企业盈利能力等方面表现较好；在创新活力、创新产出、营商环境建设、产业结构优化、创新型产业集群培育、绿色生态环境建设、产城融合、国际市场拓展、持续创新力等方面有待加强。

根据此次评价结果，建议隆回高新区全面落实"三高四新"战略定位和使命任务，聚焦主导特色产业，引导企业加强技术创新、做强核心业务，推动企业加强技术攻关，提升技术先进性、产品和服务的创新性，推进高新技术产业结构优化升级；积极完善相关人才政策，加大对高学历、高层次等创新人才的引进及培育，进一步优化人才结构；围绕"迎老乡、回故乡、建家乡"主线，突出七大产业链招商，加大招商引资力度，优化招商环境，吸引优质企业、优选高质量项目在园区落地；加大园区财政科技投入，引导企业持续加强创新研发，支持企业通过产学研合作，揭榜挂帅等方式，加大关键核心技术攻关力度，促进科技成果产出及转化。

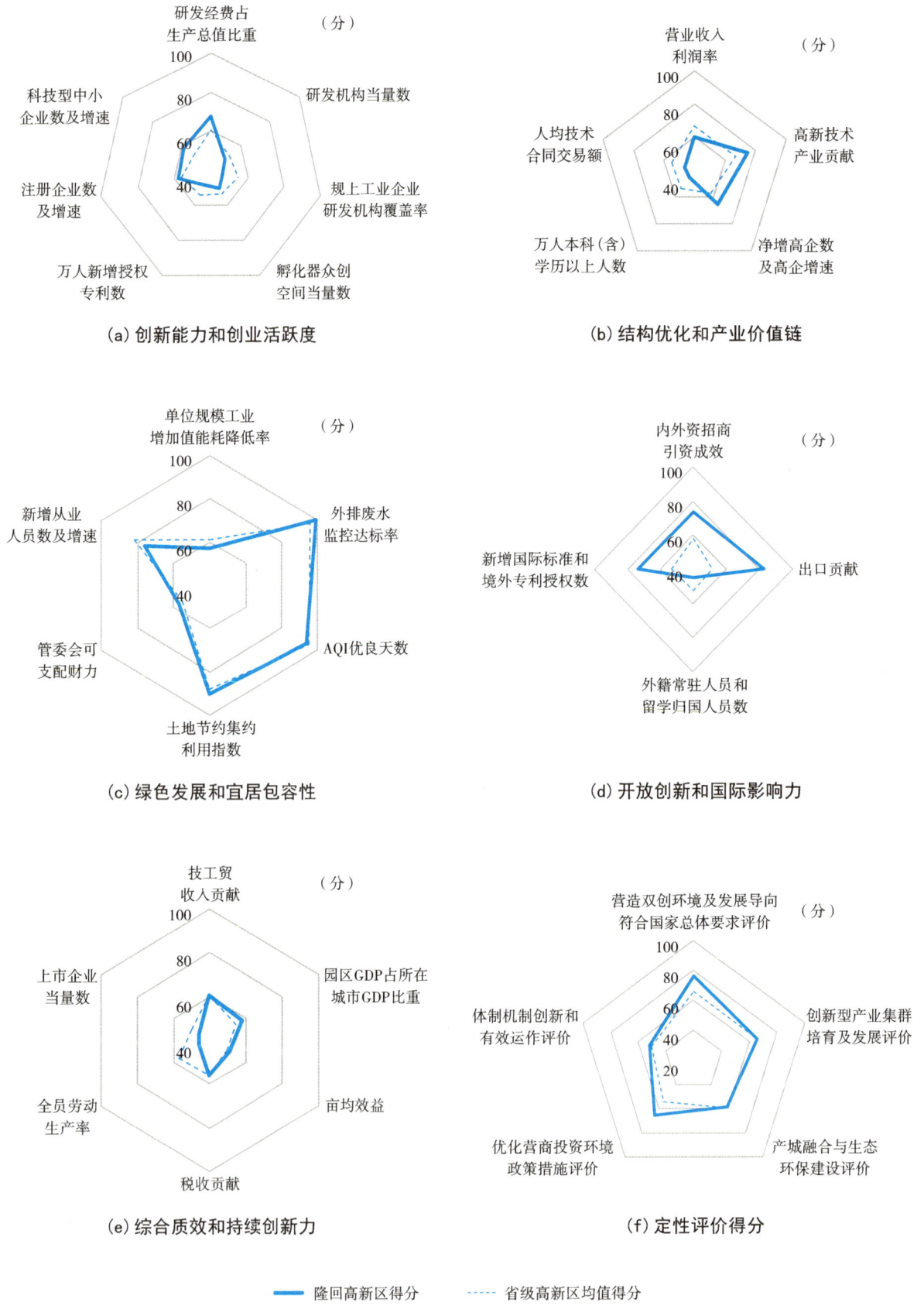

（a）创新能力和创业活跃度

（b）结构优化和产业价值链

（c）绿色发展和宜居包容性

（d）开放创新和国际影响力

（e）综合质效和持续创新力

（f）定性评价得分

—— 隆回高新区得分　　- - - - 省级高新区均值得分

图 3-38　隆回高新区五大能力及定性评价得分雷达图

（十二）雨湖高新区

雨湖高新区绩效评价综合排名第20，其中"创新能力和创业活跃度"排名第14，"结构优化和产业价值链"排名第12，"绿色发展和宜居包容性"排名第39，"开放创新和国际影响力"排名第33，"综合质效和持续创新力"排名第28，其创新能力雷达图如图3-39所示，五大能力及定性评价得分雷达图如图3-40所示。

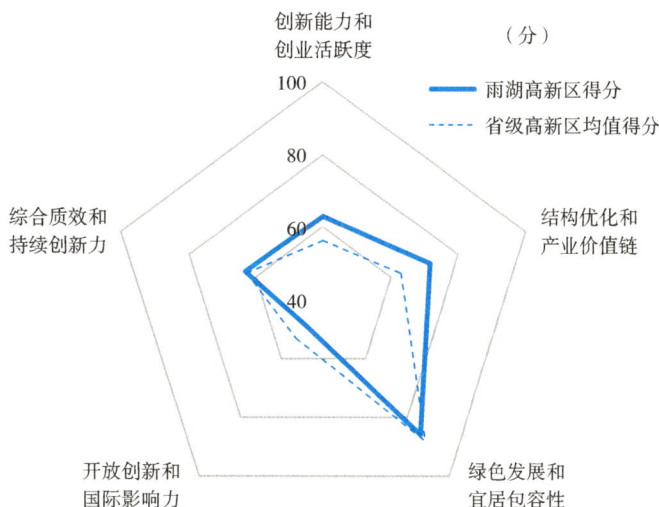

图3-39　雨湖高新区创新能力雷达图

雨湖高新区在创新能力绩效评价的34项二级指标中，有1项指标排名第1，共计5项指标排名前十，8项指标排名处于后30%。排名靠后的指标为"当地环境空气质量指数（AQI）不大于100的天数""营造创新创业环境及发展导向符合国家总体要求评价""内外资招商引资成效""外籍常驻人员和留学归国人员数""优化营商投资环境政策措施评价""上年度生产总值占所在城市（区县）GDP的比重"等。

评价结果显示：雨湖高新区在研发载体建设、科研成果产出、企业营业能力、低碳经济等方面表现较突出；在高新技术产业价值创造、人才结构、国际市场拓展等方面表现较好，在创新管理与服务环境、人才国际化、创新驱动成效等方面有待加强。

根据此次评价结果，建议雨湖高新区全面落实"三高四新"战略定位和使命任务，围绕智能装备制造、新材料等主导产业深入开展产业链招商、以商招商，引进一批龙头企业和重大项目，积极打造创新型产业集群，促进园区经济体量进一步扩大；不断优化产业结构、布局新兴产业，促进实体经济与数字经济深入融合，发展新技术、新产品、新业态、新模式，引领新旧动能转换，推动产业链向价值高端延伸；抢抓长株潭一体化、湘潭向北机遇，不断优化营商环境，进一步深化"放管服"改革，提升服务质量；出台更有力的人才政策和创新创业举措，打造园区创新良好氛围，吸引国际化人才和创新团队来园区就业创业；全面推进绿色低碳发展，打造支撑园区高质量发展的良好生态环境。

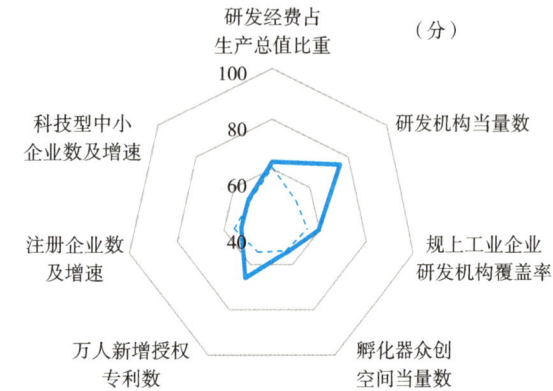

(a) 创新能力和创业活跃度

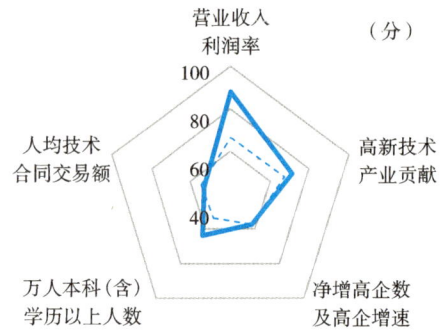

(b) 结构优化和产业价值链

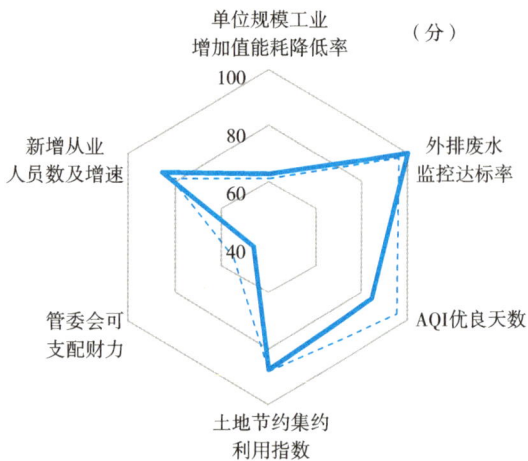

(c) 绿色发展和宜居包容性

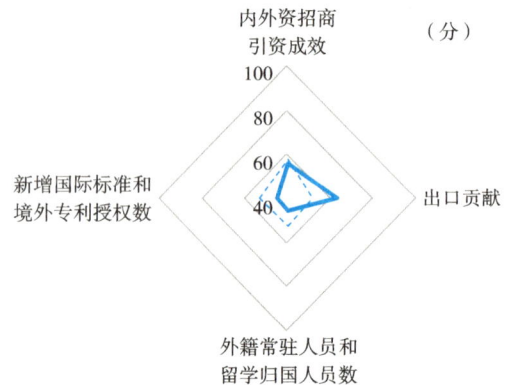

(d) 开放创新和国际影响力

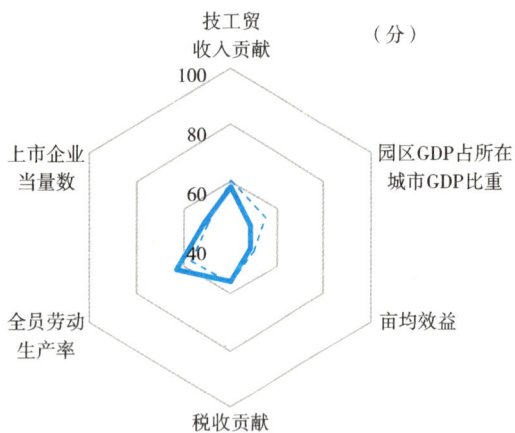

(e) 综合质效和持续创新力

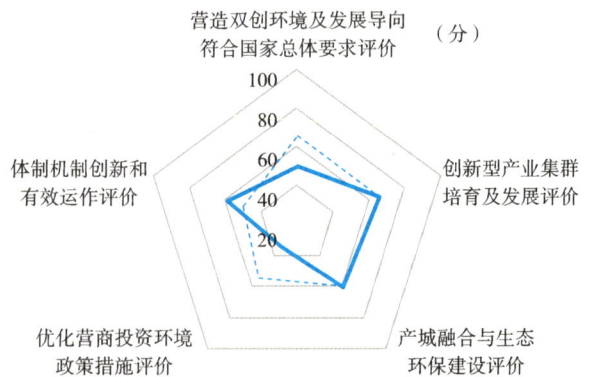

(f) 定性评价得分

——— 雨湖高新区得分   ----- 省级高新区均值得分

图 3-40 雨湖高新区五大能力及定性评价得分雷达图

（十三）桂阳高新区

桂阳高新区绩效评价综合排名第21，其中"创新能力和创业活跃度"排名第36，"结构优化和产业价值链"排名第23，"绿色发展和宜居包容性"排名第23，"开放创新和国际影响力"排名第20，"综合质效和持续创新力"排名第15，其创新能力雷达图如图3-41所示，五大能力及定性评价得分雷达图如图3-42所示。

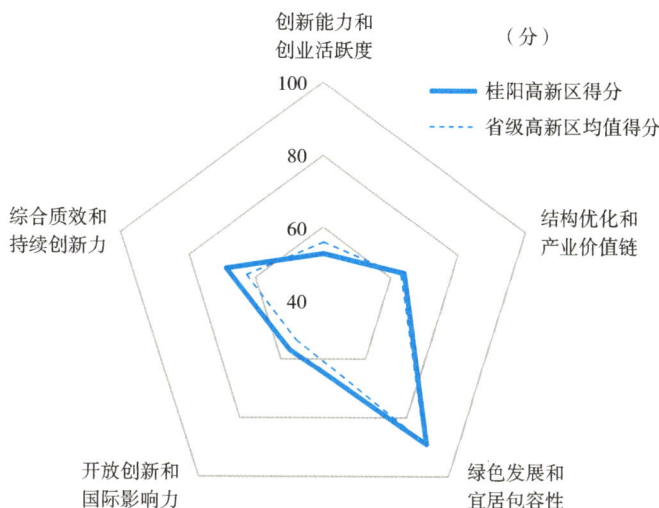

图3-41　桂阳高新区创新能力雷达图

桂阳高新区在创新发展绩效评价的34项二级指标中，有1个指标与其他园区并列排名第1，2项排名第3，共计6项指标排名前十，12项指标排名处于后30%。排名靠后的指标为"研发经费占生产总值比重""省级及以上研发机构数""万人新增授权专利数""当年登记入库的科技型中小企业数及增速""人均技术合同交易额""单位规模工业增加值能耗降低率""管委会当年可支配财力"等。

评价结果显示：桂阳高新区在就业生态、高新技术产业价值创造、孵化载体等方面较为突出；在土地集约节约利用、国际市场拓展、国际化人才引进、营商环境、创新驱动成效等方面表现较好；在研发投入、高水平研发载体建设、科研成果产出、企业培育、低碳经济等方面有待加强。

根据此次评价结果，建议桂阳高新区全面落实"三高四新"战略定位和使命任务，立足区域资源禀赋和本地基础条件，发挥比较优势，因地制宜，围绕家居智造、有色科技等主特产业做好产业承接和自主创新，引导企业加大研发投入，建立健全研发和知识产权管理体系，促进创新成果产出，形成一批具有自主知识产权的核心技术和产品；加强产学研合作，通过设立分支机构、联合共建等方式，积极引入省内外高校、科研院所等创新资源，推进科技创新平台建设，引导和鼓励企业特别是规上企业建设省级以上工程技术研究中心、企业技术中心等研发平台；吸引更多省内外科技成果在园区转移转化，提升技术交易活跃度；牢牢把握"高""新"定位，加大科技型中小企业和高新技术企业培育力度，引领新旧动能转换，推动传统产业转型升级；按照碳达峰、碳中和发展战略发展要求，降低规模工业单位能耗，推动产业绿色低碳发展。

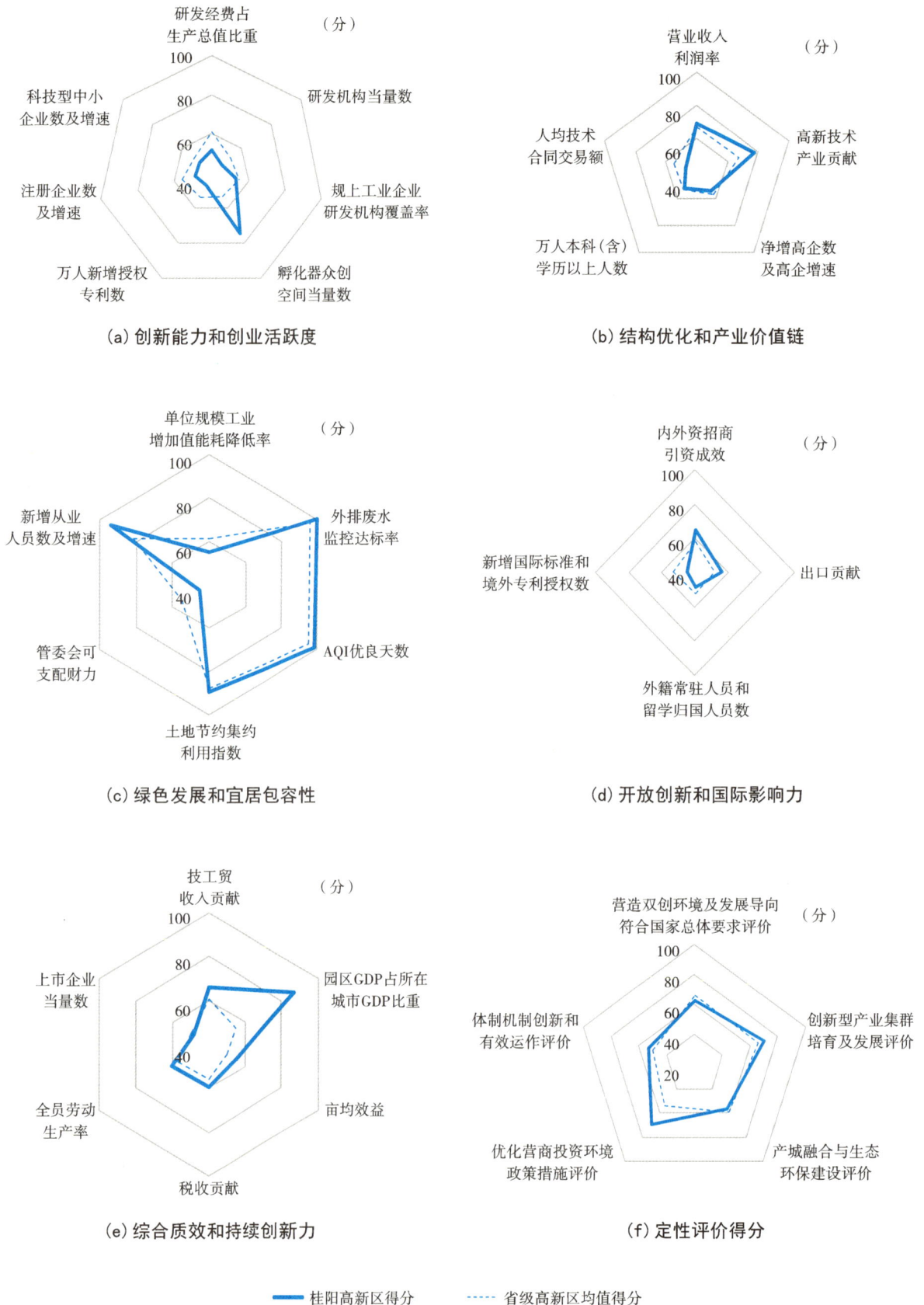

(a) 创新能力和创业活跃度

(b) 结构优化和产业价值链

(c) 绿色发展和宜居包容性

(d) 开放创新和国际影响力

(e) 综合质效和持续创新力

(f) 定性评价得分

—— 桂阳高新区得分　　----- 省级高新区均值得分

图3-42　桂阳高新区五大能力及定性评价得分雷达图

（十四）江华高新区

江华高新区绩效评价综合排名第22，其中"创新能力和创业活跃度"排名第30，"结构优化和产业价值链"排名第18，"绿色发展和宜居包容性"排名第25，"开放创新和国际影响力"排名第18，"综合质效和持续创新力"排名第25，其创新能力雷达图如图3-43所示，五大能力及定性评价得分雷达图如图3-44所示。

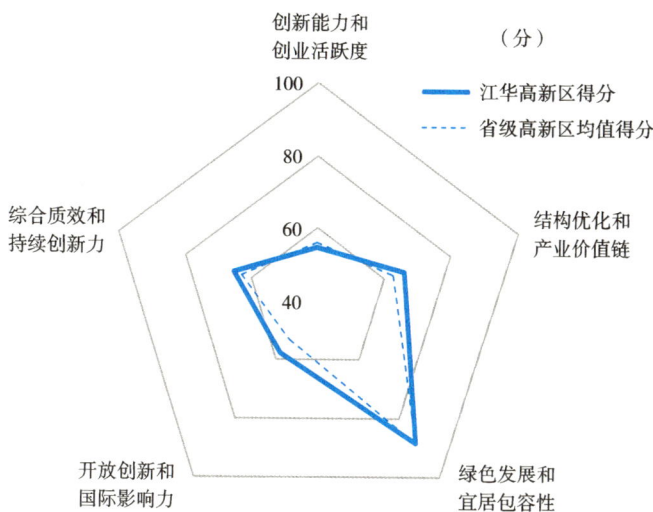

图 3-43　江华高新区创新能力雷达图

江华高新区在创新能力绩效评价的34项二级指标中，有1项指标排名第1，共计5项指标排名前十，5项指标排名处于后30%。排名靠后的指标为"当年技工贸收入贡献""规上工业企业研发机构覆盖率""管委会的体制机制创新和有效运作评价""人均技术合同交易额""管委会促进产城融合与生态环保建设评价"。

评价结果显示：江华高新区在绿色生态环境建设、持续发展活力、高新技术产业价值创造等方面表现较好；在创新投入、技术交易活跃度、宜居宜业发展环境、体制机制创新等方面有待进一步加强。

根据此次评价结果，建议江华高新区全面落实"三高四新"战略定位和使命任务，围绕电子信息、生物医药等主导特色产业，加强产业链创新链融合对接，推进主特产业向产业链条完善、品牌效应聚集方向发展，加速园区产业结构调整与转型升级；加大园区财政科技投入，引导企业建立研发准备金制度，持续加大研发投入，支持规上工业企业自建或共建研发机构，提高企业研发机构覆盖率；建立健全园区科技成果转化服务体系，搭建集研发设计、成果信息、知识产权、政策咨询、公益辅导等创新服务于一体的科技成果转化公共服务平台，做实一批特色鲜明的产业技术成果专题对接，促进园区企业转化一批重大科技成果，实现科技成果外溢承接；加强宜居宜业环境建设，不断完善园区配套建设，全面推进绿色循环低碳发展，打造支撑园区优质发展的良好创新创业生态环境；继续深化园区管理体制机制的改革创新，优化机构设置与职能配置，激发园区高质量发展的动力和活力。

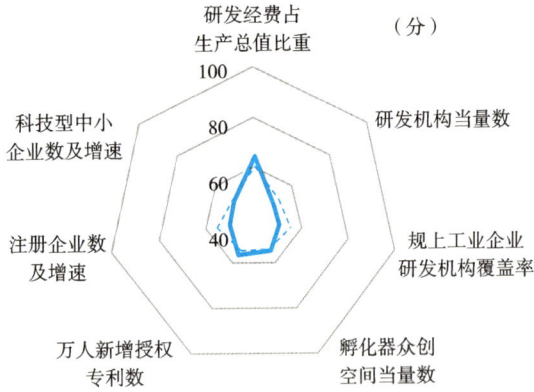

(a) 创新能力和创业活跃度

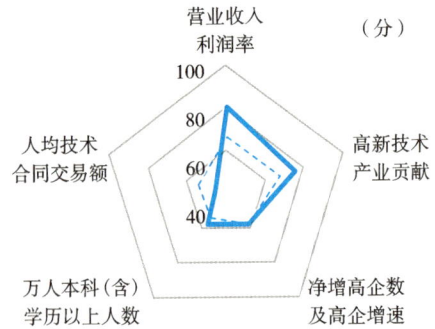

(b) 结构优化和产业价值链

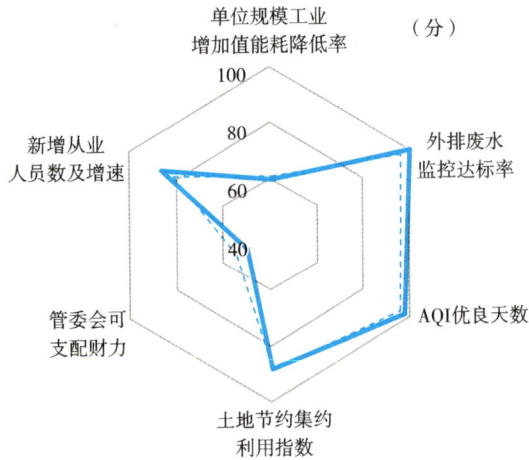

(c) 绿色发展和宜居包容性

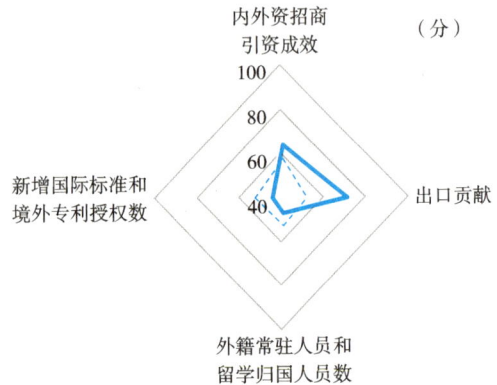

(d) 开放创新和国际影响力

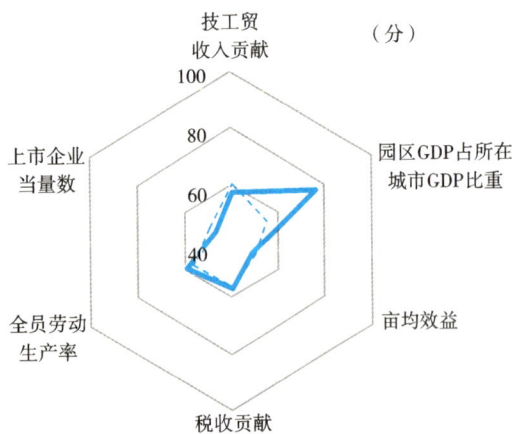

(e) 综合质效和持续创新力

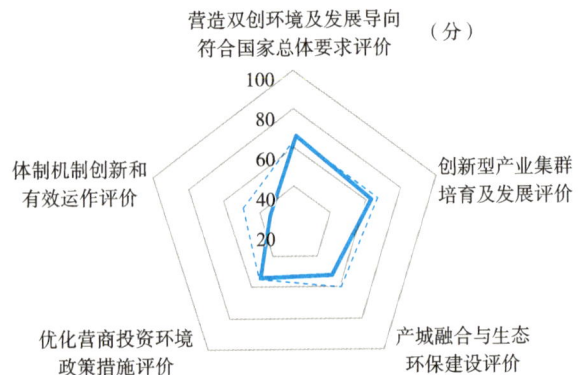

(f) 定性评价得分

图 3-44　江华高新区五大能力及定性评价得分雷达图

（十五）宁远高新区

宁远高新区绩效评价综合排名第23，其中"创新能力和创业活跃度"排名第44，"结构优化和产业价值链"排名第17，"绿色发展和宜居包容性"排名第41，"开放创新和国际影响力"排名第26，"综合质效和持续创新力"排名第7，其创新能力雷达图如图3-45所示，五大能力及定性评价得分雷达图如图3-46所示。

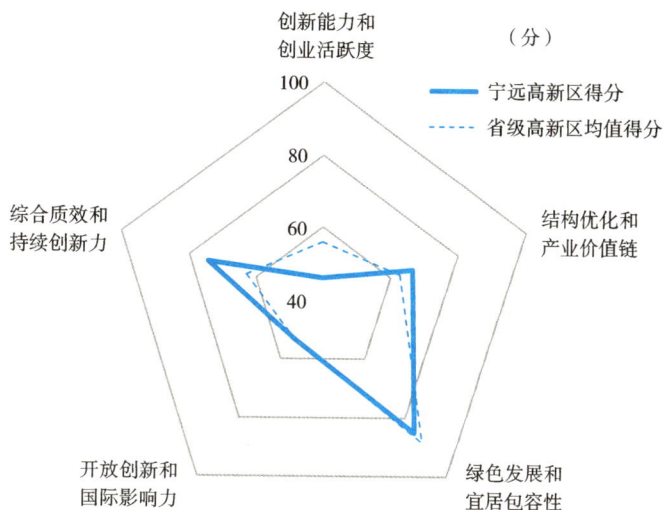

图3-45 宁远高新区创新能力雷达图

宁远高新区在创新能力绩效评价的34项二级指标中，有2项指标排名第1，1项指标排名第2，共计3项指标排名前十，17项指标排名处于后30%。排名靠后的指标为"研发经费占生产总值比重""规上工业企业研发机构覆盖率""当年注册企业数及增速""人均技术合同交易额""土地节约集约利用指数""新增从业人员数及增速""税收贡献"等。

评价结果显示：宁远高新区在亩均效益、企业盈利能力等方面表现突出，在高企培育、绿色生态环境、产城融合与生态环保建设、国际市场拓展等方面表现较好；在研发投入、创新平台、科研成果产出、大众创业活力、创新管理与服务环境、技术交易活跃度、税收贡献等方面有待加强。

根据此次评价结果，建议宁远高新区全面落实"三高四新"战略定位和使命任务，积极把握湘南湘西打造产业承接转移示范区发展机遇，对接粤港澳大湾区，围绕新能源电池、电子信息、先进装备制造等主导产业做好产业承接和自主创新，引导企业加大研发投入，形成一批有核心竞争力的技术和有影响力的创新成果；积极引导和鼓励企业特别是规上企业通过合作共建、设立分支机构等方式建设省级以上工程技术研究中心、企业技术中心等研发平台；不断创新招商引资方式，优化营商环境，吸引更多产业链上下游企业和项目落地；大力促进科技成果在园区转移转化，加大创新型企业培育力度，培育一批科技型中小企业和高新技术企业，以科技创新引领企业不断提升盈利能力，实现企业增效、政府增收的良好局面；强化规划管控作用，优化整体用地结构和布局，提升园区土地集约节约利用率。

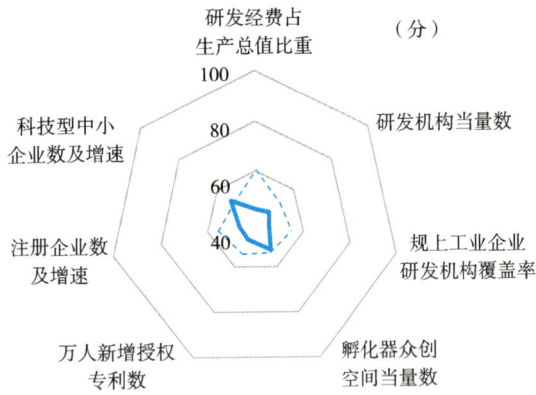

（a）创新能力和创业活跃度

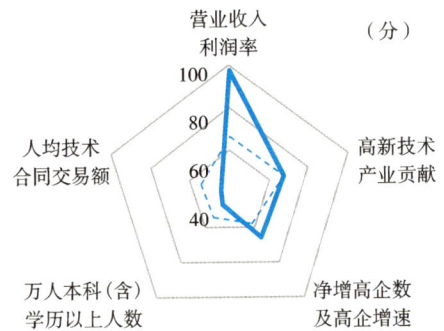

（b）结构优化和产业价值链

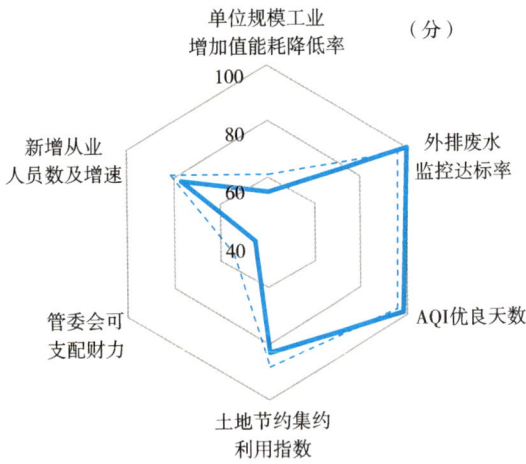

（c）绿色发展和宜居包容性

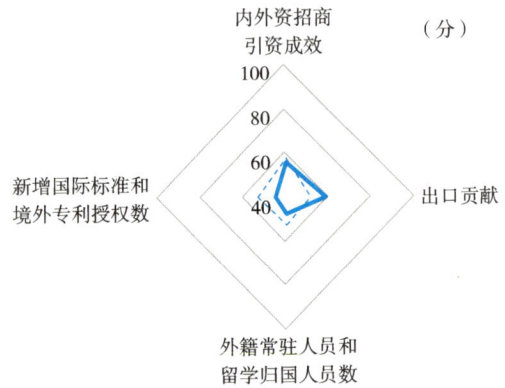

（d）开放创新和国际影响力

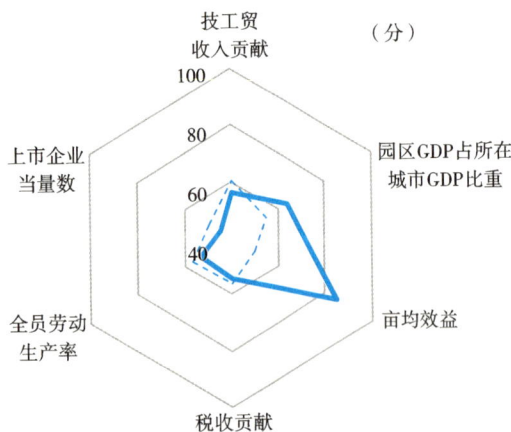

（e）综合质效和持续创新力

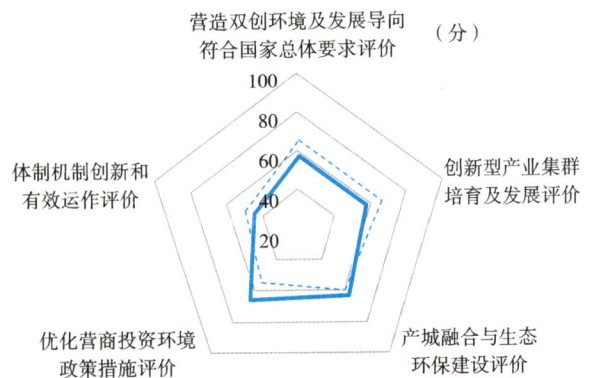

（f）定性评价得分

——— 宁远高新区得分　　- - - 省级高新区均值得分

图 3-46　宁远高新区五大能力及定性评价得分雷达图

（十六）汉寿高新区

汉寿高新区绩效评价综合排名第 24，其中"创新能力和创业活跃度"排名第 26，"结构优化和产业价值链"排名第 39，"绿色发展和宜居包容性"排名第 32，"开放创新和国际影响力"排名第 15，"综合质效和持续创新力"排名第 19，其创新能力雷达图如图 3-47 所示，五大能力及定性评价得分雷达图如图 3-48 所示。

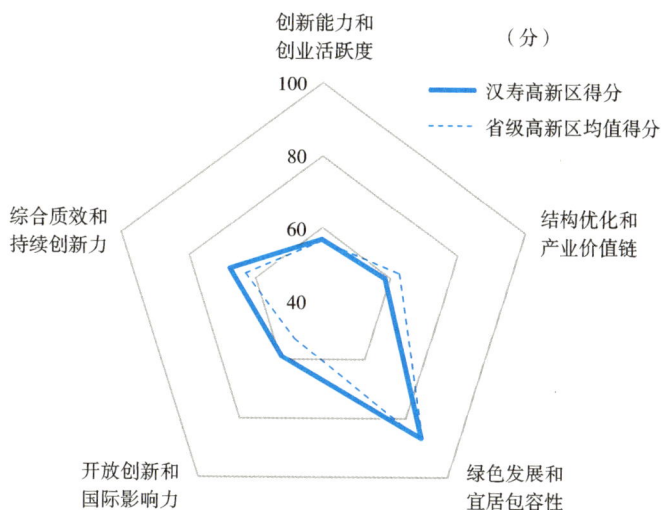

图 3-47　汉寿高新区创新能力雷达图

汉寿高新区在高新区绩效评价的 34 项二级指标中，有 2 项指标排名第 1，4 项指标排名前十，11 项指标排名处于后 30%。排名靠后的指标为"省级及以上研发机构数""当年注册企业数及增速""当年新认定高新技术企业数及增速""园区土地节约集约利用指数""出口贡献"等。

评价结果显示：汉寿高新区在研发经费投入、科技企业培育、国际市场专利布局等方面表现较好；在高水平研发载体建设、创业活力、绿色发展、营商投资环境等方面有待加强。

根据此次评价结果，建议汉寿高新区全面落实"三高四新"战略定位和使命任务，围绕装备制造、医药化工等主特产业布局重大产业项目，着力打造一批区域优势产业集群；持续扩大高新技术企业数量，培育一批具有国际竞争力的创新型企业；支持科技人员携带科技成果在高新区内创新创业，通过众创、众包、众扶、众筹等途径，孵化和培育科技型创业团队和初创企业；积极引进省内外科研机构联合设立新型研发机构、分支机构、研发中心；服务园区内企业"走出去"，参与国际标准和规则制定，拓展新兴市场；强化园区建设用地开发利用强度、投资强度整体控制，提高平均容积率，促进园区紧凑发展；推进园区绿色、低碳、循环、智慧化改造，引导传统产业结构优化升级，推进能源梯级利用，降低园区污染物产生量，建设绿色生态园区。

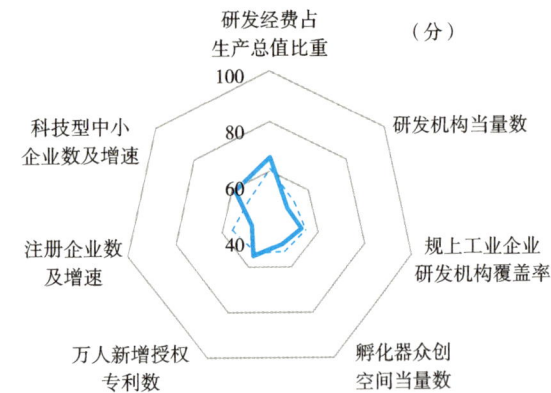

(a) 创新能力和创业活跃度

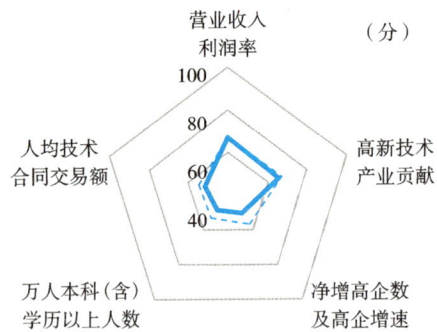

(b) 结构优化和产业价值链

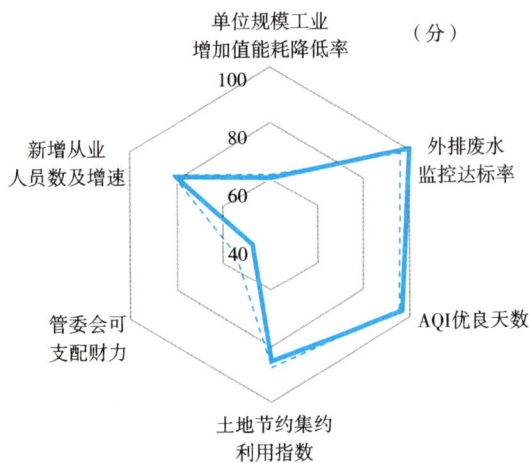

(c) 绿色发展和宜居包容性

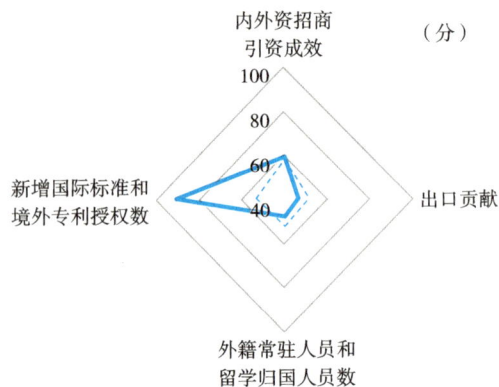

(d) 开放创新和国际影响力

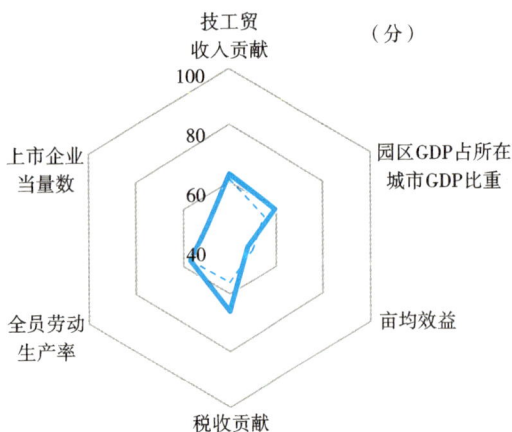

(e) 综合质效和持续创新力

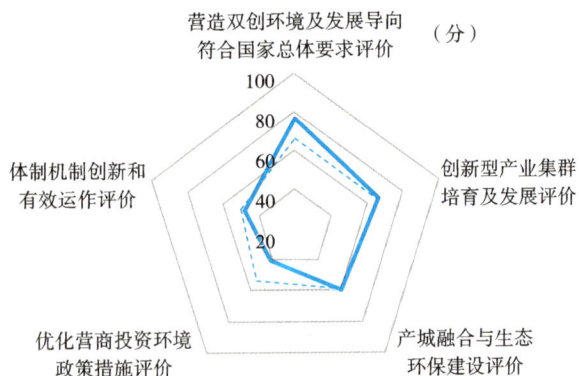

(f) 定性评价得分

—— 汉寿高新区得分　　- - - 省级高新区均值得分

图 3-48　汉寿高新区五大能力及定性评价得分雷达图

（十七）娄底高新区

娄底高新区绩效评价综合排名第 25，其中"创新能力和创业活跃度"排名第 17，"结构优化和产业价值链"排名第 9，"绿色发展和宜居包容性"排名第 36，"开放创新和国际影响力"排名第 38，"综合质效和持续创新力"排名第 35，其创新能力雷达图如图 3-49 所示，五大能力及定性评价得分雷达图如图 3-50 所示。

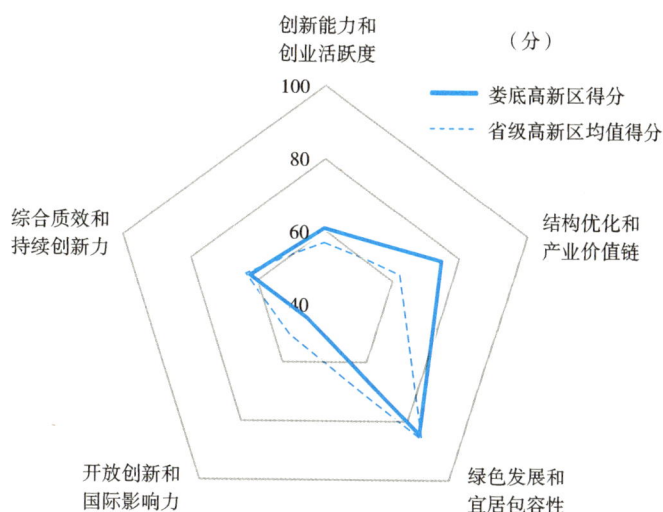

图 3-49　娄底高新区创新能力雷达图

娄底高新区在创新能力绩效评价的 34 项二级指标中，有 3 项指标排名第 1，1 项指标排名第 3，共计 8 项指标排名前十，11 项指标排名处于后 30%。排名靠后的指标为"当年新认定高新技术企业数及增速""人均技术合同交易额""单位规模工业增加值能耗降低率""出口贡献""当年技工贸收入贡献""上市企业数"等。

评价结果显示：娄底高新区在产业结构优化、绿色发展、创新活力等方面表现较好；在研发平台建设、企业培育、低碳经济、国际贸易交流等方面有待加强。

根据此次评价结果，建议娄底高新区全面落实"三高四新"战略定位和使命任务，立足自身资源禀赋和产业基础，做强做大工程机械及汽车零配件、食品深加工及生物医药等主特产业；建立高新技术企业后备培育发展库，推动高新技术企业树标提质，着力培育一批小巨人企业、独角兽企业和创新型领军企业；积极引进省内外科研机构联合设立新型研发机构、分支机构、研发中心；推进园区绿色、低碳、循环、智慧化改造，引导传统产业结构优化升级，推进能源梯级利用，建设绿色生态园区；积极对接粤港澳大湾区、长江经济带，加快融入"国内国际"双循环发展新格局，加强国际贸易交流，提升园区开放创新水平。

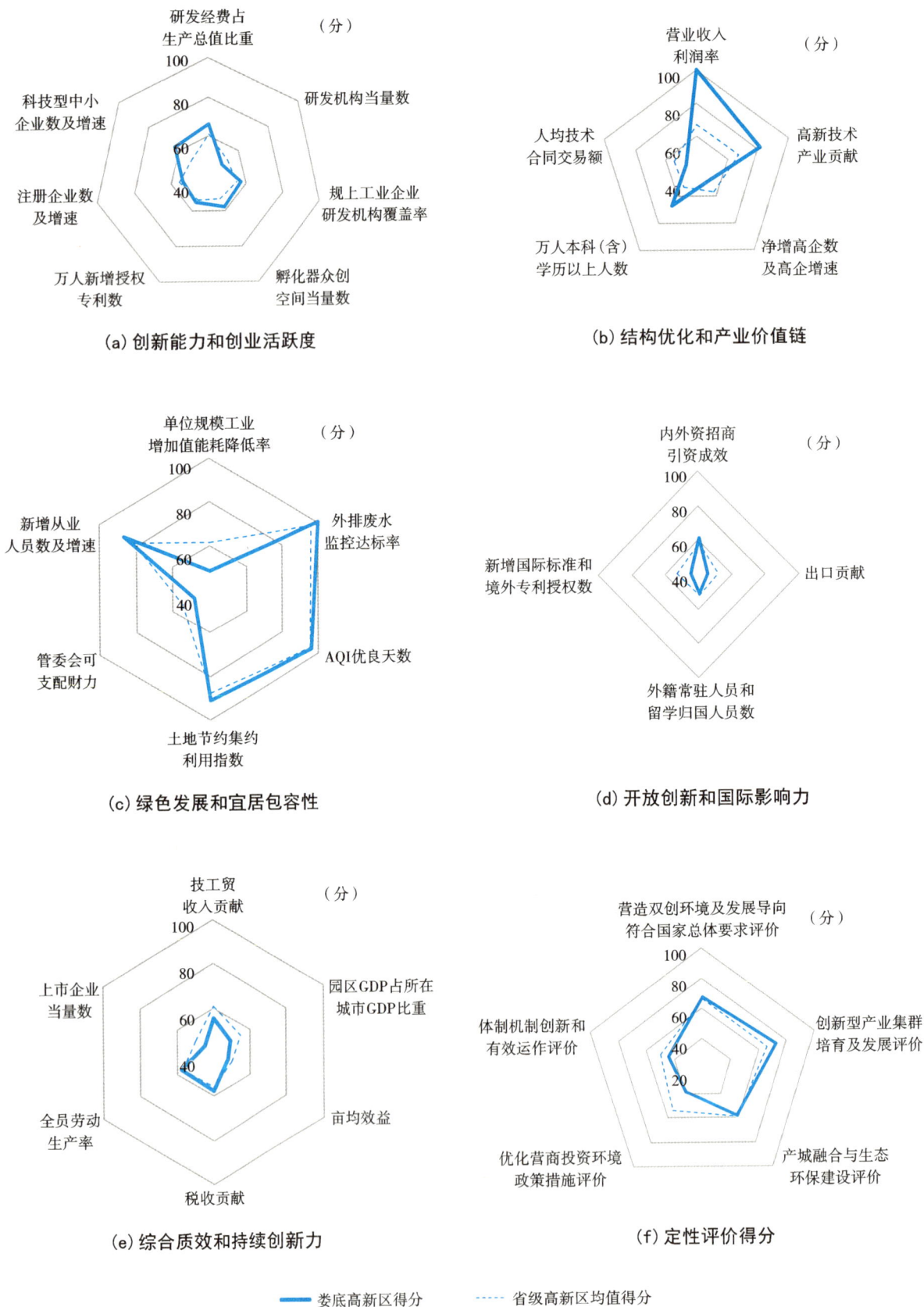

(a) 创新能力和创业活跃度

(b) 结构优化和产业价值链

(c) 绿色发展和宜居包容性

(d) 开放创新和国际影响力

(e) 综合质效和持续创新力

(f) 定性评价得分

娄底高新区得分 ———— 省级高新区均值得分

图 3-50　娄底高新区五大能力及定性评价得分雷达图

（十八）开福高新区

开福高新区绩效评价综合排名第 26，其中"创新能力和创业活跃度"排名第 25，"结构优化和产业价值链"排名第 15，"绿色发展和宜居包容性"排名第 43，"开放创新和国际影响力"排名第 29，"综合质效和持续创新力"排名第 24，其创新能力雷达图如图 3-51 所示，五大能力及定性评价得分雷达图如图 3-52 所示。

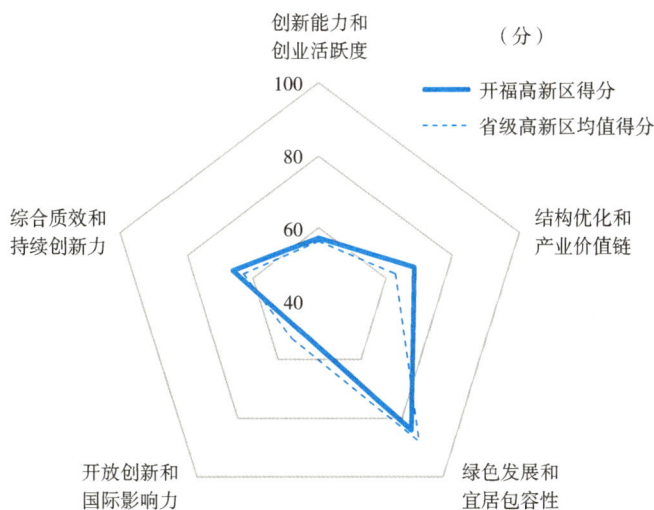

图 3-51　开福高新区创新能力雷达图

开福高新区在创新能力绩效评价的 34 项二级指标中，有 2 项指标排名第 1，1 项指标排名第 2，共计 9 项指标排名前十，14 项指标排名处于后 30%。排名靠后的指标为"研发经费占生产总值比重""当年登记入库的科技型中小企业数及增速""营业收入利润率""高新技术产业贡献""管委会当年可支配财力""出口贡献""税收贡献""体制机制创新和有效运作评价"等。

评价结果显示：开福高新区在高企培育、企业价值创造等方面表现较为突出，在技术交易活跃度、招商引资能力、亩均效益等方面表现较好；在研发投入、企业培育、企业盈利能力、国际市场拓展、体制机制创新等方面有待加强。

根据评价结果，建议开福高新区全面落实"三高四新"战略定位和使命任务，发挥区位优势，积极开展产学研合作，落实好研发费用加计扣除等科技创新奖励政策，引导企业加大研发投入，不断提升企业自主创新能力；推动资金、技术、项目、人才等创新要素向企业集聚，大力挖掘研发能力强、管理规范的科技型中小企业，建立科技型中小企业培育库，培育一批基础好、有潜力的科技型中小企业；围绕消费电子产业不断优化产业结构、整合优质资源，发展新技术、新产品，引领新旧动能转换，同时对现代建筑、生物医药、食品加工等产业进行提质增效，提高产业附加价值，推动产业链向价值高端延伸；积极融入"国内国际"双循环新发展格局，加强国际贸易交流，打造对外开放创新高地；不断完善管委会各项管理职能和体制机制，营造服务园区高质量发展的良好服务环境。

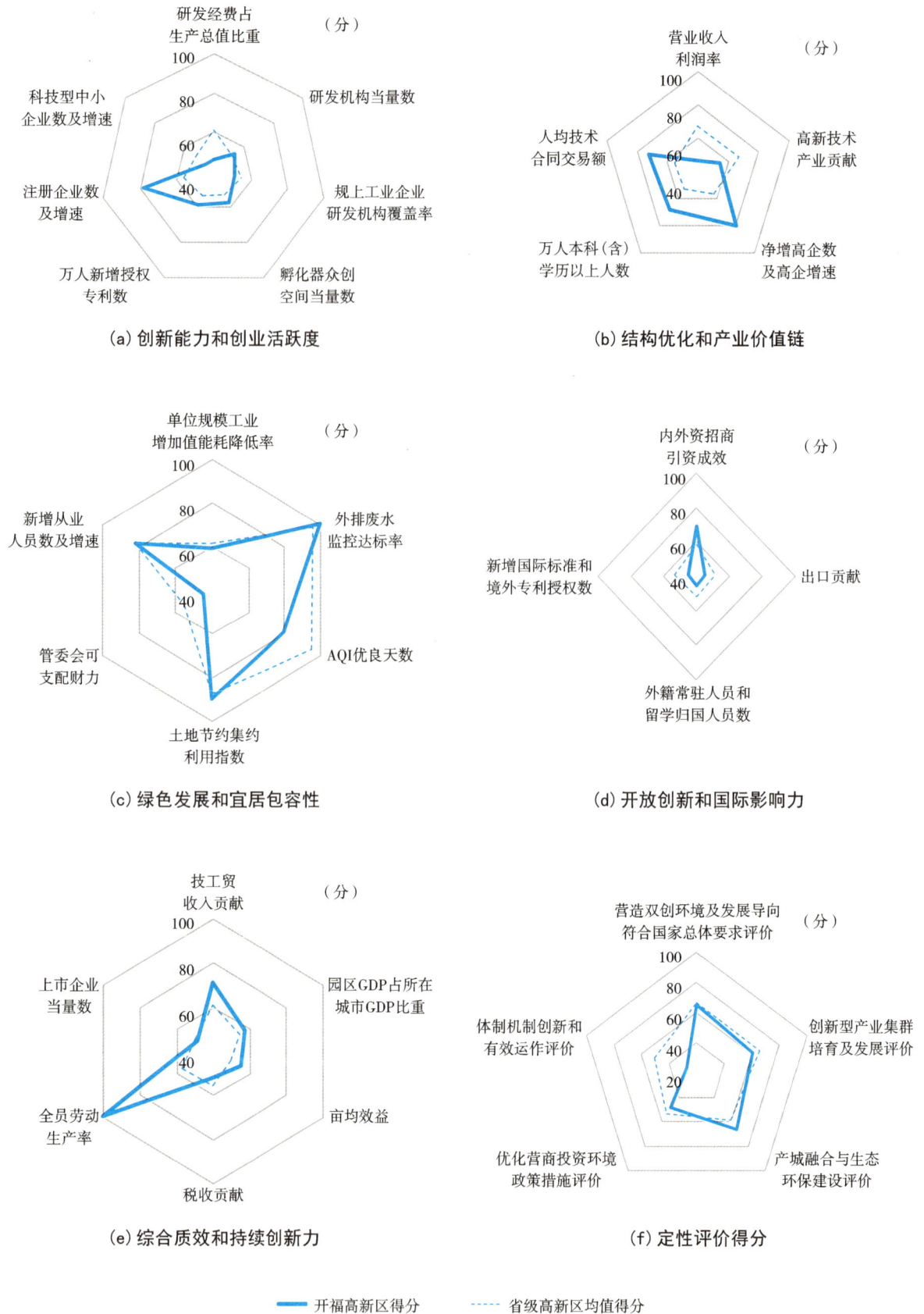

(a) 创新能力和创业活跃度

(b) 结构优化和产业价值链

(c) 绿色发展和宜居包容性

(d) 开放创新和国际影响力

(e) 综合质效和持续创新力

(f) 定性评价得分

开福高新区得分　　省级高新区均值得分

图 3-52　开福高新区五大能力及定性评价得分雷达图

（十九）桃源高新区

桃源高新区绩效评价综合排名第 27，其中"创新能力和创业活跃度"排名第 22，"结构优化和产业价值链"排名第 28，"绿色发展和宜居包容性"排名第 11，"开放创新和国际影响力"排名第 13，"综合质效和持续创新力"排名第 41，其创新能力雷达图如图 3-53 所示，五大能力及定性评价得分雷达图如图 3-54 所示。

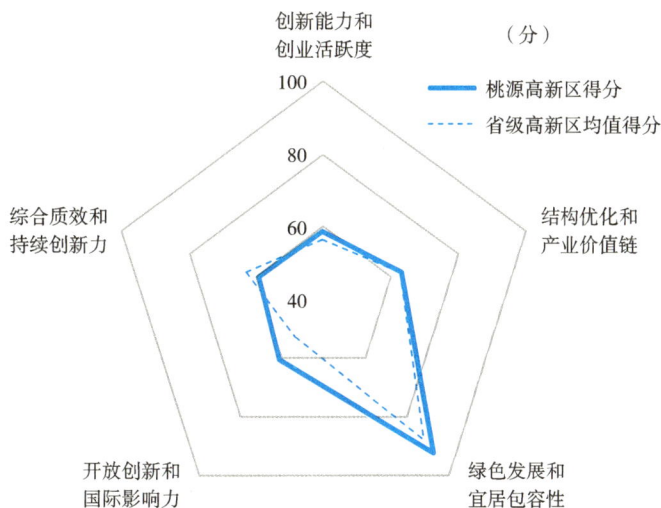

图 3-53　桃源高新区创新能力雷达图

桃源高新区在高新区绩效评价的 34 项二级指标中，有 1 项指标排名第 1，1 项指标排名第 2，共计 7 项指标排名前十，9 项指标排名处于后 30%。排名靠后的指标为"园区土地节约集约利用指数""当年技工贸收入贡献""全员劳动生产率""产城融合与生态环保建设评价"等。

评价结果显示：桃源高新区在创新投入、营商环境建设、高新技术产业价值创造、创新型产业集群培育、绿色生态环境建设、国际市场拓展、人才国际化等方面表现较好；在科技型企业培育、产业结构优化、产城融合、持续创新力、创新驱动成效等方面有待加强。

根据此次评价结果，建议桃源高新区全面落实"三高四新"战略定位和使命任务，聚焦电子信息、有色金属新材料等主导产业，加强产业链薄弱环节、空白领域的企业布局，全力促进项目落地；强化企业创新主体地位，推动企业加强技术攻关，提升技术先进性、产品和服务的创新性，推进高新技术产业结构优化升级，提高高新技术产业价值创造和附加值创造能力；积极推动高水平研发载体建设，加强科技企业孵化器和众创空间等专业化服务平台建设，培育科技型企业新生力量，激发企业创新活力；深化体制机制改革，营造良好创新创业生态，驱动企业价值创造效能，培育和发展具有持续创新力的企业和产业；加快产城融合发展，加强园区宜居宜业环境建设，不断完善园区配套建设，建设绿色生态园区。

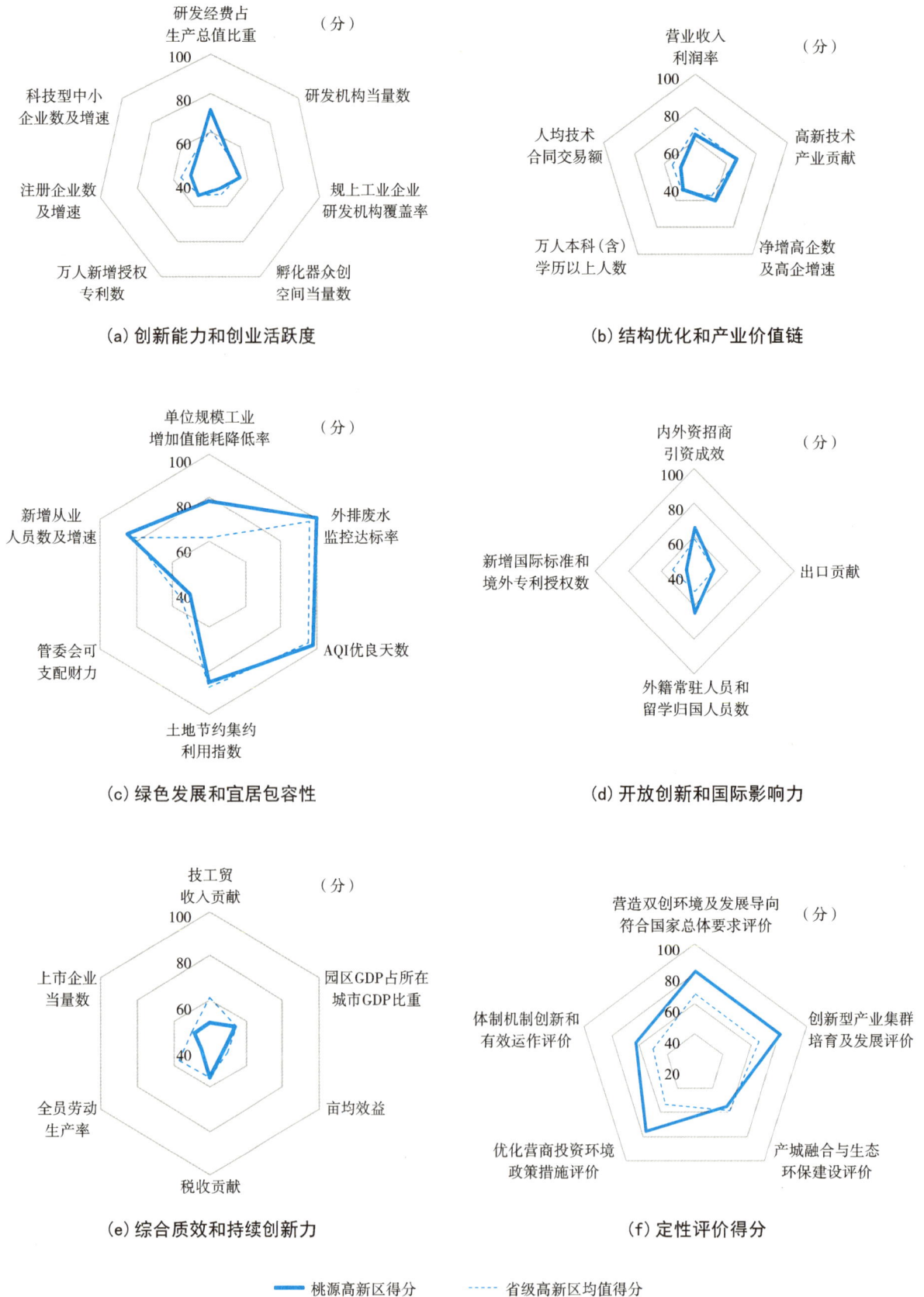

（a）创新能力和创业活跃度

（b）结构优化和产业价值链

（c）绿色发展和宜居包容性

（d）开放创新和国际影响力

（e）综合质效和持续创新力

（f）定性评价得分

—— 桃源高新区得分　　---- 省级高新区均值得分

图3-54　桃源高新区五大能力及定性评价得分雷达图

(二十) 韶山高新区

韶山高新区绩效评价综合排名第28，其中"创新能力和创业活跃度"排名第24，"结构优化和产业价值链"排名第38，"绿色发展和宜居包容性"排名第30，"开放创新和国际影响力"排名第39，"综合质效和持续创新力"排名第11，其创新能力雷达图如图3-55所示，五大能力及定性评价得分雷达图如图3-56所示。

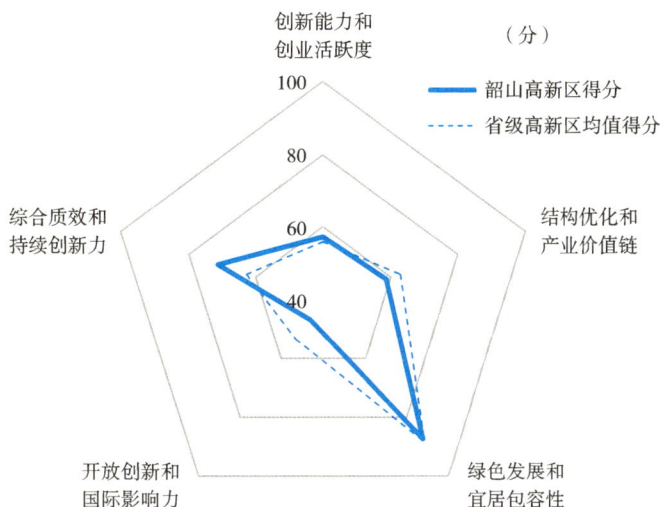

图3-55 韶山高新区创新能力雷达图

韶山高新区在创新能力绩效评价的34项二级指标中，有2项指标排名第1，1项指标排名第2，共计4项指标排名前十，8项指标排名处于后30%。排名靠后的指标为"研发经费占生产总值比重""科技型中小企业数及增速""营业收入利润率""园区土地节约集约利用指数""内外资招商引资成效""外籍常驻人员和留学归国人员数""上市企业数"等。

评价结果显示：韶山高新区在创业活跃度、企业价值创造等方面表现较好；在创新投入、企业培育、招商引资能力、人才引育等方面有待进一步加强。

根据此次评价结果，建议韶山高新区全面落实"三高四新"战略定位和使命任务，围绕智能装备制造、新材料新能源、食品医药等主特产业，布局重大产业项目，着力打造一批优势产业集群；建立并完善"微成长、小升高、高壮大"科技企业梯次培育机制，打造专业化众创空间和科技企业孵化器，着力培育竞争力强、成长性好的科技型中小企业和高新技术企业，推动重点产业竞争力整体跃升；加强与省内高等院校合作，深化产教融合，共同组建产教联盟，共建实训基地，协同培养人才，实现校企共赢；服务园区内企业"走出去"，参与国际标准和规则制定，拓展新兴市场；强化园区建设用地开发利用强度、投资强度整体控制，提高平均容积率，促进园区紧凑发展。

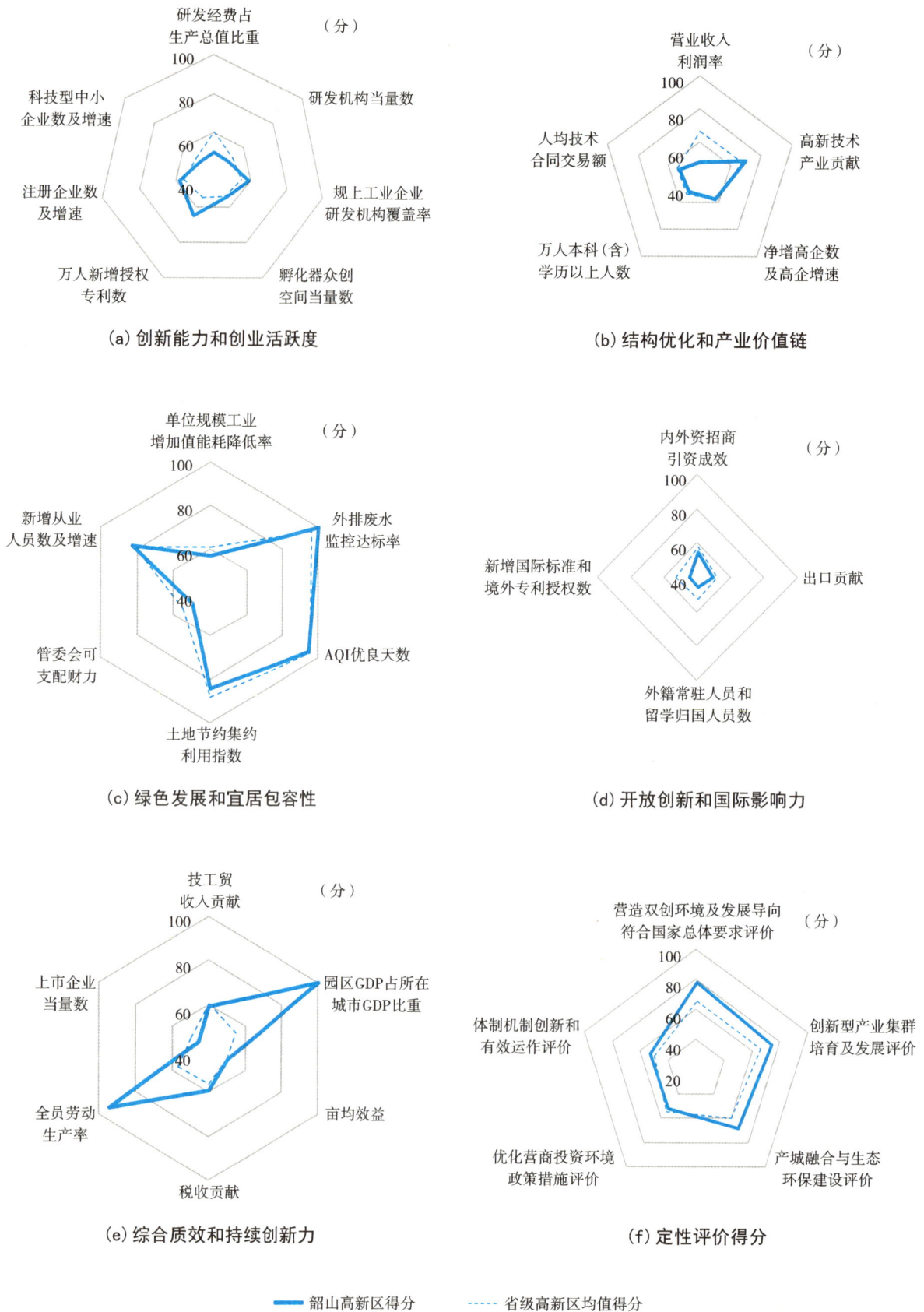

(a) 创新能力和创业活跃度

(b) 结构优化和产业价值链

(c) 绿色发展和宜居包容性

(d) 开放创新和国际影响力

(e) 综合质效和持续创新力

(f) 定性评价得分

—— 韶山高新区得分　　---- 省级高新区均值得分

图3-56　韶山高新区五大能力及定性评价得分雷达图

(二十一)沅江高新区

沅江高新区绩效评价综合排名第 29，其中"创新能力和创业活跃度"排名第 31，"结构优化和产业价值链"排名第 35，"绿色发展和宜居包容性"排名第 33，"开放创新和国际影响力"排名第 19，"综合质效和持续创新力"排名第 22，其创新能力雷达图如图 3-57 所示，五大能力及定性评价得分雷达图如图 3-58 所示。

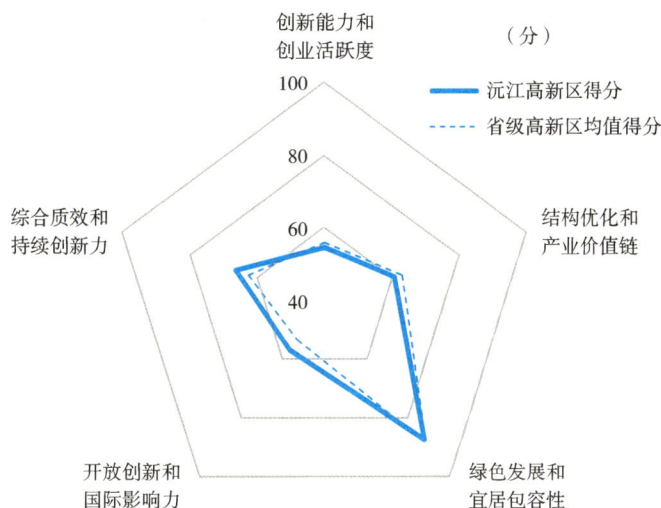

图 3-57 沅江高新区创新能力雷达图

沅江高新区在创新能力绩效评价的 34 项二级指标中，有 3 项指标排名第 1，共计 4 项指标排名前十，11 项指标排名处于后 30%。排名靠后的指标为"规上工业企业研发机构覆盖率""科技企业孵化器和众创空间数""营业收入利润率""管委会当年可支配财力""出口贡献"等。

评价结果显示：沅江高新区在园区土地节约集约利用、招商引资、亩均效益等方面表现较好；在研发平台、孵化载体、人才结构、国际市场拓展、体制机制创新等方面有待加强。

根据此次评价结果，建议沅江高新区全面落实"三高四新"战略定位和使命任务，引导企业特别是规上企业加强产学研合作，通过设立分支机构、联合共建等方式，积极引入省内外高校、科研院所等创新资源，建设省级及以上创新平台；围绕园区优势特色产业强化众创空间、孵化器等专业化服务平台建设，积极对接省内外高校等共建异地孵化器，促进创新要素的高效集成，加速科技成果转化；出台更有力的人才支持政策，吸引更多高学历人才来园区就业创业，通过低效企业出清、"腾笼换鸟"等方式推动资源要素向优质高效领域集中，提高创新驱动成效；依托现有船舶产业基础，引导船舶企业向"绿色环保、新能源、智能智造"转型升级，倾力打造全国最大的复合材料游艇制造基地，加快船舶信息平台、船舶产业研究设计院等的产业服务平台的建立，促进产学研结合，加大船舶工业军民融合深度，将新能源船舶产业打造成为沅江高新区的"特色名片"。

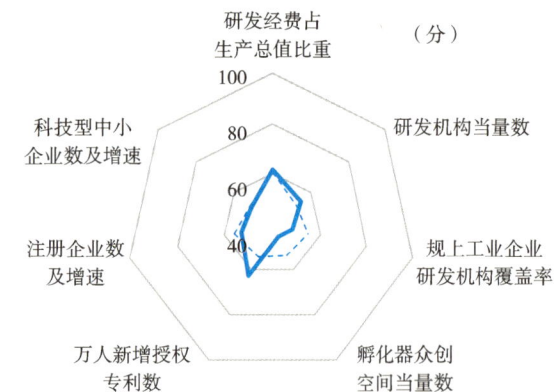

（a）创新能力和创业活跃度

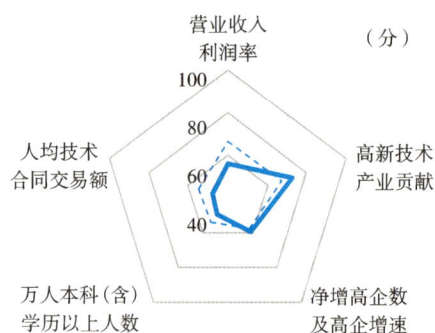

（b）结构优化和产业价值链

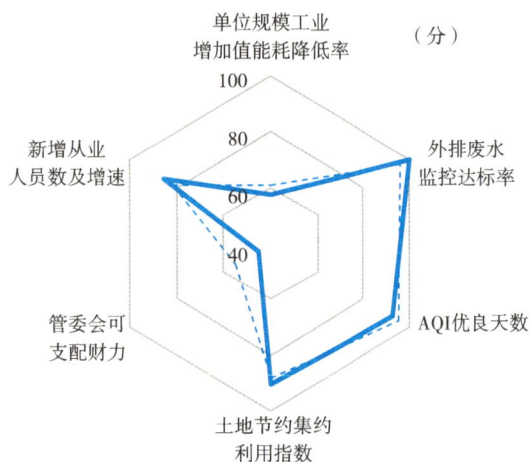

（c）绿色发展和宜居包容性

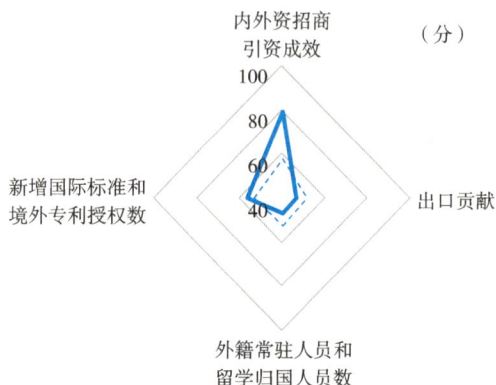

（d）开放创新和国际影响力

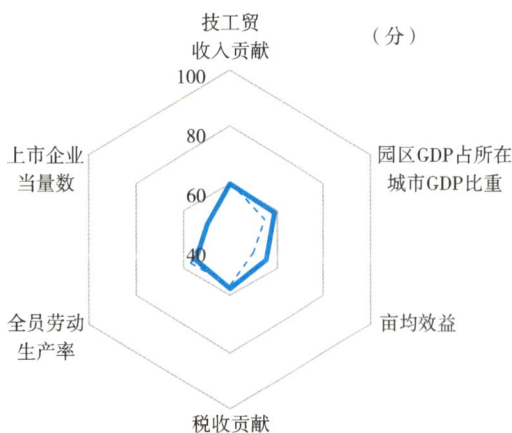

（e）综合质效和持续创新力

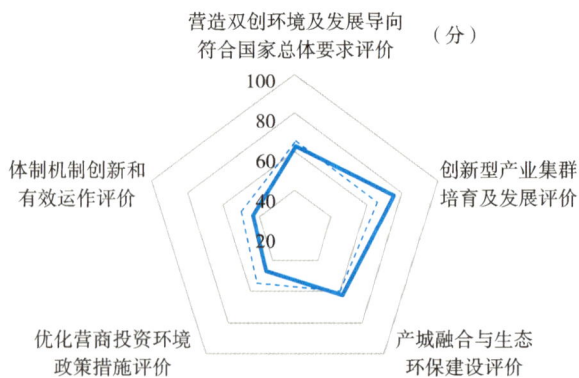

（f）定性评价得分

—— 沅江高新区得分　　---- 省级高新区均值得分

图 3-58　沅江高新区五大能力及定性评价得分雷达图

(二十二)澧县高新区

澧县高新区绩效评价综合排名第 29，其中"创新能力和创业活跃度"排名第 15，"结构优化和产业价值链"排名第 32，"绿色发展和宜居包容性"排名第 17，"开放创新和国际影响力"排名第 25，"综合质效和持续创新力"排名第 32，其创新能力雷达图如图 3-59 所示，五大能力及定性评价得分雷达图如图 3-60 所示。

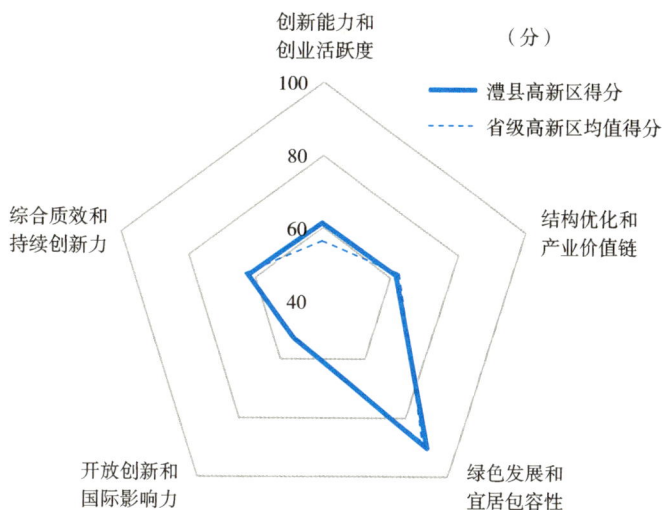

图 3-59 澧县高新区创新能力雷达图

澧县高新区在创新能力绩效评价的 34 项二级指标中，有 3 项指标排名第 1，共计 5 项指标排名前十，8 项指标排名处于后 30%。排名靠后的指标为"省级及以上研发机构数""营业收入利润率""当年新认定高新技术企业数及增速""亩均效益""税收贡献"等。

评价结果显示：澧县高新区在科技型企业新生力量培育、高新技术产业价值创造、研发投入强度、招商引资成效、绿色生态环境建设等方面较为突出；在孵化载体、创新管理与服务环境创新型产业集群培育、国际市场拓展等方面表现较好；在高水平研发载体建设、企业盈利能力、高企培育、创新驱动成效等方面有待加强。

根据此次评价结果，建议澧县高新区全面落实"三高四新"战略定位和使命任务，建立并完善"微成长、小升高、高壮大"科技企业梯次培育机制，打造专业化众创空间和科技企业孵化器，着力培育竞争力强、成长性好的科技型中小企业和高新技术企业，推动重点产业竞争力整体跃升；促进企业以技术创新和管理创新为抓手，对传统产业进行转型升级，不断提升盈利能力，实现企业增效益、政府增税收的良好局面；鼓励企业特别是规上企业通过自建、合作等多途径建设研发机构，建立省级以上工程技术研究中心，企业技术中心等研发平台；提高土地集约节约利用，通过低效企业出清、"腾笼换鸟"等方式推动资源要素向优质高效领域集中，提高高新区创新驱动成效。

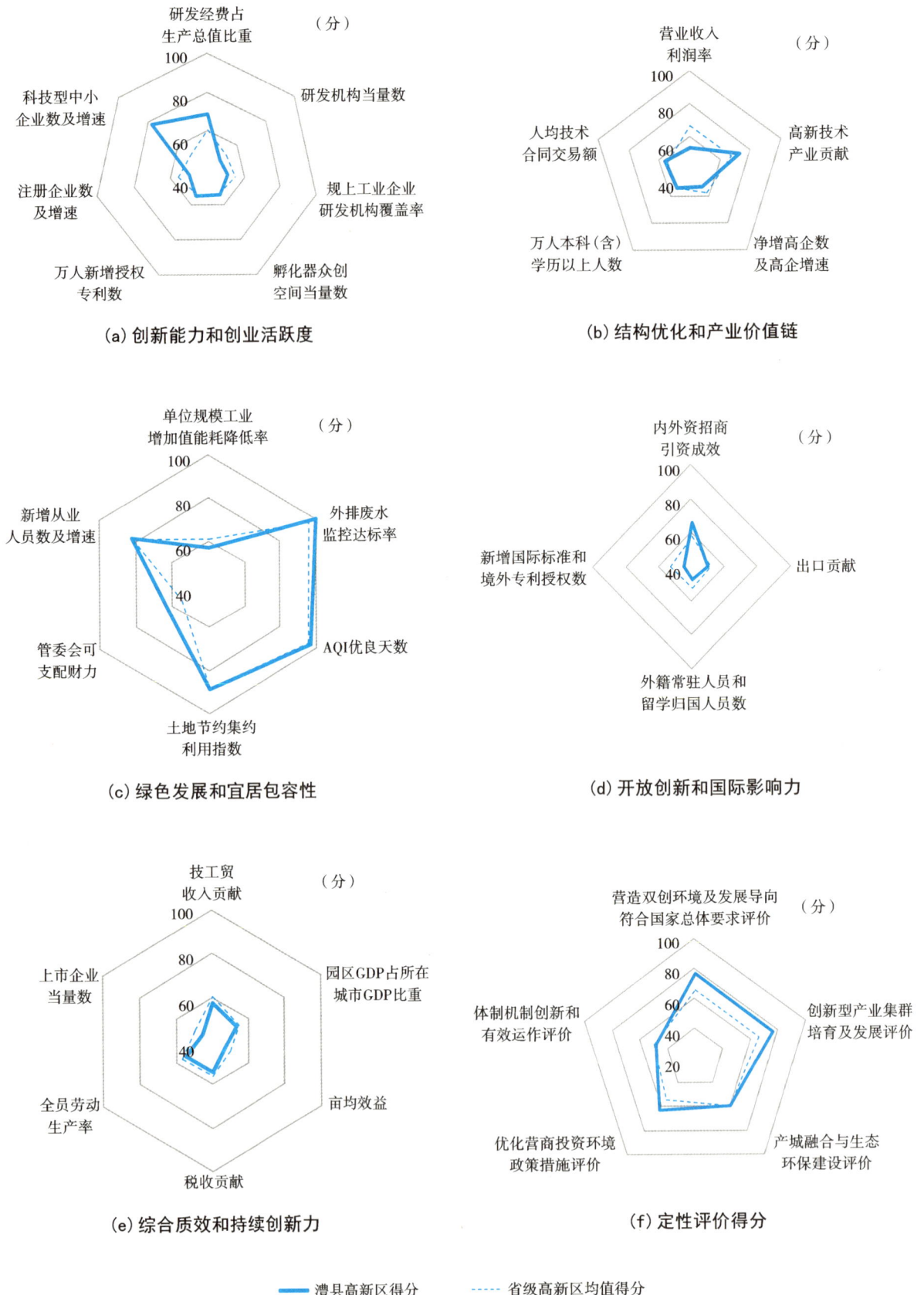

(a) 创新能力和创业活跃度

(b) 结构优化和产业价值链

(c) 绿色发展和宜居包容性

(d) 开放创新和国际影响力

(e) 综合质效和持续创新力

(f) 定性评价得分

——— 澧县高新区得分　　------ 省级高新区均值得分

图3-60　澧县高新区五大能力及定性评价得分雷达图

（二十三）岳阳县高新区

岳阳县高新区绩效评价综合排名第31，其中"创新能力和创业活跃度"排名第35，"结构优化和产业价值链"排名第19，"绿色发展和宜居包容性"排名第13，"开放创新和国际影响力"排名第35，"综合质效和持续创新力"排名第26，其创新能力雷达图如图3-61所示，五大能力及定性评价得分雷达图如图3-62所示。

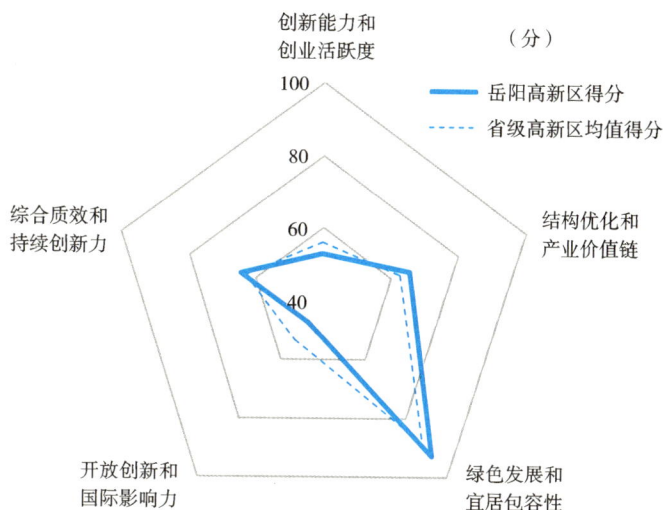

图3-61　岳阳县高新区创新能力雷达图

岳阳县高新区在高新区绩效评价的34项二级指标中，有1项指标排名第1，1项指标排名第2，有5项指标排名前十，9项指标排名处于后30%。排名靠后的指标为"研发经费占生产总值比重""科技企业孵化器和众创空间数""万人拥有本科（含）学历以上人数""营造创新创业环境及发展导向符合国家总体要求评价""优化营商投资环境政策措施评价"等。

评价结果显示：岳阳县高新区在绿色发展、低碳经济等方面表现较好；在研发投入强度、孵化载体建设、企业培育、人才引育、体制机制创新等方面有待加强。

根据此次评价结果，建议岳阳县高新区全面落实"三高四新"战略定位和使命任务，立足自身资源禀赋和产业基础，做大做强生物医药、新材料、建材家具等主特产业；建立并完善"微成长、小升高、高壮大"科技企业梯次培育机制，打造专业化众创空间和科技企业孵化器，着力培育更多竞争力强、成长性好的科技型中小企业和高新技术企业，推动重点产业竞争力整体跃升；推动高新技术企业树标提质，着力培育一批小巨人企业和创新型领军企业；加大对创新型企业应用基础研究的支持力度，支持企业及其他社会力量通过设立基金、捐赠等方式投入基础研究；建立健全人才政策，突破学历、年龄等条件限制，在配偶就业、子女入学等方面提供便利，引进符合园区特色主导产业发展需求的人才。

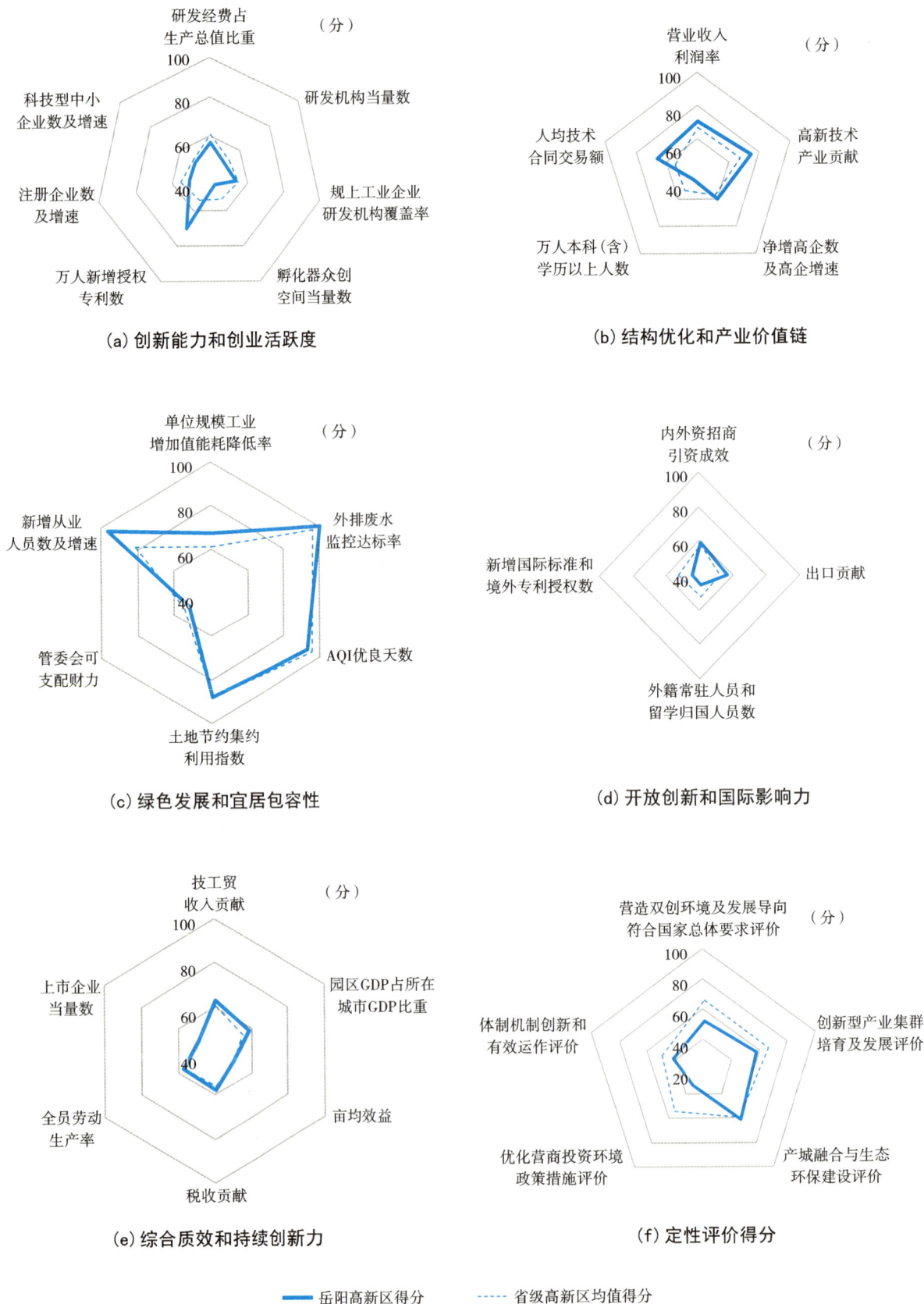

（a）创新能力和创业活跃度

（b）结构优化和产业价值链

（c）绿色发展和宜居包容性

（d）开放创新和国际影响力

（e）综合质效和持续创新力

（f）定性评价得分

—— 岳阳高新区得分　　----- 省级高新区均值得分

图3-62　岳阳县高新区五大能力及定性评价得分雷达图

（二十四）临澧高新区

临澧高新区绩效评价综合排名第32，其中"创新能力和创业活跃度"排名第20，"结构优化和产业价值链"排名第29，"绿色发展和宜居包容性"排名第22，"开放创新和国际影响力"排名第27，"综合质效和持续创新力"排名第36，其创新能力雷达图如图3-63所示，五大能力及定性评价得分雷达图如图3-64所示。

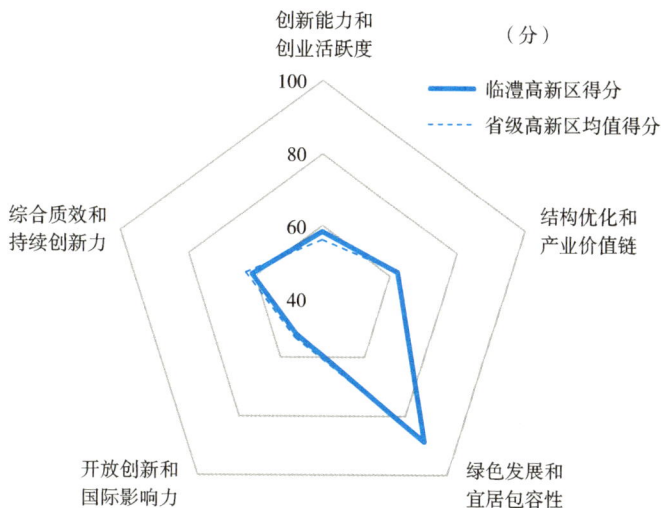

图3-63 临澧高新区创新能力雷达图

临澧高新区在创新能力绩效评价的34项二级指标中，有2项指标排名第1，共计4项指标排名前十，14项指标排名处于后30%。排名靠后的指标为"规上工业企业研发机构覆盖率""万人拥有本科（含）学历以上人数""管委会当年可支配财力""当年技工贸收入贡献""亩均效益"等。

评价结果显示：临澧高新区在研发投入强度、低碳经济等方面表现较突出，在创新活力、营商环境建设、园区企业盈利能力、技术交易活跃度、就业生态等方面表现较好；在创新平台、高企培育、产业价值链提升、人才结构、创新驱动成效等方面有待加强。

根据此次评价结果，建议临澧高新区全面落实"三高四新"战略定位和使命任务，用好、用足市县人才引进鼓励政策，积极引进各类高学历人才和引导本地人才回乡，不断优化人才结构；引导企业特别是规上企业加强产学研合作，通过设立分支机构、联合共建等方式，积极引入省内外高校、科研院所等创新资源，建设省级以上创新平台；坚持高新定位，加快科技型中小企业和高新技术企业培育，提升高新技术产业价值创造能力，促进产业向智能化、高端化、绿色化发展，提升园区创新驱动成效；加快产城融合发展，鼓励各类社会主体在园区投资建设信息化等基础设施，完善科研、教育、医疗、文化等公共服务设施，推进安全、绿色、智慧科技园区建设。

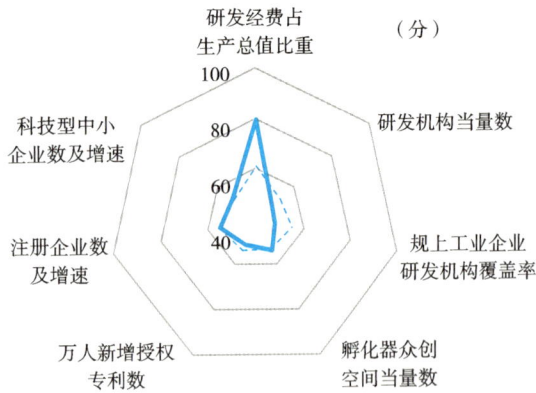

(a) 创新能力和创业活跃度

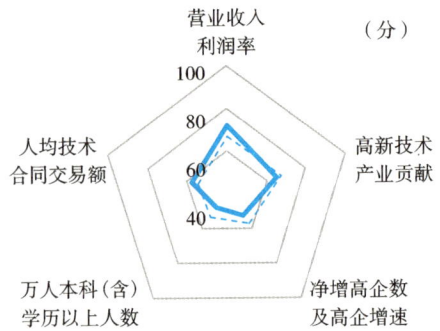

(b) 结构优化和产业价值链

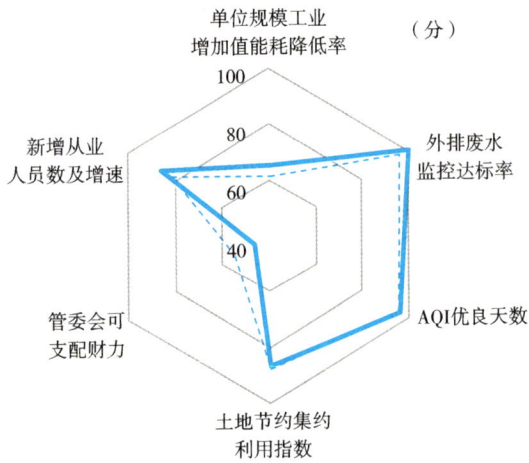

(c) 绿色发展和宜居包容性

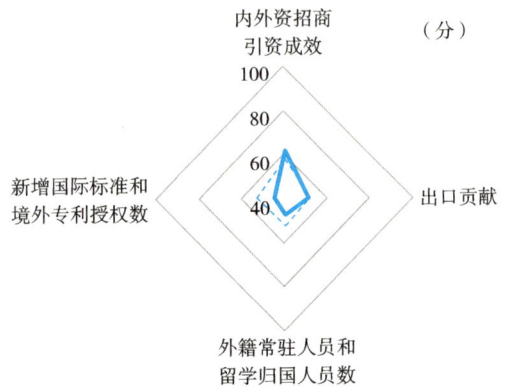

(d) 开放创新和国际影响力

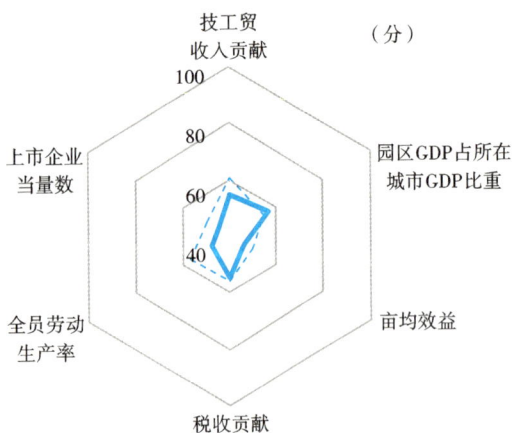

(e) 综合质效和持续创新力

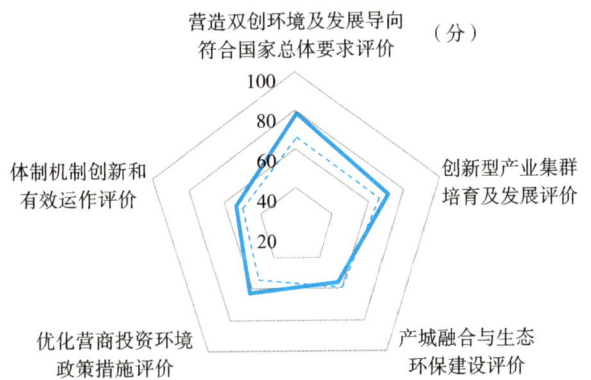

(f) 定性评价得分

图3-64 临澧高新区五大能力及定性评价得分雷达图

（二十五）津市高新区

津市高新区绩效评价综合排名第 33，其中"创新能力和创业活跃度"排名第 39，"结构优化和产业价值链"排名第 31，"绿色发展和宜居包容性"排名第 38，"开放创新和国际影响力"排名第 34，"综合质效和持续创新力"排名第 16，其创新能力雷达图如图 3-65 所示，五大能力及定性评价得分雷达图如图 3-66 所示。

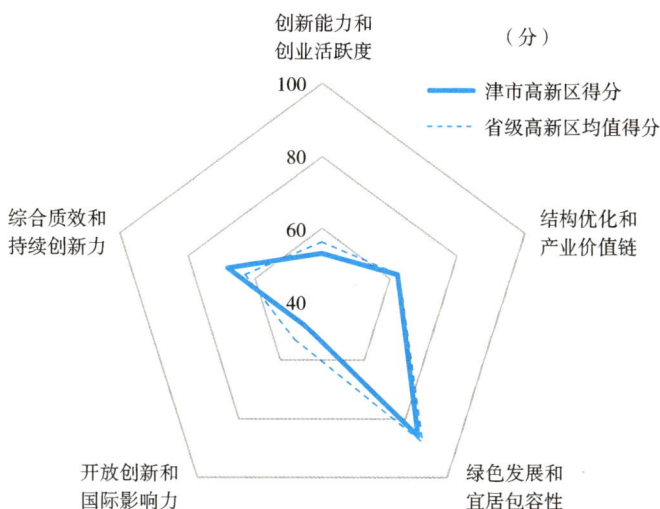

图 3-65　津市高新区创新能力雷达图

津市高新区在高新区绩效评价的 34 项二级指标中，有 2 项指标排名第 1，共计 4 项指标排名前十，11 项指标排名处于后 30%。排名靠后的指标为"当年注册企业数及增速""当年新认定高新技术企业数及增速""单位规模工业增加值能耗降低率""新增从业人员数及增速""亩均效益"等。

评价结果显示：津市高新区在高新技术产业价值创造、招商引资成效等方面表现较好；在创新活力、企业培育、创新驱动成效、人才引育、绿色发展等方面有待加强。

根据此次评价结果，建议津市高新区全面落实"三高四新"战略定位和使命任务，立足资源禀赋和产业基础，围绕生物医药、装备制造、健康食品等主特产业，布局重大产业项目，打造一批区域优势产业集群；支持园区内企业承担国家和地方科技计划项目，支持重大创新成果在园区落地转化并实现产品化、产业化；强化高新区建设用地开发利用强度、投资强度整体控制，提升亩均效益，促进园区紧凑发展；建立健全人才政策，突破学历、年龄等条件限制，在配偶就业、子女入学等方面提供便利，引进符合园区特色主导产业发展需求的人才；推进园区绿色、低碳、循环、智慧化改造，引导传统产业结构优化升级，建设绿色生态园区。

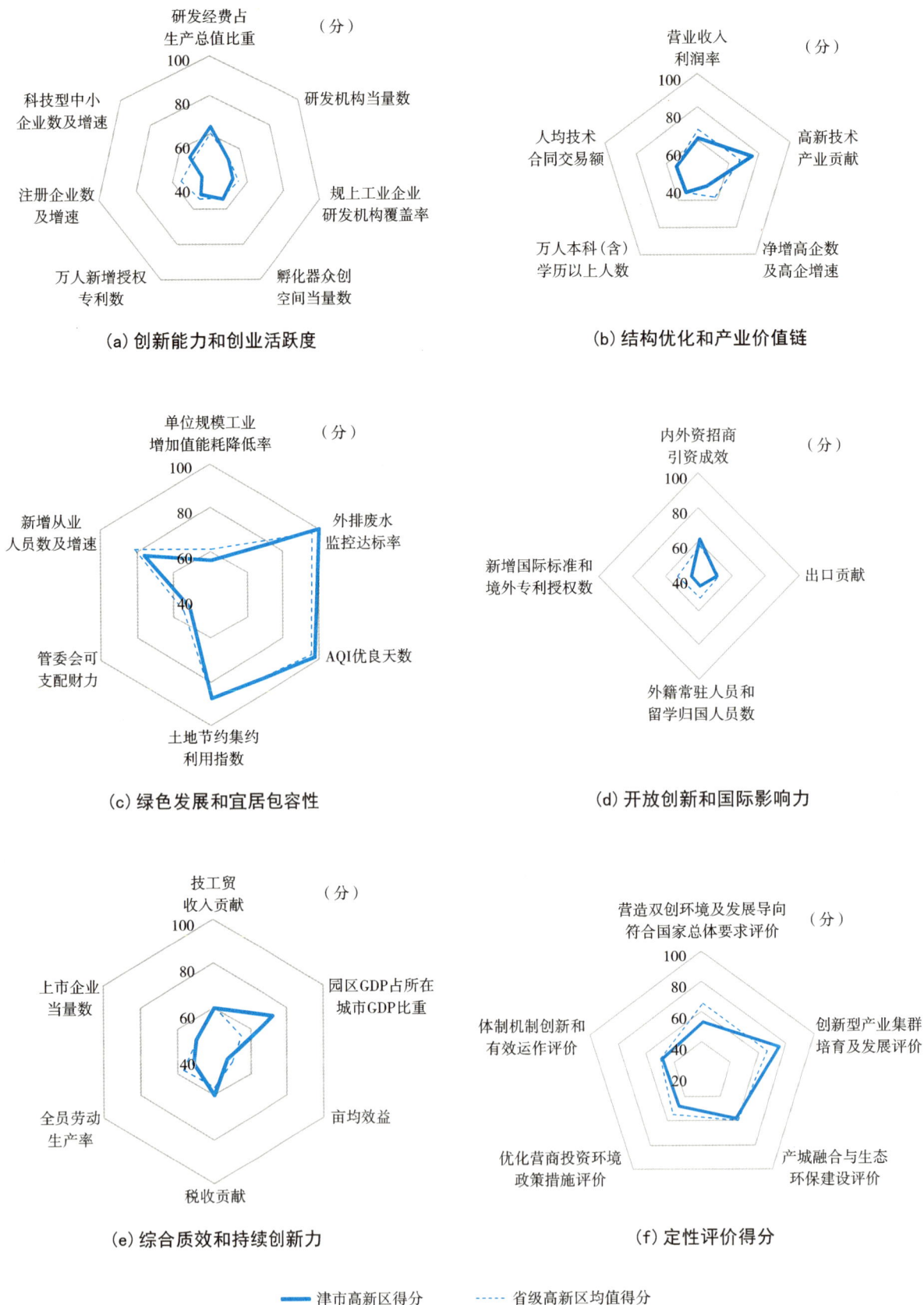

（a）创新能力和创业活跃度

（b）结构优化和产业价值链

（c）绿色发展和宜居包容性

（d）开放创新和国际影响力

（e）综合质效和持续创新力

（f）定性评价得分

—— 津市高新区得分　----- 省级高新区均值得分

图3-66　津市高新区五大能力及定性评价得分雷达图

(二十六) 张家界高新区

张家界高新区绩效评价综合排名第34, 其中"创新能力和创业活跃度"排名第21, "结构优化和产业价值链"排名第24, "绿色发展和宜居包容性"排名第24, "开放创新和国际影响力"排名第28, "综合质效和持续创新力"排名第40, 其创新能力雷达图如图3-67所示, 五大能力及定性评价得分雷达图如图3-68所示。

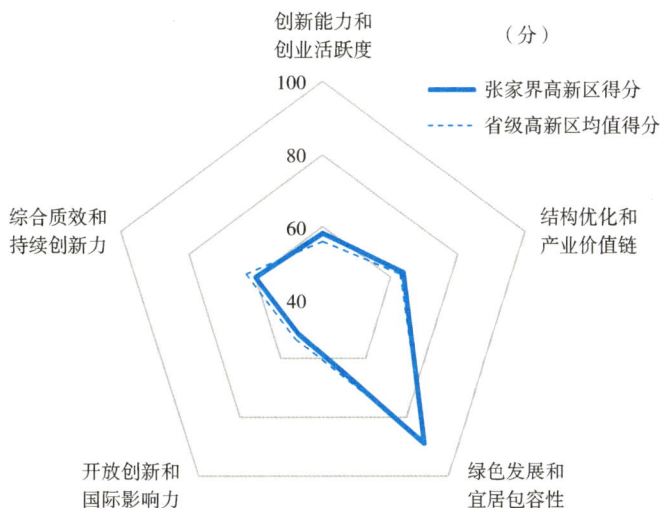

图3-67　张家界高新区创新能力雷达图

张家界高新区在创新能力绩效评价的34项二级指标中, 有2项指标排名第1, 共计4项指标排名前十, 12项指标排名处于后30%。排名靠后的指标为"当年技工贸收入贡献"等。

评价结果显示: 张家界高新区在研发投入强度、创新管理与服务环境、高新技术产业价值创造、绿色生态环境建设、国际市场拓展、优化营商投资环境等方面表现较好; 在科技型企业新生力量培育、高新技术产业结构、产城融合、创新驱动成效与持续创新力等方面有待加强。

根据此次评价结果, 建议张家界高新区全面落实"三高四新"战略定位和使命任务, 引导企业加强技术创新、做强核心业务, 聚焦生物医药、文化旅游商品、新材料等主导产业, 推动企业加强技术攻关, 提升技术先进性、产品和服务的创新性, 推进高新技术产业结构优化升级; 建立并完善"微成长、小升高、高壮大"科技企业梯次培育机制, 打造专业化众创空间和科技企业孵化器, 着力培育更多竞争力强、成长性好的科技型中小企业和高新技术企业, 推动重点产业竞争力整体跃升; 开展低效企业整治提升行动, 建立低效用地倒逼机制, 盘活闲置和低效工业用地, 鼓励引导园区企业实施技术改造, 通过机器换人、两化融合、生产工艺优化升级推动企业"亩均效益"提升; 加强宜居宜业环境建设, 着力提升高新区信息化水平, 完善教育、医疗、文化等公共服务设施, 实现区域一体化布局和联动发展。

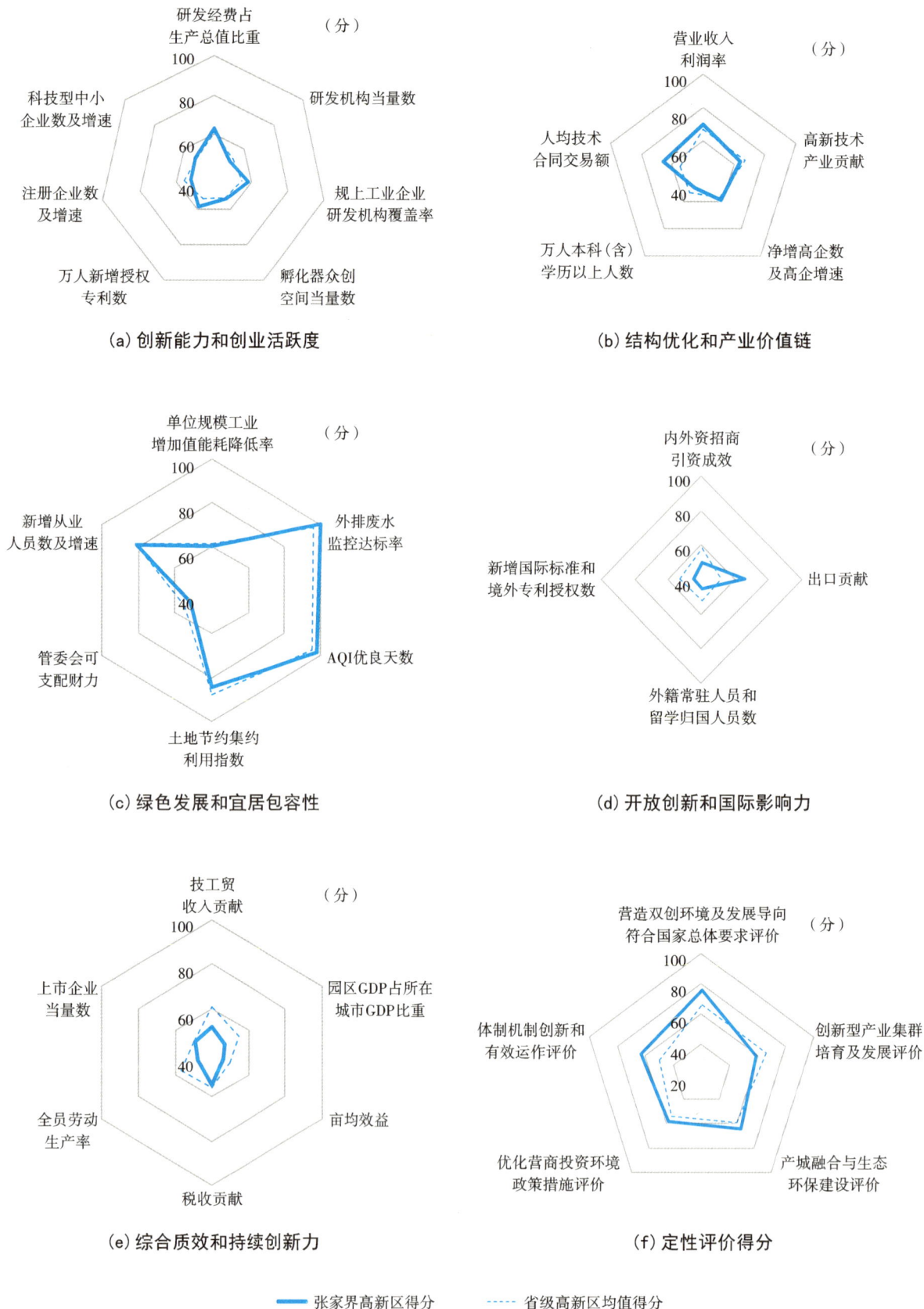

(a) 创新能力和创业活跃度

(b) 结构优化和产业价值链

(c) 绿色发展和宜居包容性

(d) 开放创新和国际影响力

(e) 综合质效和持续创新力

(f) 定性评价得分

——— 张家界高新区得分　----- 省级高新区均值得分

图3-68　张家界高新区五大能力及定性评价得分雷达图

(二十七)攸县高新区

攸县高新区绩效评价综合排名第 35，其中"创新能力和创业活跃度"排名第 38，"结构优化和产业价值链"排名第 21，"绿色发展和宜居包容性"排名第 20，"开放创新和国际影响力"排名第 32，"综合质效和持续创新力"排名第 29，其创新能力雷达图如图 3-69 所示，五大能力及定性评价得分雷达图如图 3-70 所示。

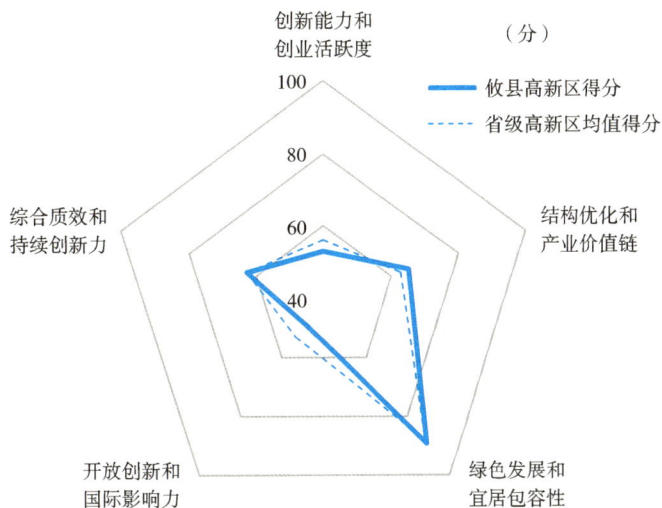

图 3-69　攸县高新区创新能力雷达图

攸县高新区在创新能力绩效评价的 34 项二级指标中，有 2 项指标排名第 1，共计 2 项指标排名前十，10 项指标排名处于后 30%。排名靠后的指标为"亩均效益""研发经费占生产总值比重""科技企业孵化器和众创空间数""内外资招商引资成效""管委会当年可支配财力""上市企业数"等。

评价结果显示：攸县高新区在绿色生态环境建设方面表现突出，在园区企业盈利能力、创新管理与服务环境等方面表现较好；在研发投入强度、孵化载体建设、开放创新与招商引资、创新驱动成效与持续创新力等方面有待进一步加强。

根据此次评价结果，建议攸县高新区全面落实"三高四新"战略定位和使命任务，加大财政科技投入，健全财政科技投入稳定增长机制，优化经费投入结构，引导企业开展自主核心技术攻关，全面激发园区高新发展活力；加快孵化基地建设，建立"创业苗圃+孵化器+加速器+专业园区"的创业孵化服务链条，为入园企业提供全方位、高标准、完备的孵化服务；强化园区建设用地开发利用强度、投资强度整体控制，整合园区各类创新资源要素资源扶优扶强，加快产业转型升级与提质增效；加大开放合作和招商引资力度，积极推动湘商产业、资本、人才、科技多领域回归；主动对接长株潭城市群、融入湘赣边区域合作示范区建设，加强产业协同发展与分工合作，服务助力园区内企业"走出去"，积极参与"一带一路"沿线国家开展人才交流、技术交流和跨境协作。

（a）创新能力和创业活跃度

（b）结构优化和产业价值链

（c）绿色发展和宜居包容性

（d）开放创新和国际影响力

（e）综合质效和持续创新力

（f）定性评价得分

—— 攸县高新区得分　　- - - 省级高新区均值得分

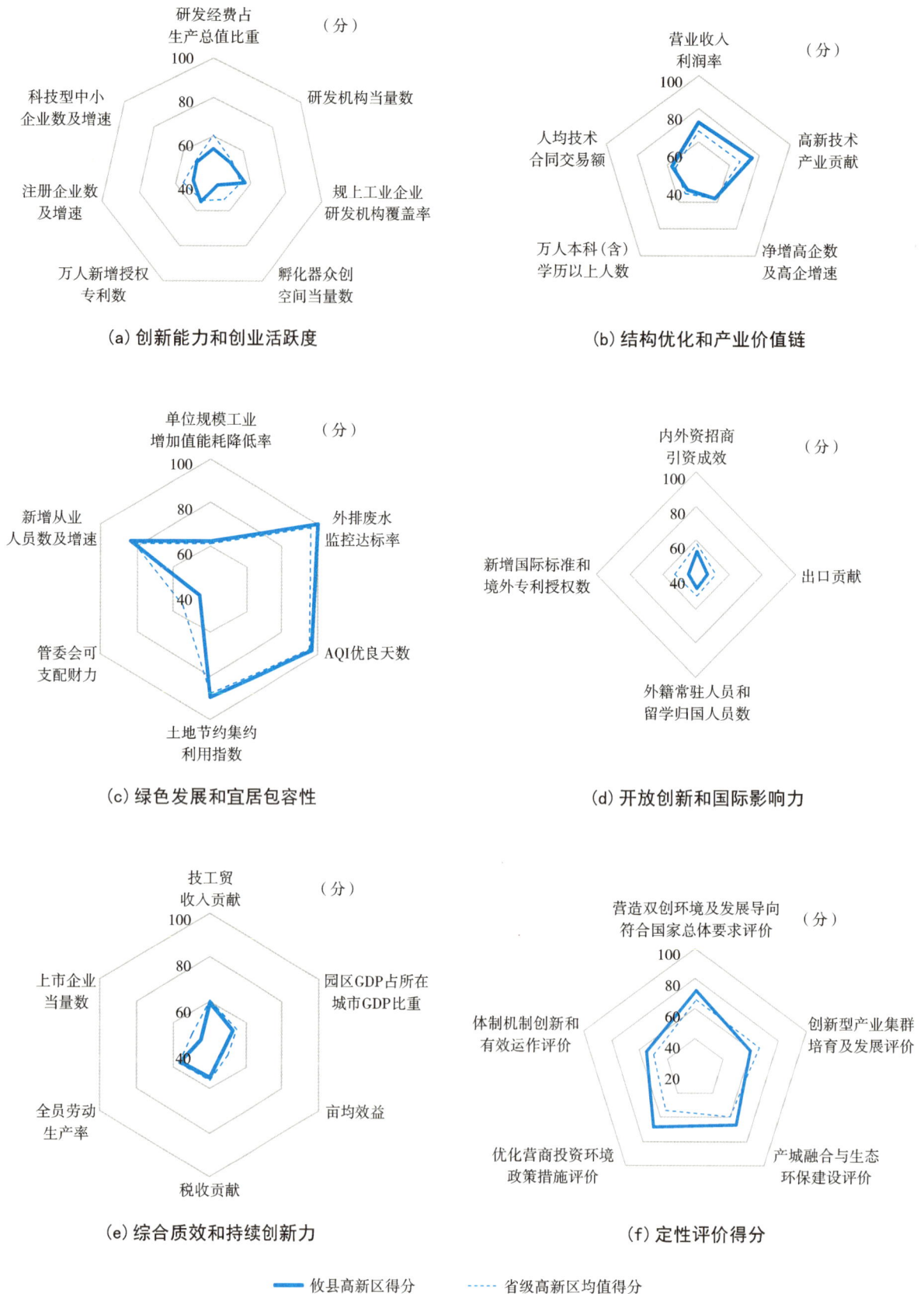

图3-70　攸县高新区五大能力及定性评价得分雷达图

(二十八)临湘高新区

临湘高新区绩效评价综合排名第 36,其中"创新能力和创业活跃度"排名第 32,"结构优化和产业价值链"排名第 33,"绿色发展和宜居包容性"排名第 6,"开放创新和国际影响力"排名第 42,"综合质效和持续创新力"排名第 30,其创新能力雷达图如图 3-71 所示,五大能力及定性评价得分雷达图如图 3-72 所示。

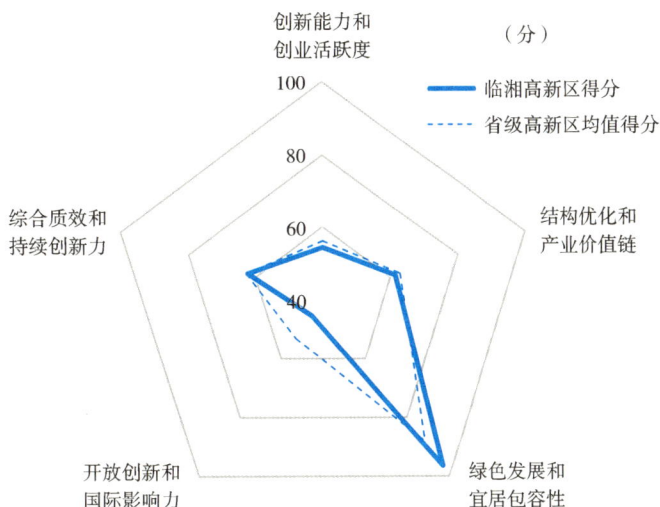

图 3-71 临湘高新区创新能力雷达图

临湘高新区在创新能力绩效评价的 34 项二级指标中,有 2 项指标排名第 1,共计 7 项指标排名前十,18 项指标排名处于后 30%。排名靠后的指标为"税收贡献""省级及以上研发机构数""当年注册企业数及增速""管委会营造创新创业环境及发展导向符合国家总体要求评价""创新型产业集群培育及发展状况评价""管委会促进产城融合与生态环保建设评价""出口贡献""外籍常驻人员和留学归国人员数"等。

评价结果显示:临湘高新区在研发投入强度、绿色生态环境建设等方面表现突出;在高新技术企业培育、国际市场开拓、高新技术产业价值创造、人才结构等方面表现较好;在高水平研发载体建设、创新创业活力、营商环境建设、创新型产业集群培育、创新驱动成效等方面还有待加强。

根据此次评价结果,建议临湘高新区全面落实"三高四新"战略定位和使命任务,抓住岳阳省域副中心城市、自贸区、长江经济带发展示范区等发展机遇,立足区域资源禀赋和园区基础条件,不断加强创新管理与改善服务环境,围绕新材料、电子信息、装备制造、航运物流等新兴产业链,持续招大引强,依托龙头企业引进上下游配套产业和项目,培育创新型产业集群;引导企业特别是规上企业加强产学研合作,通过设立分支机构、联合共建等方式,积极引入省内外高校、科研院所等创新资源,建设省级以上创新平台;建立健全人才政策,突破学历、年龄等条件限制,在配偶就业、子女入学等方面提供便利,引进符合园区特色主导产业发展需求的人才;加快产城融合和生态建设,打造支撑园区高质量发展的良好环境。

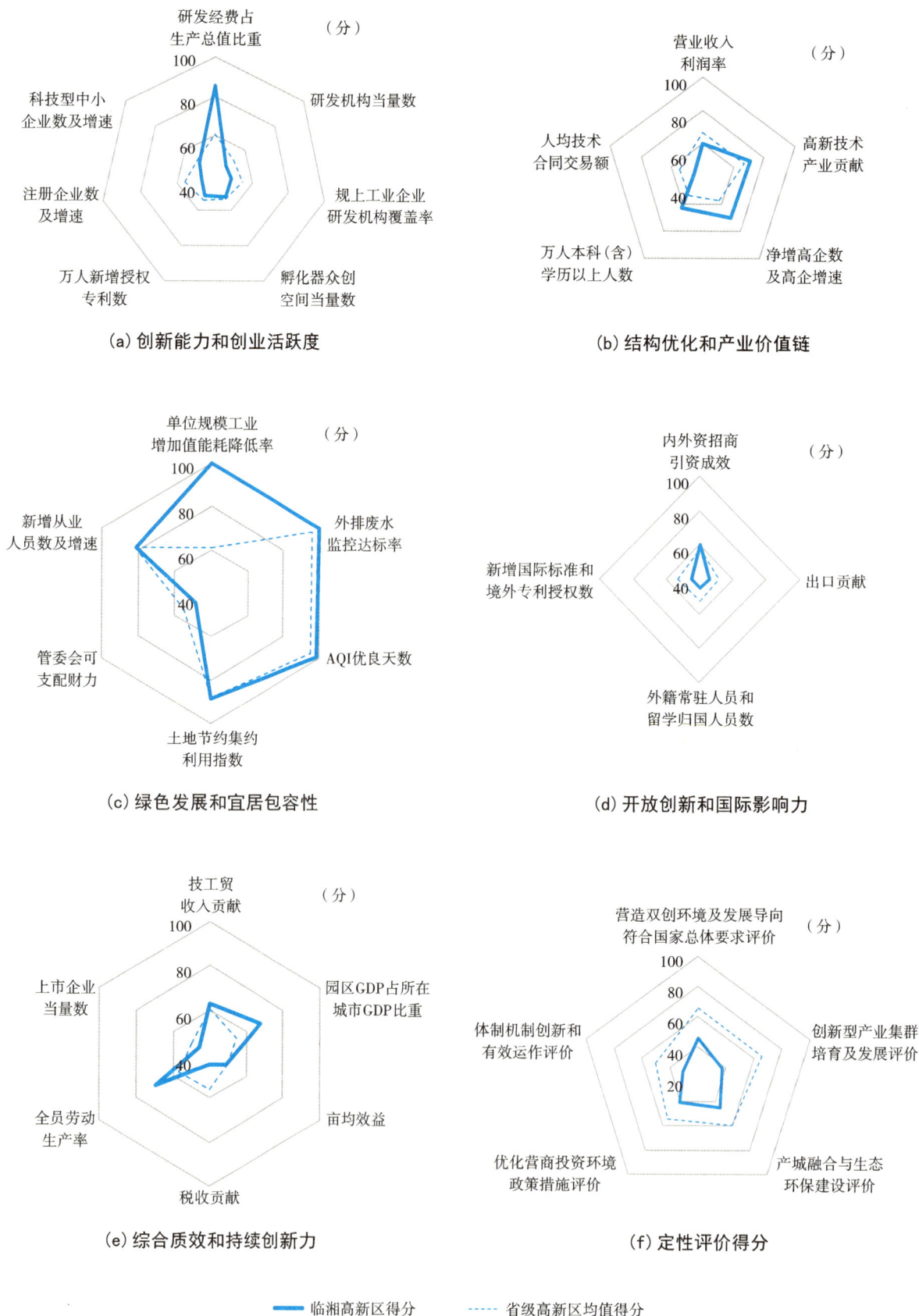

（a）创新能力和创业活跃度

（b）结构优化和产业价值链

（c）绿色发展和宜居包容性

（d）开放创新和国际影响力

（e）综合质效和持续创新力

（f）定性评价得分

图3-72　临湘高新区五大能力及定性评价得分雷达图

(二十九) 汨罗高新区

汨罗高新区绩效评价综合排名第37，其中"创新能力和创业活跃度"排名第28，"结构优化和产业价值链"排名第41，"绿色发展和宜居包容性"排名第28，"开放创新和国际影响力"排名第36，"综合质效和持续创新力"排名第18，其创新能力雷达图如图3-73所示，五大能力及定性评价得分雷达图如图3-74所示。

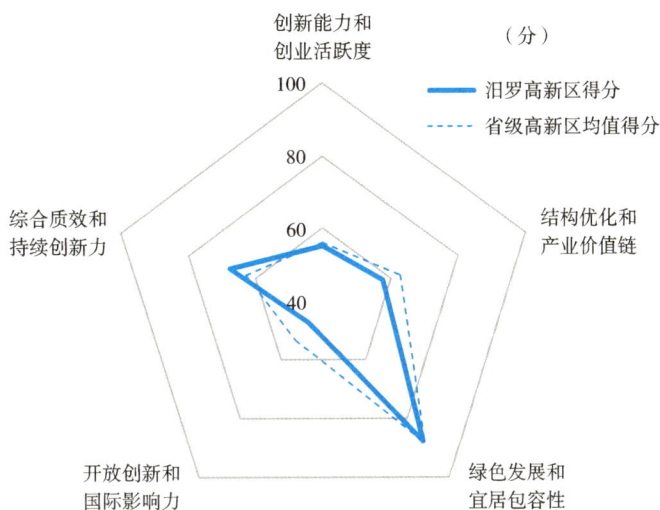

图3-73 汨罗高新区创新能力雷达图

汨罗高新区在高新区绩效评价的34项二级指标中，有2项指标排名第1，共计7项指标排名前十，13项指标排名处于后30%。排名靠后的指标为"万人新增授权专利数""当年注册企业数及增速""万人拥有本科（含）学历以上人数""出口贡献""外籍常驻人员和留学归国人员数""创新型产业集群培育及发展状况评价""产城融合与生态环保建设评价"等。

评价结果显示：汨罗高新区在创新活力、营商环境建设、结构优化、绿色生态环境建设、持续创新力、体制机制创新等方面表现较好；在科研成果产出、创业活跃度、创新型产业集群培育、产城融合、国际市场拓展、人才国际化、创新驱动成效等方面有待加强。

根据此次评价结果，建议汨罗高新区全面落实"三高四新"战略定位和使命任务，抓住岳阳省域副中心城市、自贸区、长江经济带发展示范区等发展机遇，立足区域资源禀赋和园区基础条件，不断加强创新管理与优化服务环境，依托龙头企业引进上下游配套产业和项目，培育创新型产业集群；建立并完善"微成长、小升高、高壮大"科技企业梯次培育机制，打造专业化众创空间和科技企业孵化器，着力培育更多竞争力强、成长性好的科技型中小企业和高新技术企业，推动重点产业竞争力整体跃升；通过低效企业出清、"腾笼换鸟"等方式推动资源要素向优质高效领域集中，提升高新区创新驱动成效；加强园区宜居宜业环境建设，不断完善园区配套建设，推进产城融合发展和生态环保建设。

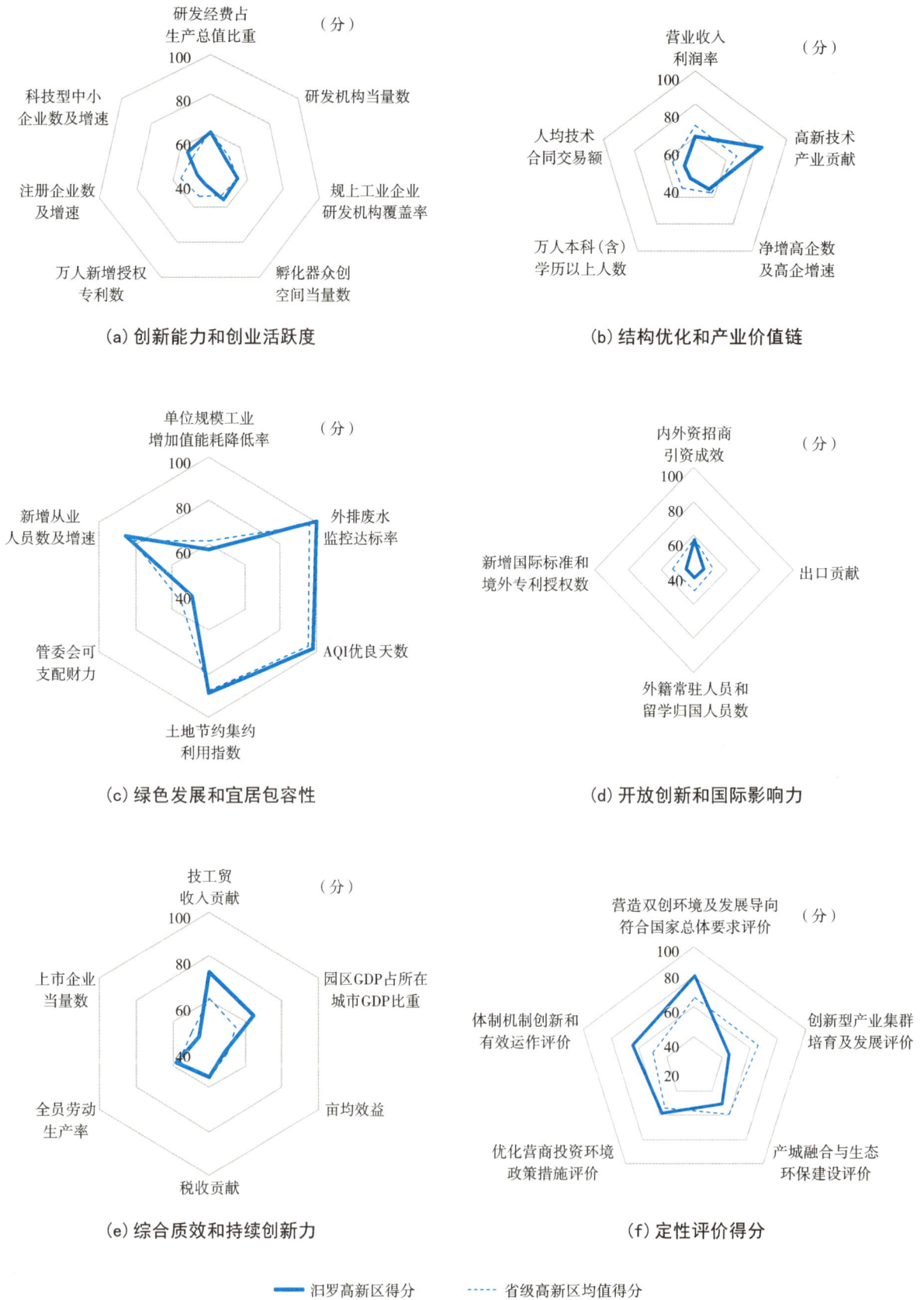

（a）创新能力和创业活跃度

（b）结构优化和产业价值链

（c）绿色发展和宜居包容性

（d）开放创新和国际影响力

（e）综合质效和持续创新力

（f）定性评价得分

—— 汨罗高新区得分　　----- 省级高新区均值得分

图 3-74　汨罗高新区五大能力及定性评价得分雷达图

(三十)道县高新区

道县高新区绩效评价综合排名第 38，其中"创新能力和创业活跃度"排名第 37，"结构优化和产业价值链"排名第 10，"绿色发展和宜居包容性"排名第 26，"开放创新和国际影响力"排名第 24，"综合质效和持续创新力"排名第 43，其创新能力雷达图如图 3-75 所示，五大能力及定性评价得分雷达图如图 3-76 所示。

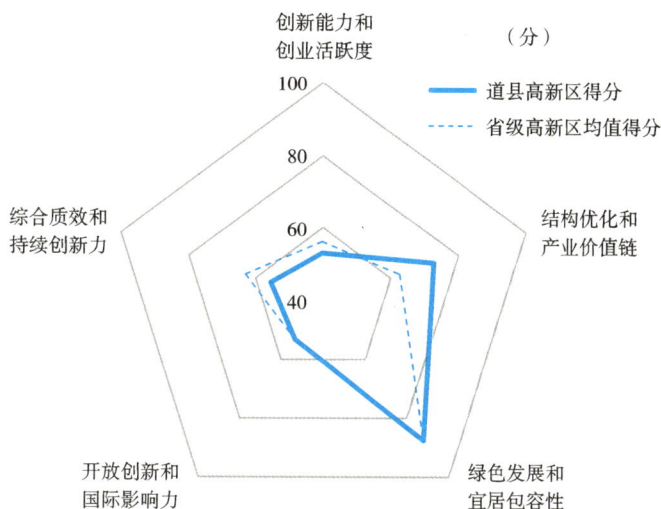

图 3-75　道县高新区创新能力雷达图

道县高新区在创新能力绩效评价的 34 项二级指标中，有 1 项指标排名第 1，1 项指标排名第 3，共计 3 项指标排名前十，15 项指标排名处于后 30%。排名靠后的指标为"省级及以上研发机构数""规上工业企业研发机构覆盖率""万人新增授权专利数""当年登记入库的科技型中小企业数及增速""万人拥有本科(含)学历以上人数""税收贡献""管委会促进产城融合与生态环保建设评价"等。

评价结果显示：道县高新区在低碳经济、技术交易活跃度、研发投入强度等方面表现较为突出；在企业盈利能力、高新技术产业价值创造、绿色生态环境建设、整体财政实力、国际市场开拓等方面表现较好；在创新平台、创新产出、创新活力、人才结构、产城融合、创新驱动成效等方面有待加强。

根据此次评价结果，建议道县高新区全面落实"三高四新"战略定位和使命任务，积极把握湘南湘西打造产业承接转移示范区发展机遇，对接粤港澳大湾区，坚持引进来和走出去并重、引资和引技、引智并举，围绕新一代电子信息技术、智能制造、轻纺制鞋、生物医药等主特产业，通过高位嫁接、合资合作、战略重组，引进一批高新技术企业和高端人才；积极引导和鼓励企业特别是规上企业通过合作共建、设立分支机构等方式建设省级以上工程技术研究中心、企业技术中心等研发平台，以平台为载体提升园区自主创新能力，促进更多创新成果产出；优化园区内环境，完善园区配套服务，全面提升园区承载能力；推动园区资源要素向优质高效领域集中，提高高新区创新驱动成效。

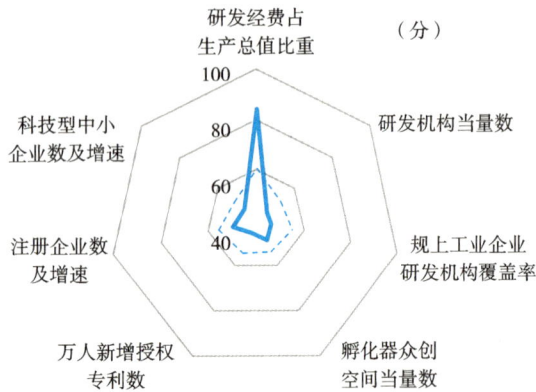

(a) 创新能力和创业活跃度

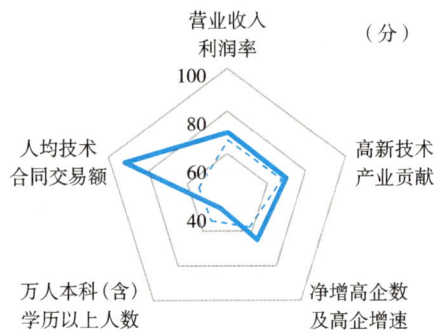

(b) 结构优化和产业价值链

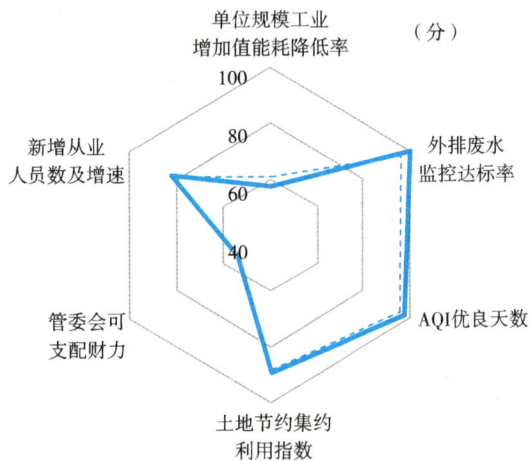

(c) 绿色发展和宜居包容性

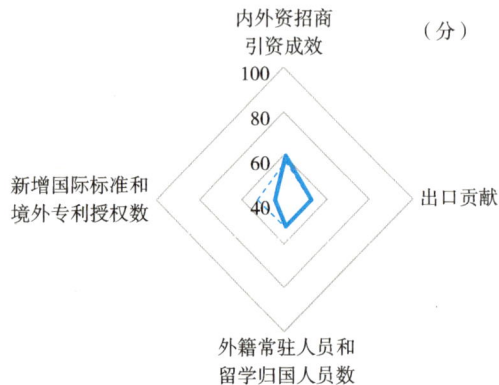

(d) 开放创新和国际影响力

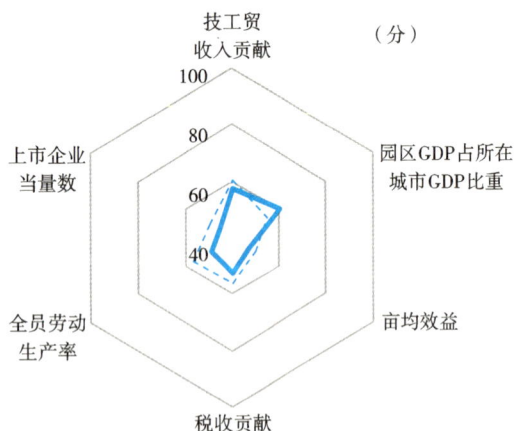

(e) 综合质效和持续创新力

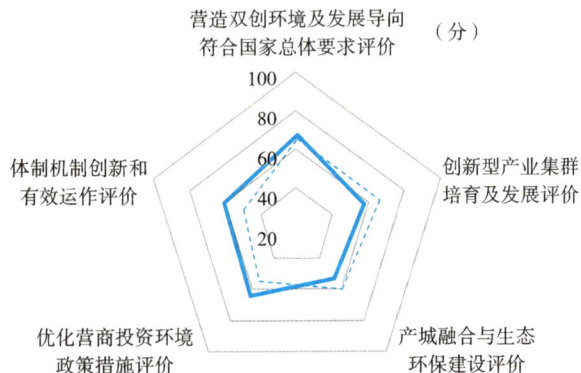

(f) 定性评价得分

—— 道县高新区得分　　----- 省级高新区均值得分

图 3-76　道县高新区五大能力及定性评价得分雷达图

(三十一)双峰高新区

双峰高新区绩效评价综合排名第 39,其中"创新能力和创业活跃度"排名第 40,"结构优化和产业价值链"排名第 16,"绿色发展和宜居包容性"排名第 35,"开放创新和国际影响力"排名第 30,"综合质效和持续创新力"排名第 37,其创新能力雷达图如图 3-77 所示,五大能力及定性评价得分雷达图如图 3-78 所示。

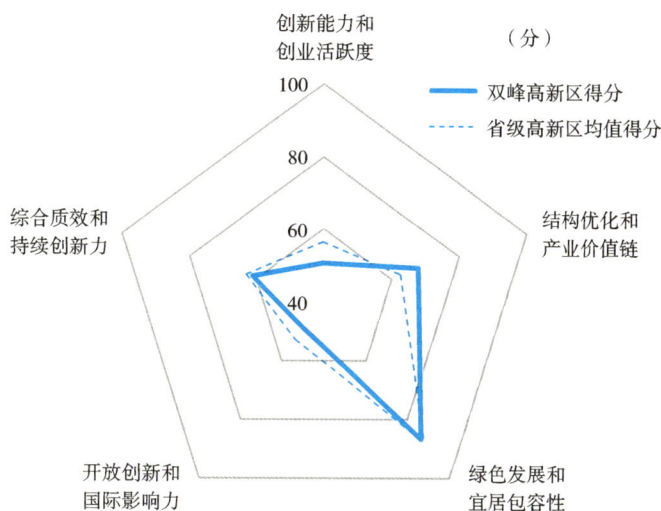

图 3-77　双峰高新区创新能力雷达图

双峰高新区在创新能力绩效评价的 34 项二级指标中,有 1 项指标排名第 1,1 项指标排名第 3,共计 3 项指标排名前十,16 项指标排名处于后 30%。排名靠后的指标为"当年注册企业数及增速""当年登记入库的科技型中小企业数及增速""当年新认定高新技术企业数及增速""单位规模工业增加值能耗降低率""新增从业人员数及增速""亩均效益"等。

评价结果显示:双峰高新区在企业盈利能力等方面表现突出;在技术交易活跃度、创新型产业集群培育、整体财政实力、国际市场拓展等方面表现较好;在创新活力、科技型企业培育、高新技术产业价值创造、就业生态与人才结构、创新驱动成效、低碳经济等方面有待加强。

根据此次评价结果,建议双峰高新区全面落实"三高四新"战略定位和使命任务,加强区域内创新资源配置和产业发展统筹,持续推进全省农机特色产业园和农机特色小镇建设,优先布局相关重大产业项目,推动传统制造向智能制造转型升级,着力突破一批新技术,形成一批具有自主知识产权的新产品,做大做强特色主导产业,形成特色鲜明的"智能农机"产业集群;建立并完善"微成长、小升高、高壮大"科技企业梯次培育机制,打造专业化众创空间和科技企业孵化器,着力培育更多竞争力强、成长性好的科技型中小企业和高新技术企业,推动重点产业竞争力整体跃升;出台更有力的人才支持政策,吸引更多高学历人才来园区就业创业;通过低效企业出清、"腾笼换鸟"等方式推动资源要素向优质高效领域集中,提高高新区创新驱动成效;按照碳达峰碳中和发展战略发展要求,降低规模工业单位能耗,推动产业绿色低碳发展。

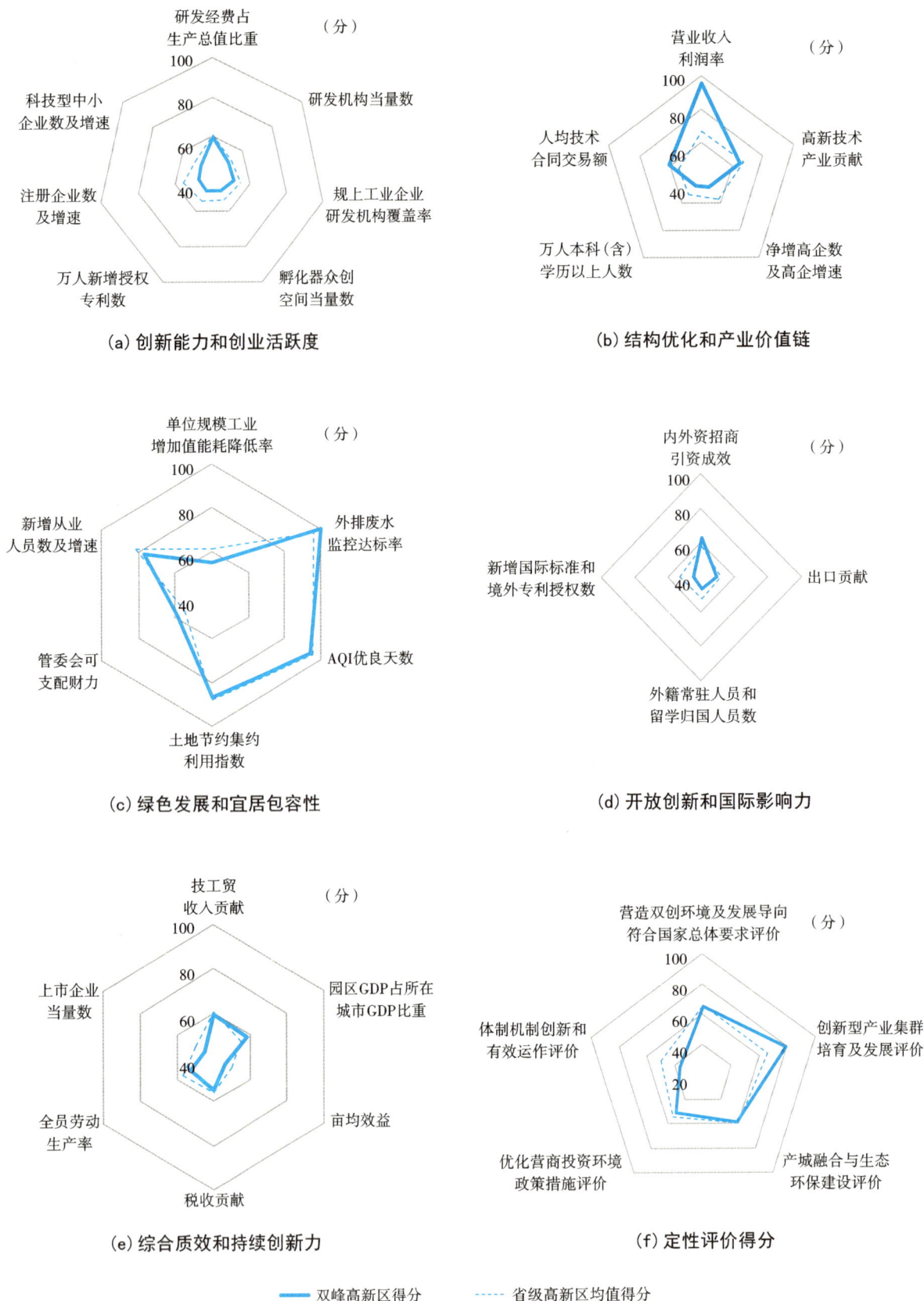

（a）创新能力和创业活跃度

（b）结构优化和产业价值链

（c）绿色发展和宜居包容性

（d）开放创新和国际影响力

（e）综合质效和持续创新力

（f）定性评价得分

—— 双峰高新区得分　-----省级高新区均值得分

图 3-78　双峰高新区五大能力及定性评价得分雷达图

(三十二)衡阳西渡高新区

衡阳西渡高新区绩效评价综合排名第40，其中"创新能力和创业活跃度"排名第43，"结构优化和产业价值链"排名第22，"绿色发展和宜居包容性"排名第21，"开放创新和国际影响力"排名第37，"综合质效和持续创新力"排名第33，其创新能力雷达图如图3-79所示，五大能力及定性评价得分雷达图如图3-80所示。

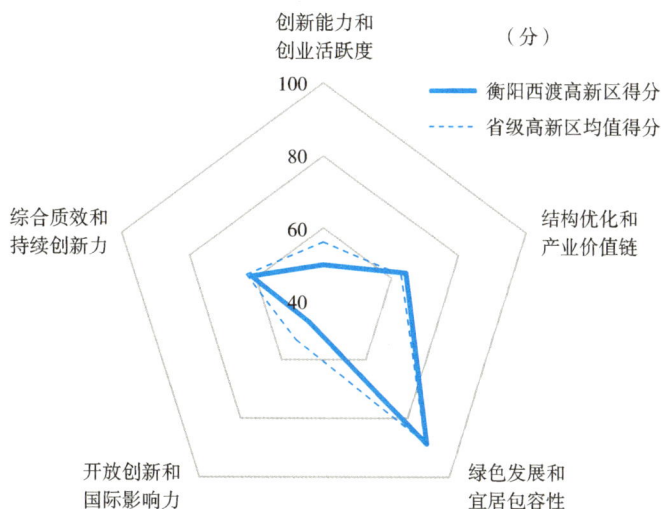

图3-79　衡阳西渡高新区创新能力雷达图

衡阳西渡高新区在高新区绩效评价的34项二级指标中，有1项指标与多个园区并列排名第1，共计4项指标排名前十，14项指标排名处于后30%。排名靠后的指标为"省级及以上研发机构数""当年注册企业数及增速""当年登记入库的科技型中小企业数及增速""高新技术产业贡献""万人拥有本科(含)学历以上人数"等。

评价结果显示：衡阳西渡高新区在企业盈利能力、产城融合与生态环保建设等方面表现相对较好；在创新投入、双创平台建设、创新成果产出、企业培育、招商引资能力、人才引育、土地资源配置等方面表现较弱。

根据此次评价结果，建议衡阳西渡高新区全面落实"三高四新"战略定位和使命任务，围绕医药、智能机器、非金属矿物制品等主特产业布局重大产业项目，着力打造一批区域优势产业集群；支持园区积极引进省内外科研机构联合设立新型研发机构、分支机构、研发中心；支持园区整合特色优势资源，构建完善"众创空间+孵化器+加速器"全孵化链条；支持园区内企业承担国家和地方科技计划项目，支持重大创新成果在园区落地转化并实现产品化、产业化；支持园区人才引进和人才培育双轨并行，集中资源实现人才供给与产业发展需求"无缝对接"；强化园区建设用地开发利用强度、投资强度整体控制，提高平均容积率，促进园区紧凑发展。

（a）创新能力和创业活跃度

（b）结构优化和产业价值链

（c）绿色发展和宜居包容性

（d）开放创新和国际影响力

（e）综合质效和持续创新力

（f）定性评价得分

—— 衡阳西渡高新区得分　　---- 省级高新区均值得分

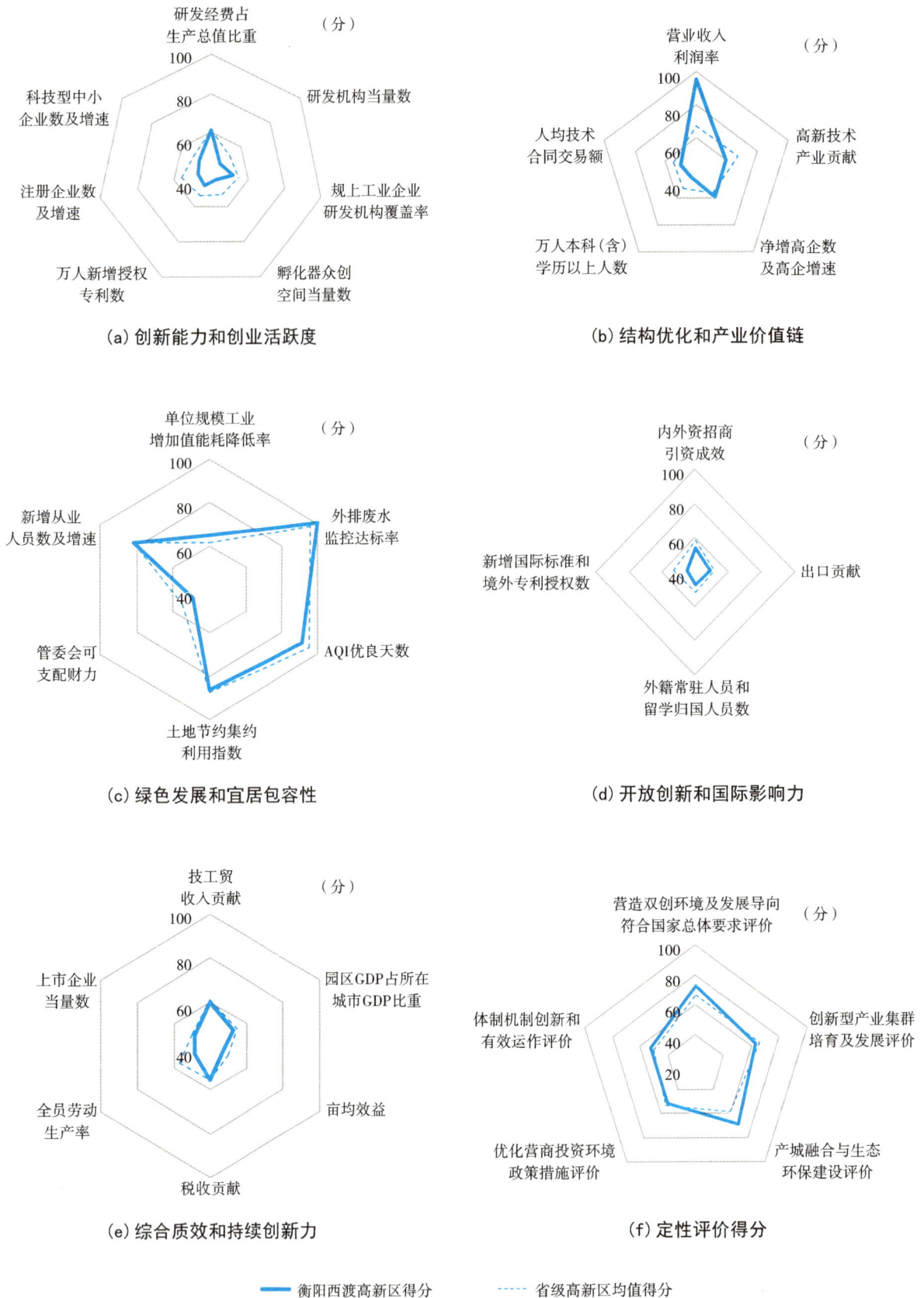

图3-80　衡阳西渡高新区五大能力及定性评价得分雷达图

(三十三)洪江高新区

洪江高新区绩效评价综合排名第41，其中"创新能力和创业活跃度"排名第16，"结构优化和产业价值链"排名第36，"绿色发展和宜居包容性"排名第31，"开放创新和国际影响力"排名第44，"综合质效和持续创新力"排名第38，其创新能力雷达图如图3-81所示，五大能力及定性评价得分雷达图如图3-82所示。

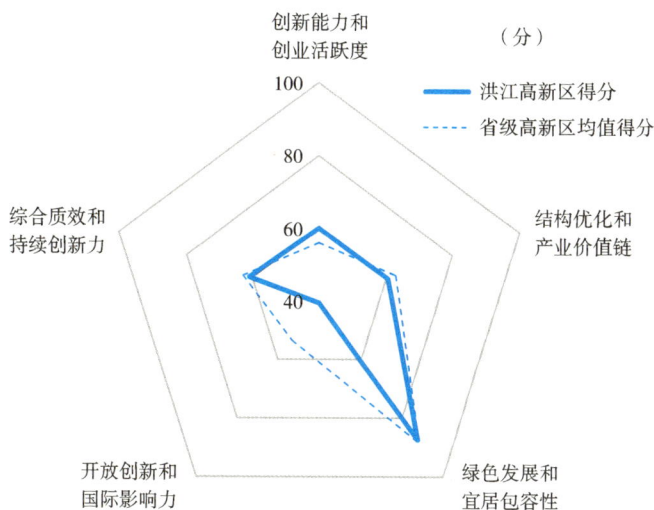

图 3-81　洪江高新区创新能力雷达图

洪江高新区在创新能力绩效评价的34项二级指标中，有3项指标排名第1，共计5项指标排名前十，21项指标排名处于后30%。排名靠后的指标为"内外资招商引资成效""省级及以上研发机构数""万人新增授权专利数""当年登记入库的科技型中小企业数及增速""高新技术产业贡献""管委会当年可支配财力""出口贡献""当年技工贸收入贡献""税收贡献"等。

评价结果显示：洪江高新区在规上企业研发平台、绿色生态环境建设、就业生态等方面表现较为突出；在研发投入方面表现较好；在高水平研发机构建设、高新技术产业价值创造、国际市场开拓、创新驱动成效等方面有待加强。

根据此次评价结果，建议洪江高新区全面落实"三高四新"战略定位和使命任务，以国家火炬怀化洪江精细化工新材料特色产业基地及湖南省新型工业化产业示范基地为抓手，发挥品牌驱动效应，创新招商引资方式，推动全产业链精准招商，协同引进上下游配套企业和产业缺环项目；加强产学研合作，通过设立分支机构、联合共建等方式，积极引入省内外高校、科研院所等创新资源，推进省级以上创新平台建设；引导企业积极布局专利等创新成果，形成一批具有自主知识产权的技术和产品，提升企业核心竞争力；加大科技型中小企业和高新技术企业培育力度，提升高新技术产业价值创造能力，努力实现产业链向价值高端延伸；积极融入"国内国际"双循环新发展格局，拓展国际市场，柔性引进更多国际化人才，争取更多国际创新成果产出。

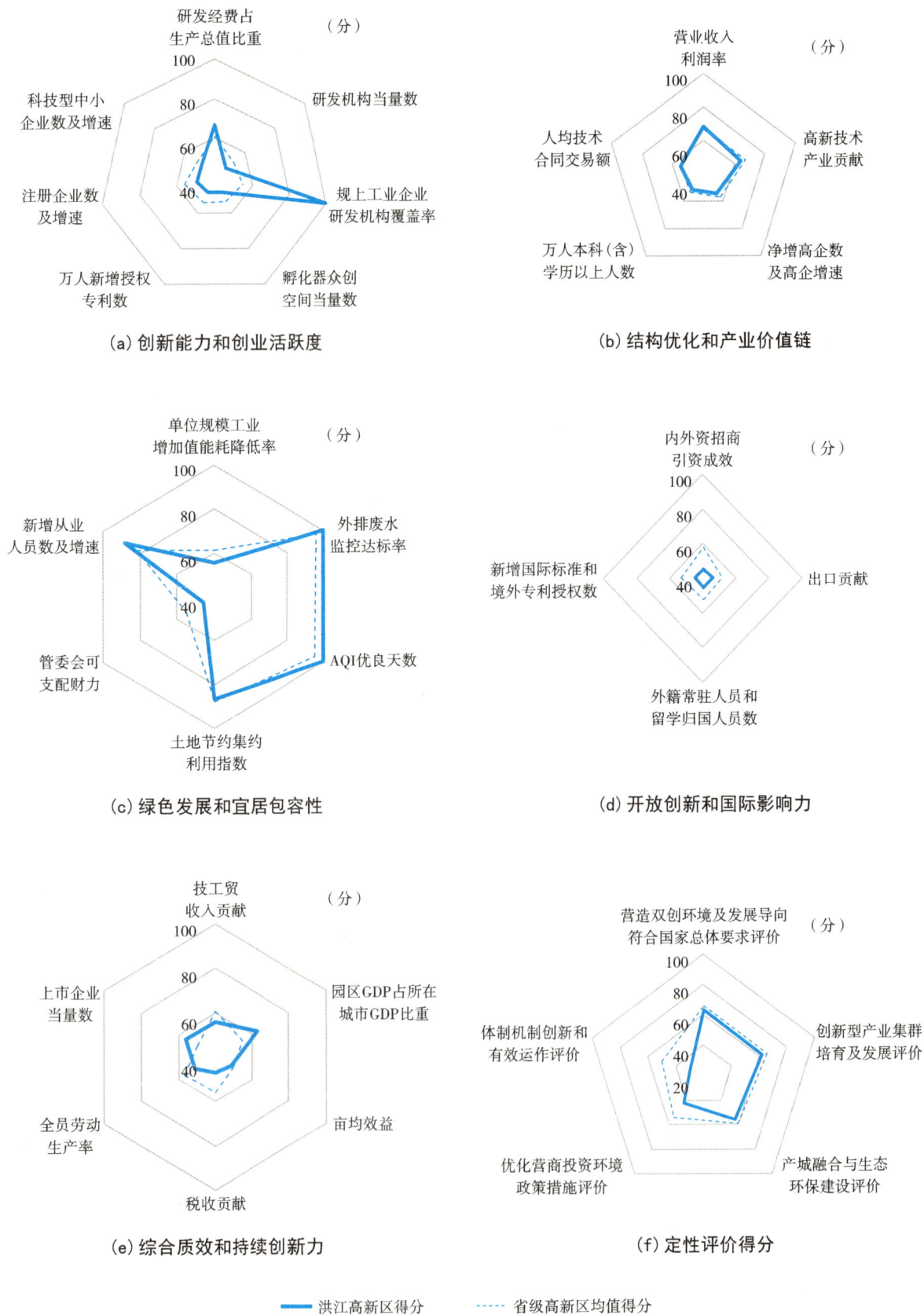

(a) 创新能力和创业活跃度

(b) 结构优化和产业价值链

(c) 绿色发展和宜居包容性

(d) 开放创新和国际影响力

(e) 综合质效和持续创新力

(f) 定性评价得分

—— 洪江高新区得分　　----- 省级高新区均值得分

图 3-82　洪江高新区五大能力及定性评价得分雷达图

(三十四)新化高新区

新化高新区绩效评价综合排名第 42,其中"创新能力和创业活跃度"排名第 42,"结构优化和产业价值链"排名第 30,"绿色发展和宜居包容性"排名第 27,"开放创新和国际影响力"排名第 40,"综合质效和持续创新力"排名第 39,其创新能力雷达图如图 3-83 所示,五大能力及定性评价得分雷达图如图 3-84 所示。

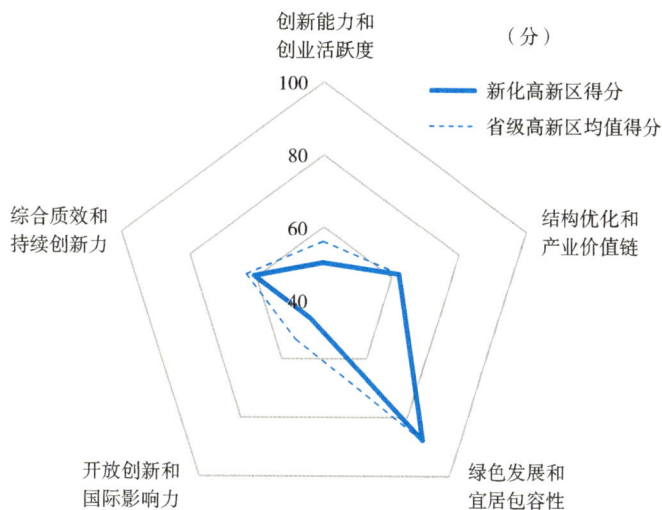

图 3-83　新化高新区创新能力雷达图

新化高新区在创新能力绩效评价的 34 项二级指标中,有 2 项指标排名第 1,共计 2 项指标排名前十,15 项指标排名处于后 30%。排名靠后的指标为"规上工业企业研发机构覆盖率""创新型产业集群培育及发展状况评价""管委会的体制机制创新和有效运作评价""当年技工贸收入贡献""管委会优化营商投资环境政策措施评价""管委会促进产城融合与生态环保建设评价""管委会营造创新创业环境及发展导向符合国家总体要求评价"等。

评价结果显示:新化高新区在绿色生态环境建设、高企培育、高新技术产业价值创造等方面表现较好;在创新投入、开放创新与国际市场拓展、持续创新力、优化营商投资环境、体制机制创新等方面有待进一步加强。

根据此次评价结果,建议新化高新区全面落实"三高四新"战略定位和使命任务,进一步推进园区体制机制改革,通过优化园区机构设置和职能配置、改革园区管理体制、创新人员管理与绩效评价体系,激发园区高质量发展的动力和活力;鼓励企业通过自建、联建或与高校、科研院所共建等方式,建立工程技术研究中心、企业技术中心、院士专家工作站和博士后工作站等各类研发机构,提高规上工业企业研发机构覆盖率;加大财政对产业资本、金融资本、社会资本的引导作用与杠杆作用,提升自主创新资源配置能力;围绕主导特色产业,瞄准产业链进行精准招商,面向国内外引进优质企业、优选高质量项目;加强与中国(湖南)自贸区对接协作,探索建设自贸区联动创新区,推动现代文印、电子陶瓷等优势企业和产品"借船出海",提升园区的国际竞争力。

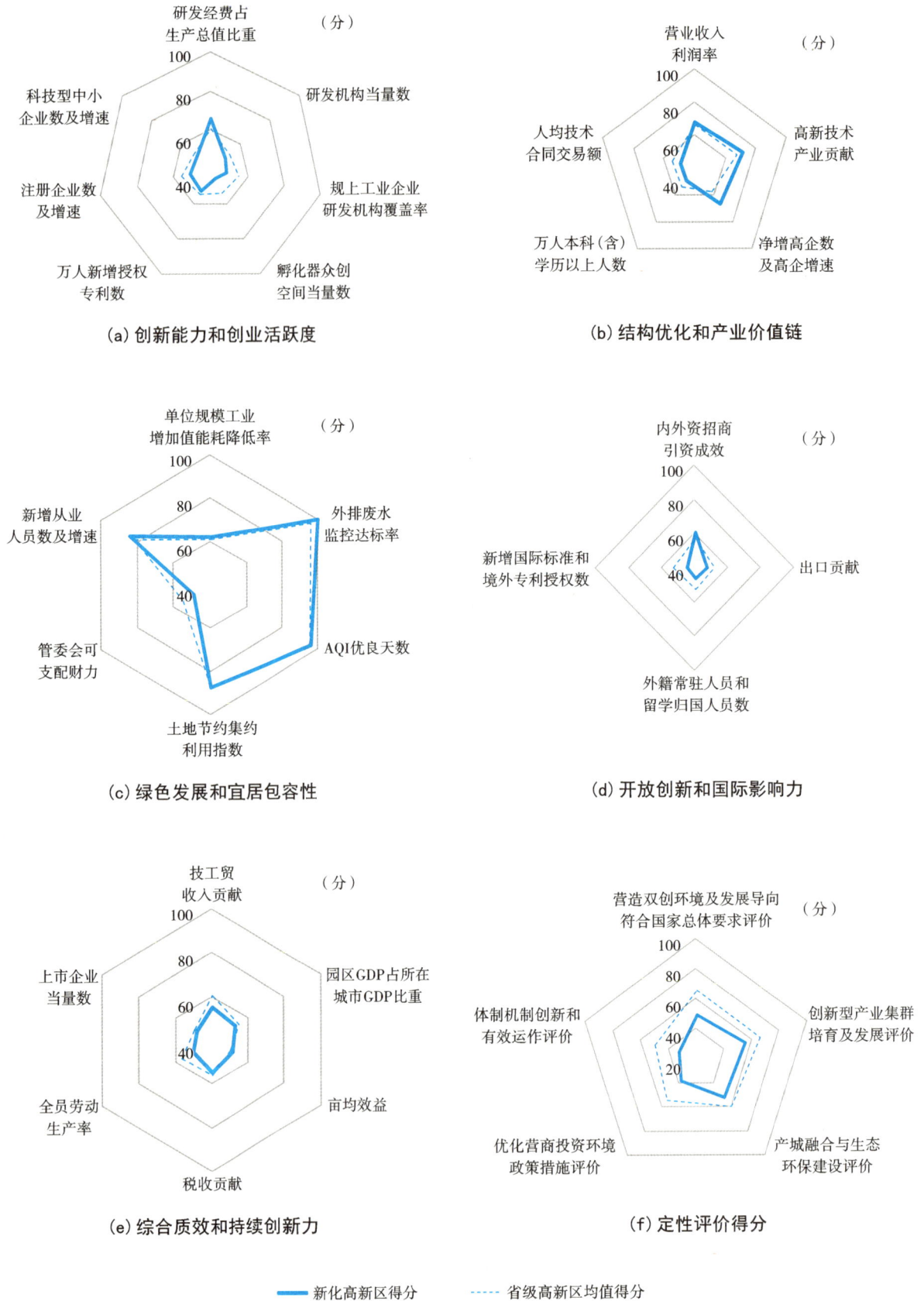

（a）创新能力和创业活跃度

（b）结构优化和产业价值链

（c）绿色发展和宜居包容性

（d）开放创新和国际影响力

（e）综合质效和持续创新力

（f）定性评价得分

—— 新化高新区得分　　------ 省级高新区均值得分

图 3-84　新化高新区五大能力及定性评价得分雷达图

（三十五）泸溪高新区

泸溪高新区绩效评价综合排名第43，其中"创新能力和创业活跃度"排名第18，"结构优化和产业价值链"排名第42，"绿色发展和宜居包容性"排名第42，"开放创新和国际影响力"排名第21，"综合质效和持续创新力"排名第44，其创新能力雷达图如图3-85所示，五大能力及定性评价得分雷达图如图3-86所示。

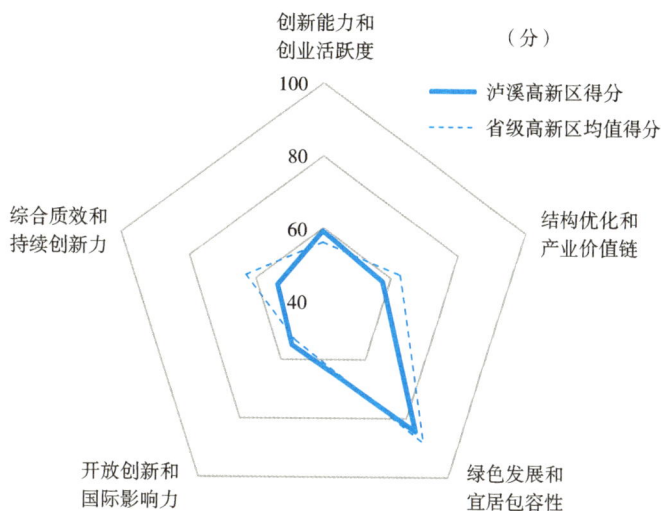

图3-85　泸溪高新区创新能力雷达图

泸溪高新区在高新区绩效评价的34项一级指标中，有1项指标排名第1，1项指标排名第3，共计4项指标排名前十，18项指标排名处于后30%。排名靠后的指标为"当年新认定高新技术企业数及增速""新增从业人员数及增速""内外资招商引资成效""管委会优化营商投资环境政策措施评价""亩均效益"等。

评价结果显示：泸溪高新区在绿色生态环境建设、国际市场拓展等方面表现较好；在创新活力、企业培育、创新驱动成效、体制机制创新等方面有待加强。

根据此次评价结果，建议泸溪高新区全面落实"三高四新"战略定位和使命任务，立足资源禀赋和产业基础，积极把握湘南湘西产业承接转移示范区发展机遇，对接粤港澳大湾区，围绕金属冶炼及综合利用、新能源材料等主特产业，布局重大产业项目，打造一批区域优势产业集群；引导企业特别是规上企业加强产学研合作，通过设立分支机构、联合共建等方式，积极引入省内外高校、科研院所等创新资源，建设省级以上创新平台；加大招商引资力度，创新招商引资模式，优化招商环境，搭建招商平台，拓宽引资渠道，面向全国全球吸引优质企业、优选高质量项目；进一步加大园区体制机制创新改革工作力度，激发园区高质量发展的动力和活力；加强宜居宜业环境建设，不断完善园区配套建设，推进产城融合发展。

（a）创新能力和创业活跃度

（b）结构优化和产业价值链

（c）绿色发展和宜居包容性

（d）开放创新和国际影响力

（e）综合质效和持续创新力

（f）定性评价得分

—— 泸溪高新区得分　　---- 省级高新区均值得分

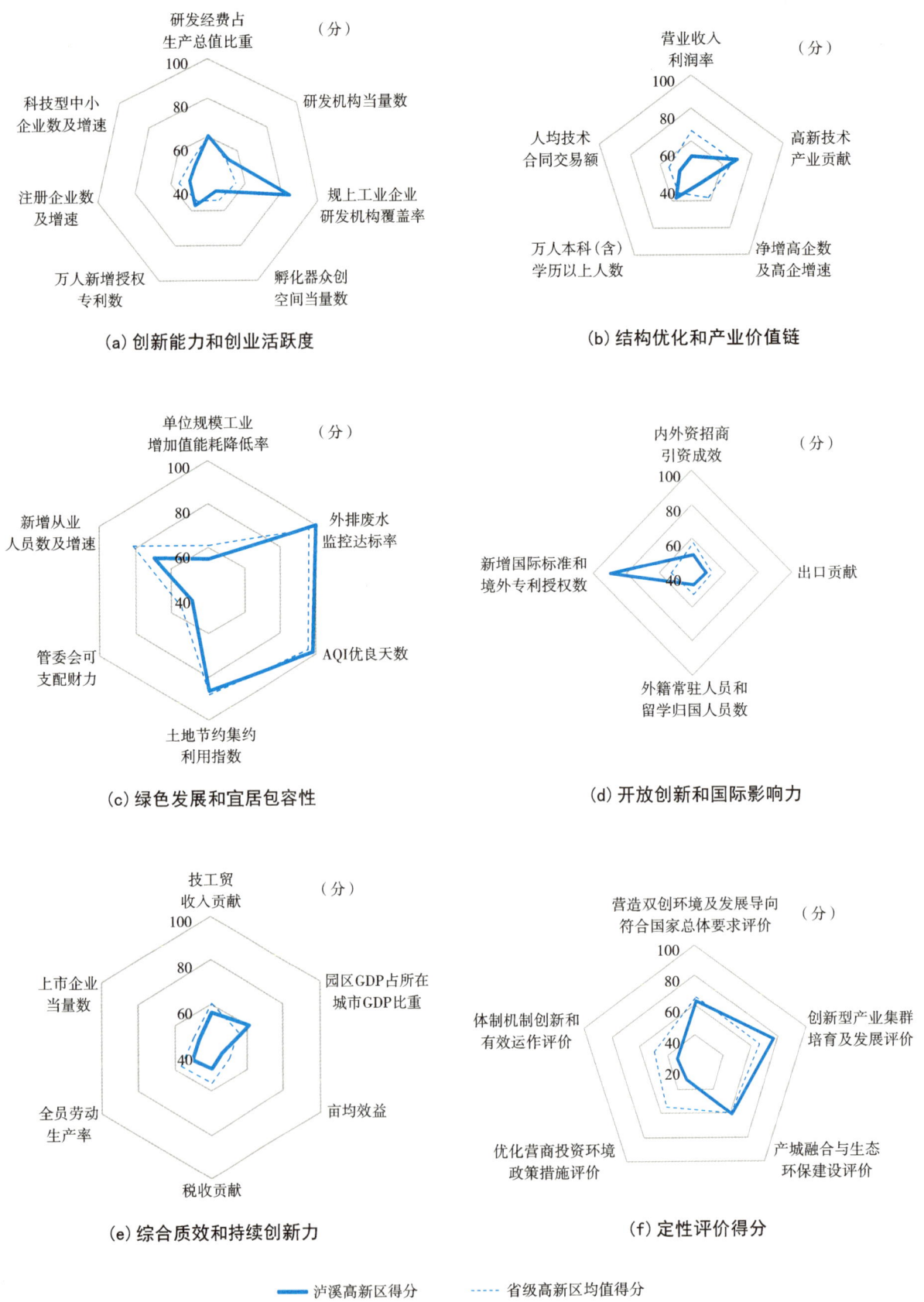

图 3-86　泸溪高新区五大能力及定性评价得分雷达图

（三十六）衡山高新区

衡山高新区绩效评价综合排名第 44，其中"创新能力和创业活跃度"排名第 41，"结构优化和产业价值链"排名第 25，"绿色发展和宜居包容性"排名第 37，"开放创新和国际影响力"排名第 43，"综合质效和持续创新力"排名第 42，其创新能力雷达图如图 3-87 所示，五大能力及定性评价得分雷达图如图 3-88 所示。

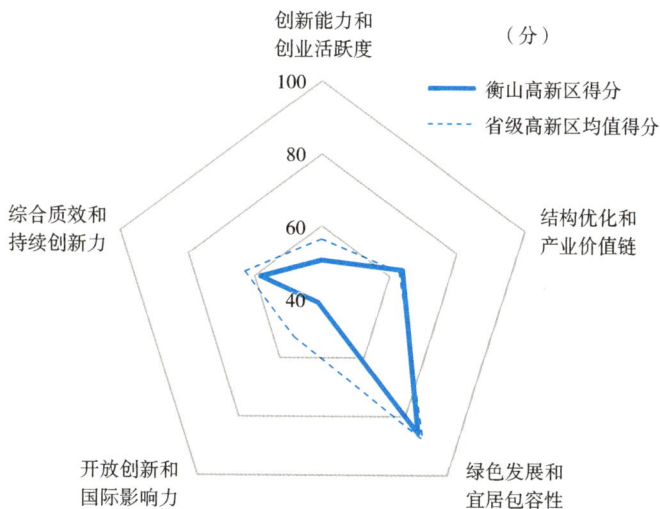

图 3-87　衡山高新区创新能力雷达图

衡山高新区在高新区绩效评价的 34 项二级指标中，有 1 项指标排名第 1，共计 3 项指标排名前十，22 项指标排名处于后 30%。排名靠后的指标为"万人新增授权专利数""内外资招商引资成效""出口贡献""全员劳动生产率""管委会的体制机制创新和有效运作评价"等。

评价结果显示：衡山高新区在研发投入、企业培育、绿色生态环境建设等方面表现较好；在创新活力、创新产出、营商环境建设、高新技术产业价值创造、技术交易活跃度、国际市场拓展、体制机制创新等方面有待加强。

根据此次评价结果，建议衡山高新区全面落实"三高四新"战略定位和使命任务，立足资源禀赋和产业基础，积极把握湘南湘西产业承接转移示范区发展机遇，对接粤港澳大湾区，围绕机械制造、高分子新材料等主特产业，做好产业承接和自主创新，引导企业加大研发投入，形成一批有核心竞争力的技术和有影响力的创新成果；优化高新技术产业结构，衍生上下游产业链，提高企业自主创新能力，提高高新技术产业创造价值；加大园区财政科技投入，引导企业建立研发准备金制度，持续加大研发投入，支持规上工业企业自建或共建研发机构，提高企业研发机构覆盖率；加强宜居宜业环境建设，不断完善园区配套建设，推进产城融合发展。

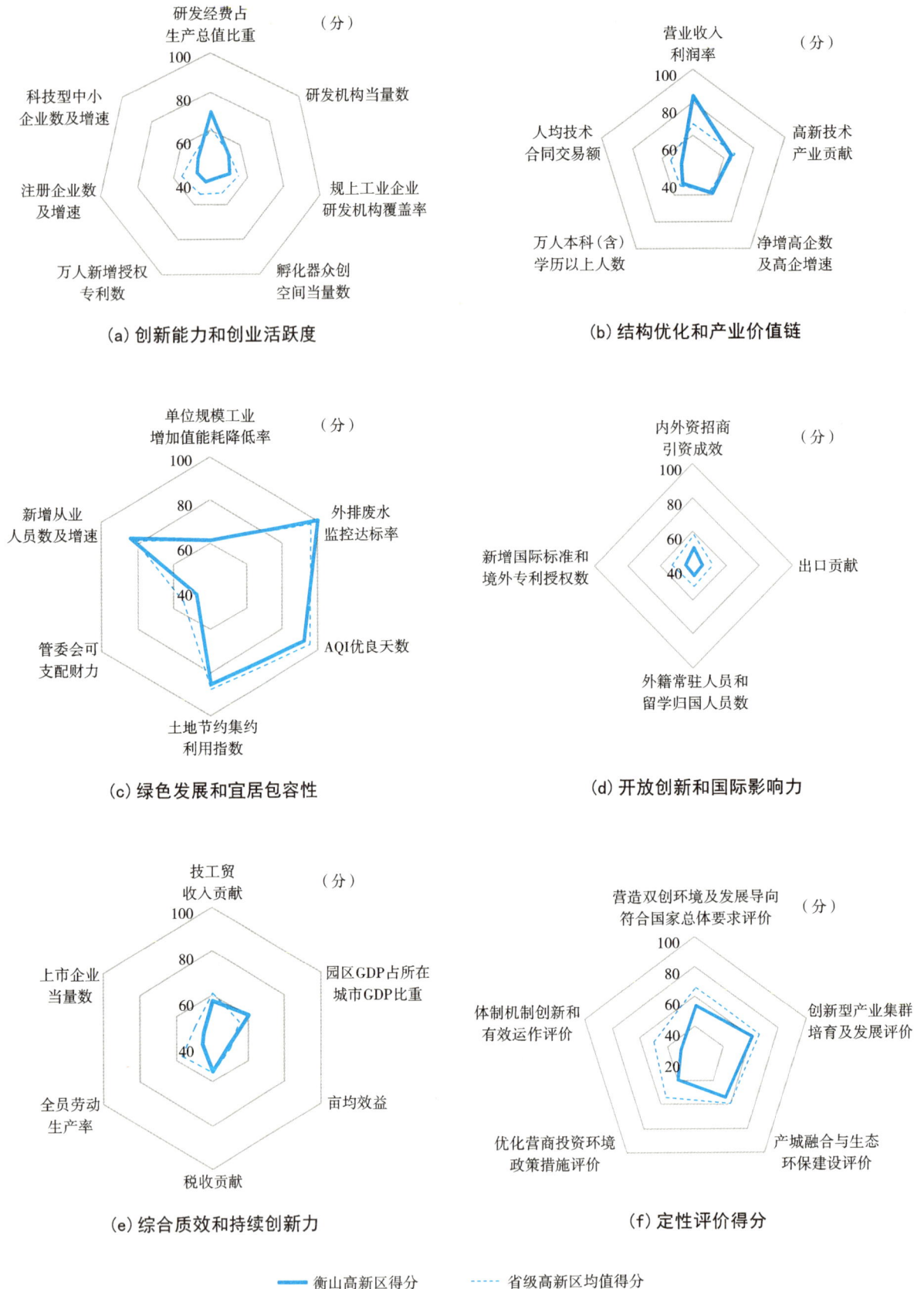

（a）创新能力和创业活跃度

（b）结构优化和产业价值链

（c）绿色发展和宜居包容性

（d）开放创新和国际影响力

（e）综合质效和持续创新力

（f）定性评价得分

—— 衡山高新区得分　　- - - - 省级高新区均值得分

图 3-88　衡山高新区五大能力及定性评价得分雷达图

附录 湖南省高新区绩效评价指标体系及相关说明

新指标体系参考了科技部最新修订的《国家高新技术产业开发区综合评价指标体系》（国科发火〔2021〕106号），结合了原湖南省创新发展绩效评价指标体系以及我省实际创新发展情况，并于2021年4月24日印发高新区考评办法（湘科发〔2021〕50号）。新指标体系，由创新能力和创业活跃度、结构优化和产业价值链、绿色发展和宜居包容性、开放创新和国际影响力、综合质效和持续创新力5项一级指标组成，下设28项定量指标、6项定性指标，共34项二级指标。其中定性指标评分权重从25%调整至10%左右。

一、湖南省高新区绩效评价指标体系（表A1）

表A1 湖南省高新区绩效评价指标体系

一级指标	序号	二级指标	权重	类型
创新能力和创业活跃度（20%）	1.1	研发经费占生产总值比重	1.1	定量
	1.2	省级及以上研发机构数	1.2	定量
	1.3	规上工业企业研发机构覆盖率	1.0	定量
	1.4	科技企业孵化器和众创空间数	1.1	定量
	1.5	万人新增授权专利数	1.1	定量
	1.6	当年注册企业数及增速	0.9	定量
	1.7	当年登记入库的科技型中小企业数及增速	1.0	定量
	1.8	管委会营造创新创业环境及发展导向符合国家总体要求评价	0.6	定性
结构优化和产业价值链（20%）	2.1	营业收入利润率	1	定量
	2.2	高新技术产业贡献	1.1	定量
	2.3	当年新认定高新技术企业数及增速	1.1	定量
	2.4	万人拥有本科（含）学历以上人数	1.1	定量
	2.5	人均技术合同交易额	1.1	定量
	2.6	创新型产业集群培育及发展状况评价	0.6	定性

续表A1

一级指标	序号	二级指标	权重	类型
绿色发展和宜居包容性（15%）	3.1	单位规模工业增加值能耗降低率	1.2	定量
	3.2	污水集中处理设施外排废水自动监控达标率	1.2	定量
	3.3	当地环境空气质量指数（AQI）不大于100的天数	1.1	定量
	3.4	园区土地节约集约利用指数*	1.0	定量
	3.5	管委会当年可支配财力	1.0	定量
	3.6	新增从业人员数及增速	0.9	定量
	3.7	管委会促进产城融合与生态环保建设评价*	0.6	定性
开放创新和国际影响力（15%）	4.1	内外资招商引资成效	1.2	定量
	4.2	出口贡献	1.2	定量
	4.3	外籍常驻人员和留学归国人员数	1.0	定量
	4.4	当年新增国际标准和境外专利授权数	1.0	定量
	4.5	管委会优化营商投资环境政策措施评价	0.6	定性
综合质效和持续创新力（30%）	5.1	当年技工贸收入贡献	1.2	定量
	5.2	上年度生产总值占所在城市（区县）GDP的比重	1.2	定量
	5.3	亩均效益	1.6	定量
	5.4	税收贡献	1.1	定量
	5.5	全员劳动生产率	0.8	定量
	5.6	上市企业数	1.0	定量
	5.7	管委会的体制机制创新和有效运作评价	0.6	定性
	5.8	参与评价工作所报数据和相关材料的及时性、准确性评价	0.5	定性

＊3.4园区土地节约集约利用指数：当年在土地利用方面因违法问题被省政府进行会议约谈和通报的园区，该指标计0分。

＊3.7管委会促进产城融合与生态环保建设评价：当年因环境问题被省级及以上生态环境主管部门挂牌督办、编制规划环评未通过评审以及发生重大安全事故的园区，该指标计0分。

二、湖南省高新区绩效评价指标说明

（一）创新能力和创业活跃度

1.1 研发经费占生产总值比重

计算公式：园区研发经费内部支出总额/园区生产总值。

指标解释：衡量园区研发投入强度，鼓励园区企业强化自主创新费用投入。

1.2　省级及以上研发机构数

计算公式：国家级研发机构×2+国家级研发机构分中心+省级研发机构+新型研发机构。

指标解释：当年经认定的国家级和省级工程（技术）研究中心、企业技术中心、重点实验室、工程实验室、院士专家工作站、博士后科研工作站、技术创新中心、外资研发机构、新型研发机构、各类大学以及其他国家级和省级研发机构的数量，鼓励园区积极引进和培育各类研发载体，夯实园区研发实力。

1.3　规上工业企业研发机构覆盖率

计算公式：拥有市级及以上研发机构数的规上工业企业数/园区规上工业企业数。

指标解释：衡量园区具有研发实力的规上企业培育成效，鼓励园区自主培育有创新能力的企业。

1.4　科技企业孵化器和众创空间数

计算公式：国家级科技企业孵化器×3+国家级众创空间数×2+省级科技企业孵化器×1.5+省级众创空间数。

指标解释：引导创业孵化载体在园区聚集，反映园区整体的创业服务能力。

1.5　万人新增授权专利数

计算公式：（发明专利授权数×3+实用新型专利授权数）/期末从业人员数×10000。

指标解释：衡量园区企业的高质量创新成果的人均产出效率，引导企业开展具有较高原创性的创新活动。

1.6　当年注册企业数及增速

计算公式：当年注册企业数分值×0.5+企业增速分值×0.5。

指标解释：体现园区大众创业活力，反映园区对全省创业的示范和引领情况。

1.7　当年登记入库的科技型中小企业数及增速

计算公式：园区当年登记入科技部科技型中小企业信息库中的企业数分值×0.5+登记入库的科技型中小企业增速分值×0.5。

指标解释：反映园区科技型企业的新生力量培育情况。

1.8　管委会营造创新创业环境及发展导向符合国家总体要求评价

计算方法：对参与评价的高新区进行问卷调查，同时结合专家评分，进行综合判断。

指标解释：综合衡量园区支撑创新创业的环境建设以及创新驱动示范区和高质量先行区的发展定位。

（二）结构优化和产业价值链

2.1　营业收入利润率

计算公式：利润总额/技工贸总收入。

指标解释：衡量园区企业的盈利能力和发展绩效。

2.2 高新技术产业贡献

计算公式：高新技术产业主营业务收入占技工贸总收入比重分值×0.3+高新技术产业增加值分值×0.4+高新技术产业增加值增速分值×0.3。

指标解释：反映园区产业结构调整情况，同时强调和鼓励发展高新技术产业。

2.3 当年新认定高新技术企业数及增速

计算公式：当年净增高企数分值×0.5+高企增速分值×0.5。

指标解释：引导企业申报高新技术企业，考量园区高新技术企业的培育情况，促进产业价值链的提升。

2.4 万人拥有本科(含)学历以上人数

计算公式：园区拥有本科及以上学历从业人员/期末从业人员×10000。

指标解释：衡量园区从业人员的知识结构，引导企业进一步提升从业人员综合素质，也是衡量产业结构优化的重要指标。

2.5 人均技术合同交易额

计算公式：技术合同交易额/期末从业人员。

指标解释：衡量园区技术交易活动频度和规模，体现园区科技创新活跃态势。

2.6 创新型产业集群培育及发展状况评价

计算方法：对参与评价的高新区进行问卷调查，同时结合专家评分，进行综合判断。

指标解释：衡量园区创新型产业集群培育及发展状况。

(三)绿色发展和宜居包容性

3.1 单位规模工业增加值能耗降低率

计算公式：单位规模工业增加值综合能耗=规模工业企业能源消耗总量(吨标准煤)/园区规模工业增加值(万元)，单位规模工业增加值能耗降低率为本年园区企业综合能耗与上年园区企业综合能耗的增减率。

指标解释：全球度量产业能耗的重要指标，也是衡量园区低碳经济实现程度的重要参考。

3.2 污水集中处理设施外排废水自动监控达标率

计算方法：园区污水集中处理设施外排废水自动监控达标率=1-超标数据天数/全年有效数据天数。

指标解释：评估园区污水处理能力和成效。

3.3 当地环境空气质量指数(AQI)不大于100的天数

计算公式：园区所在区县环保局统计的全年 AQI(即环境空气质量指数)不大于100的天数。

指标解释：评估园区所在地全年环境空气优良的天数。

3.4 园区土地节约集约利用指数

计算公式：经省自然资源部门按照自然资源部制定的"开发区土地集约利用评价规程"和"开发区土地集约利用评价数据库标准"，以及评价办法确认的园区土地节约集约利用综合指数。当年在土地利用方面因违法问题被省政府进行会议约谈和通报的园区，该指标计 0 分。

指标解释：衡量园区土地节约集约利用水平的重要指标。

3.5 管委会当年可支配财力

计算公式：园区管委会可用于其全面创新发展的资金总额。

指标解释：衡量园区管委会整体财政实力，体现其综合统筹各类资源的财政储备情况。

3.6 新增从业人员数及增速

计算公式：园区当年期末从业人员新增数分值×0.5+园区期末从业人员增长率分值×0.5。

指标解释：从业人员的增长是反映园区持续发展活力的重要指标，吸纳就业人口也是对全省经济发展和社会稳定的重要贡献。

3.7 管委会促进产城融合与生态环保建设评价

计算方法：对参与评价的高新区进行问卷调查，同时结合专家评分，进行综合判断。当年因环境问题被省级及以上生态环境主管部门挂牌督办、编制规划环评未通过评审以及发生重大安全事故的园区，该指标计 0 分。

指标解释：衡量园区管委会推动产城融合发展，建设生态环保、宜居宜业科技新城。

（四）开放创新和国际影响力

4.1 内外资招商引资成效

计算公式：内外资招商引资到位金额当量分值×0.5+内外资招商引资到位金额当量增速分值×0.5。

指标解释：内外资招商引资到位金额当量是指实际使用的外资额×2+实际使用省外境内资金额，衡量园区招商引资能力。

4.2 出口贡献

计算公式：园区出口总额占技工贸总收入的分值×0.4+出口额分值×0.3+出口额增速分值×0.3。

指标解释：衡量园区企业走出去，拓展国际市场的能力。

4.3 外籍常驻人员和留学归国人员

计算公式：外籍常驻人员和留学归国人员的数量。

指标解释：从业人员的国际化是提升全球竞争能力的重要因素，该指标体现园区对全球人才的吸引力。

4.4 当年新增国际标准和境外专利授权数

计算公式：当年新增国际标准数+当年新增境外专利授权数。

指标解释：衡量园区企业海外知识产权布局情况。

4.5 管委会优化营商投资环境政策措施评价

计算方法：对参与评价的高新区进行问卷调查，同时结合专家评分，进行综合判断。
指标解释：衡量园区管委会优化营商投资环境政策措施。

（五）综合质效和持续创新力

5.1 当年技工贸收入总额及增速

计算公式：技工贸总收入分值×0.5+技工贸总收入增速分值×0.5。
指标解释：反映园区经济成长力，衡量园区新动能的培育成效。

5.2 上年度园区生产总值占所在城市（区县）GDP 的比重

计算公式：
国家级高新区：上年度园区生产总值/所在城市 GDP。
省级高新区：上年度园区生产总值/所在区县 GDP。
指标解释：反映园区对所在城市经济产业的贡献以及发挥示范带动作用。

5.3 亩均效益

计算公式：园区每亩已开发面积的生产总值分值×0.4+每亩税收产出强度分值×0.3+每亩固定资产投入强度分值×0.3。
指标解释：引导园区企业提高资源要素集约节约利用水平，提高可持续发展能力。

5.4 税收贡献

计算公式：当年上缴税金总额分值×0.5+上缴税金增速分值×0.5。
指标解释：衡量园区税收贡献情况。

5.5 全员劳动生产率

计算公式：园区生产总值/期末从业人员数。
指标解释：衡量园区价值创造效能，激励园区企业不断提高生产效率。

5.6 上市企业数

计算公式：境外上市+主板+创业板+科创板×1.5+区域股权×0.5。
指标解释：反映园区中具有发展实力的企业增长情况，同时引导园区企业积极通过金融市场进行科技融资。

5.7 管委会的体制机制创新和有效运作评价

计算方法：对参与评价的高新区进行问卷调查，同时结合专家评分，进行综合判断。
指标解释：衡量园区管委会的体制机制创新和有效运作的评价。

5.8 参与评价工作所报数据和相关材料及时性、准确性和完整性评价

计算方法：由评价方对各园区数据填报和调查问卷反馈的工作质量（包括对相关问题改进情况）

进行打分。

指标解释：引导园区对统计工作及数据收集的重视，做好基础统计工作和园区创新发展监测工作，防止虚报、瞒报和弄虚作假。

三、数据来源

本报告采用的绩效评价数据为 44 家高新区自主填报的 2020 年度数据，对照各高新区提交的佐证材料，对高新区上报数据进行分析核实，对存在的部分存疑数据，进一步与园区核实和修正。同时，分别调度省统计局、省自然资源厅与省生态环境厅相关业务数据，对高新区数据进行最后核准。

四、测算过程

（一）各二级指标权重计算

各二级指标权重计算方法如下：

$$w_{ij} = \frac{\omega_{ij}}{\sum_{j=1}^{n} \omega_{ij}}$$

式中：w_{ij} 为计算后的各二级指标的权重；ω_{ij} 为各二级指标原始赋权值；i 为指一级指标序号；j 为二级指标序号。

（二）定量指标数据标准化处理

对各指标进行归一化处理，采用的处理方式为线性归一化处理，其中所有指标均为正向指标，处理方法为：

$$P_{ij} = \frac{X_{ij} - X_{ij,\,min}}{X_{ij,\,max} - X_{ij,\,min}}$$

式中：P_{ij} 为各指标归一化处理后得到的标准值；X_{ij} 为各指标的原始值；$X_{ij,\,max}$ 为当年各高新区该指标的最大值；$X_{ij,\,min}$ 为当年各高新区该指标的最小值。

（三）定性指标专家打分

6 个定性指标对应调查问卷的各个专题版块，要求 5 名专家对定性调查问卷评分，专家打分去掉一个最高分和一个最低分后取平均值为该园区指标得分。

（四）加权计算

各高新区创新能力绩效评价总得分为各项一级指标权重得分总和，一级指标得分为该一级指标下二级指标权重得分总和。一级指标得分为：

$$s_i = \sum_{j=1}^{n} P_{ij} w_{ij}$$

式中：s_i 为一级指标得分；P_{ij} 为各指标量纲一化处理后得到的标准值；w_{ij} 为计算后的各二级指标的权重。总得分为：

$$S = \sum_{i=1}^{n} s_i W_i$$

式中：S 为总得分；s_i 为一级指标得分；W_i 为一级指标权重。

五、参评高新区列表（表 A2）

表 A2　湖南省参评高新区名录

序号	园区名称	序号	园区名称
1	长沙国家高新技术产业开发区	23	望城高新技术产业开发区
2	株洲国家高新技术产业开发区	24	岳麓高新技术产业开发区
3	湘潭国家高新技术产业开发区	25	衡山高新技术产业开发区
4	益阳国家高新技术产业开发区	26	隆回高新技术产业开发区
5	衡阳国家高新技术产业开发区	27	岳阳绿色化工高新技术产业开发区
6	郴州国家高新技术产业开发区	28	汨罗高新技术产业开发区
7	常德国家高新技术产业开发区	29	桃源高新技术产业开发区
8	怀化国家高新技术产业开发区	30	张家界高新技术产业开发区
9	岳阳临港高新技术产业开发区	31	江华高新技术产业开发区
10	韶山高新技术产业开发区	32	新化高新技术产业开发区
11	衡阳西渡高新技术产业园区	33	攸县高新技术产业开发区
12	沅江高新技术产业园区	34	澧县高新技术产业开发区
13	汉寿高新技术产业园区	35	桂阳高新技术产业开发区
14	岳阳高新技术产业园区	36	宁远高新技术产业开发区
15	平江高新技术产业园区	37	洪江高新技术产业开发区
16	宁乡高新技术产业园区	38	湘西高新技术产业开发区
17	浏阳高新技术产业开发区	39	雨湖高新技术产业开发区
18	湘阴高新技术产业开发区	40	临湘高新技术产业开发区
19	津市高新技术产业开发区	41	临澧高新技术产业开发区
20	娄底高新技术产业开发区	42	祁阳高新技术产业开发区
21	泸溪高新技术产业开发区	43	道县高新技术产业开发区
22	开福高新技术产业开发区	44	双峰高新技术产业开发区

六、湖南省高新区绩效评价排名结果（表 A3）

表 A3　湖南省高新区绩效评价排名结果

园区名称	综合		创新能力和创业活跃度		结构优化和产业价值链		绿色发展和宜居包容性		开放创新和国际影响力		综合质效和持续创新力	
	得分	排名	得分	排名	得分	排名	得分	排名	得分	排名	得分	排名
长沙高新区	92.41	1	93.00	1	94.65	1	99.07	3	98.80	1	84.03	2
株洲高新区	89.07	2	93.00	1	82.75	5	95.67	7	91.33	2	86.27	1
衡阳高新区	83.83	3	76.55	5	84.30	4	97.27	4	88.53	3	79.30	5
湘潭高新区	80.34	4	81.55	4	87.45	3	90.20	18	73.40	6	73.37	8
益阳高新区	77.02	5	73.15	6	59.75	37	96.87	5	79.33	4	80.07	4
怀化高新区	76.96	6	91.85	3	82.35	6	94.73	9	63.60	12	61.23	34
常德高新区	75.21	7	71.05	8	78.70	8	91.93	15	67.40	10	71.23	13
宁乡高新区	73.43	8	65.45	12	79.00	7	92.40	14	69.13	8	67.73	17
岳阳临港高新区	73.18	9	72.00	7	63.30	27	92.67	12	71.67	7	71.57	11
岳麓高新区	71.79	10	67.90	9	91.40	2	87.40	32	45.67	41	66.60	23
浏阳高新区	70.58	11	67.45	10	57.65	40	99.80	1	60.73	14	71.60	10
湘西高新区	70.39	12	67.25	11	72.20	11	95.20	8	54.00	22	67.07	20
郴州高新区	69.87	13	64.85	13	55.10	44	99.73	2	65.53	11	70.30	14
祁阳高新区	69.30	14	53.55	34	63.40	26	85.93	40	68.40	9	75.87	6
平江高新区	68.81	15	55.00	29	65.55	20	92.87	10	59.27	17	72.93	9
望城高新区	67.29	16	57.60	23	70.25	13	90.60	16	59.33	16	64.17	27
岳阳绿色化工高新区	66.95	17	53.75	33	56.65	43	84.13	44	53.73	23	80.67	3
湘阴高新区	66.42	18	58.40	19	69.10	14	89.80	19	49.33	31	66.83	21
隆回高新区	66.35	19	55.95	27	60.85	34	87.60	29	75.33	5	61.87	31
雨湖高新区	66.03	20	62.55	14	71.15	12	86.20	39	48.87	33	63.43	28
桂阳高新区	65.80	21	52.95	35	63.75	23	88.80	23	56.60	20	68.87	15
江华高新区	65.71	22	54.85	30	66.20	18	88.40	25	58.00	18	65.13	25
宁远高新区	65.46	23	46.15	44	66.65	17	84.87	41	53.27	26	73.90	7
汉寿高新区	65.35	24	56.35	26	58.65	39	87.40	32	59.67	15	67.63	19
娄底高新区	65.32	25	59.55	17	75.10	9	86.53	36	47.07	38	61.17	35
开福高新区	65.06	26	56.85	25	68.65	15	84.53	43	49.93	29	65.97	24
桃源高新区	64.97	27	58.00	22	63.15	28	92.73	11	61.20	13	58.87	41
韶山高新区	64.84	28	57.40	24	58.85	38	87.47	30	46.73	39	71.57	11

续表A3

园区名称	综合		创新能力和创业活跃度		结构优化和产业价值链		绿色发展和宜居包容性		开放创新和国际影响力		综合质效和持续创新力	
	得分	排名	得分	排名	得分	排名	得分	排名	得分	排名	得分	排名
沅江高新区	64.67	29	54.50	31	60.55	35	87.40	32	57.00	19	66.70	22
澧县高新区	64.67	29	60.85	15	61.90	32	90.53	17	53.40	25	61.77	32
岳阳高新区	64.11	31	52.95	35	65.85	19	92.60	13	47.47	35	64.43	26
临澧高新区	63.71	32	58.30	20	62.55	29	88.93	22	52.47	27	61.10	36
津市高新区	63.58	33	52.70	39	62.25	31	86.27	38	48.73	34	67.80	16
张家界高新区	63.46	34	58.10	21	63.70	24	88.67	24	51.73	28	60.13	40
攸县高新区	63.24	35	52.75	38	65.10	21	89.53	20	49.00	32	62.97	29
临湘高新区	63.14	36	54.05	32	61.45	33	96.73	6	45.60	42	62.30	30
汨罗高新区	63.12	37	55.05	28	57.55	41	87.80	28	47.40	36	67.73	17
道县高新区	63.01	38	52.85	37	72.85	10	88.13	26	53.47	24	55.43	43
双峰高新区	62.54	39	50.35	40	68.25	16	87.07	35	49.80	30	60.97	37
衡阳西渡高新区	61.63	40	49.65	43	64.35	22	89.07	21	47.20	37	61.33	33
洪江高新区	61.55	41	60.00	16	60.30	36	87.47	30	40.73	44	60.87	38
新化高新区	60.81	42	50.10	42	62.35	30	88.00	27	46.27	40	60.63	39
泸溪高新区	60.25	43	58.90	18	57.50	42	84.73	42	54.93	21	53.37	44
衡山高新区	60.01	44	50.30	41	63.65	25	86.33	37	45.40	43	58.20	42